사어사전

사어 사전

마크 포사이스 지음 ＊ 김태건 옮김

사전 답사

테니슨은 옛날에 이렇게 썼다.

낱말들은 자연과 같아, 그 정신을
절반은 드러내고 절반은 감춘다.

이 책은 감춘 절반 쪽 낱말에 바치는 책이다. 너무 아름다워 오래 살지 못한 말, 너무 재미있어 진지하지 못한 말, 너무 적확해 널리 쓰이지 못한 말, 너무 저속해 점잖은 사회에서 살아남지 못한 말, 너무 시적이라 요즘 같은 산문의 시대에 버티지 못한 말을 담았다. 순회 극단의 아름다운 배우와 같은 이런 낱말들이 먼지 쌓인 사전 틈에 숨었다. 『맨리와 코링엄과 링컨셔의 마을에서 쓰는 낱말 모음』이라거나 『성性 과학 설명 사전과 지도책』(정말로 지도가 들었다) 따위 책 말이다. 이 낱말 대부분이 『옥스퍼드 영어 사전OED』에도 실렸다. 인기 있는 페이지가 아닐 뿐이다. 낱말에는 옛 문명의 위대한 비밀이 담겼다. 오늘날 우리에게도 유용할 비밀이다.

낱말들이 원자 조각처럼 흩어져 사라진 이유는 두 가지다. 첫째, 방금 살펴보았듯 말들이 꽤나 수상쩍은 장소에 숨어 있다는 점이다. 내가 해본 적이 있는데, 작정하고 앉아 『한물간 사투리 사전Dictionary of Obsolete and Provincial English』 두 권을 앞표지부터 뒤표지까지 읽는데도, 단어가 늘어선 순서가 문제다. 낱말이 알파벳 순서에 단단히 묶여 있다.

알파벳의 문제는 그 순서가 세상 사물과 관계가 없다는 점이다. 알파벳 순서로 늘어놓으면 낱말끼리 멀리 떨어져 쓸모가 없다. 『옥스퍼드 영어 사전』을 예로 들어보자. 땅돼지aardvark는 동물원zoo과 열아홉 권만큼 멀다. 요트yacht는 바닷가beach와 열여덟 권, 와인wine은 제일 가까운 코르크 따개corkscrew와 열일곱 권이나 멀다. '이런 상황에 맞는 단어가 있긴 있을까' 중얼거리며 사전을 찾아봤자다. 어떤 양반이 최근에 『옥스퍼드 영어 사전』을 통째로 읽었는데 한 해가 걸렸단다. 여러분이 필요할 때마다 딱 맞을 낱말을 찾더라도, 화제가 지나간 다음에 돌아오게 생겼다.

세상이 나날이 빨라진다고 들었다. 모두가 무섭게 빨리 움직여 원격회의며 스피드데이트를 한다. 이리 퉁기고 저리 퉁기고, 약 빨고 친 핀볼처럼 미팅이며 브런치 모임에 간다. 사전을 통째로 읽는다니 여러분처럼 바쁜 분께는 어림없다. 시간은 돈, 돈은 시간, 요즘 사람은 둘 다 없다.

그런고로, 명예로운 공익 활동의 일환 삼아, 또한 침체된 세계 경제를 되살리기 위해, 이 몸은 『성무일도서聖務日禱書, Horologicon』(이 책의 원제—옮긴이), 다시 말해 '시간의 책Book of Hours'을 쓴다. 중세에는 어디나 시간의 책이 있었다. 하루 중 어느 때라도 경건한 사제는 『성무일도서』를 꺼내 딱 맞는 페이지를 넘기고, 판토플 성인('판토플 성인'에 대해서는 이 책 2장을 볼 것—옮긴이)이랄지 그 시간에 맞는 성인을 찾아 기도를 올릴 수 있었다. 내 의도도 비슷하다. 이 책이 빠르게 넘겨볼 수 있는 참고서적이 되면 좋겠다. '이 상황은 무슨 낱말이지?' 혼잣말하며 시계를 확인하고, 이 책을 권총집에서 꺼내 맞는 페이지를 넘기고, 식전바람ante-jentacular, 발록구니gongoozler, 빙고 모트bingo-mort 따위 낱말을 찾을 터이다. 이 책은 하루의 각 시간에 맞춘 낱말 모음이다. 중요한 사실이 있다. 말했다시피 이 책은 참고서적이다. 결코 이 책을 앞표지에서 뒤표지까지 읽으려고 시도 마시라. 지옥보다 무서운 일이 일어나리라. 이 책을 읽고 자살하거나 총기를 난사하거나 미쳐서 옷을 벗고 뛰쳐나간대도 지은이나 출판사는 책임이 없다.

사소한 문제가 있다. 쓸 만한 참고서적을 쓰려면, 하루의 순간순간 여러분이 하는 일을 내가 알아야 한다. 생각만큼 어렵지는 않았다. 친구한테 물었는데, 둘 다 같은 이야기를 했다. 일어나 씻고 먹고 출근한다 했다. 직장에서 하는 일은 모르겠다. 아무튼 자기들 말로는 중요한 일을 한단다. 미팅하고 전화하고, 일이 싫은 부하 직원과 무시무시한 직장 상사에 부대낀다나. 퇴근하면 가게 들르고 저녁 먹고 때때로 술을 퍼마신단다. 나는 게임을 하듯 여러분 삶을 상상해보았다.

일부러 무시한 일도 있다. 이를테면 자녀 문제. 자녀란 예측하기 어렵다. 짝 찾는 문제에 대해 나는 한 장을 썼는데, 여러분이 결혼한 상태인지 아닌지 알 길이 없어서였다. 아무려나 결혼 문제에 여러분 나름 확고한 견해가 있으시리라. 책을 쓰는 동안, 여러분이 나만큼 게으르고 거짓되고 탐욕스러운 사람이라고 내 멋대로 상상했다. 여러분 스스로에 대해 아는 바를 여러분이 직접 적어주시라. 만에 하나, 여러분이 죄와 흠결에 물들지 않은 깨끗한 영혼이라면, 사과드린다. 이 책은 여러분을 위한 책이 아니겠다. 이 책 영수증을 챙겨두셨기를 바랄 뿐이다. 물론 여러분 직업이 다소 수수께끼 같을 수도 있다. 이 점은 마음에 걸린다.

이 글 대부분을 영국도서관British Library에서 쓴다. 여러 사전이 있는 곳이다. 아무도 말을 하면 안 된다는 점만 빼면 사무실과 닮았다. 일어날 일은 일어난다. 내 왼쪽 여성분은 한 시간 내내 페이스북을 한다. 작은 소리를 내 웃기도 했다. 오른쪽에 앉은 양반은 포스트 마르크스주의 역사 문헌으로 책상에 괴물만 한behemothic 책더미를 쌓아두고는 책상 밑으로『샤프의 복수』(TV 드라마로도 유명한 영국의 대중 역사 소설 — 옮긴이)를 읽으면서 아무도 눈치 못 챘다고 생각한다.

여러분이 사무실에서 일한다고 가정했지만 내가 틀릴 수도 있다. 내 모든 지식을 끌어왔지만, 여러분을 제대로 이해했는지는 모르겠다. 여러분은 사무실에서 일하지 않을지도 모른다. 외과 의사거나 조종사, 소도둑이나 암살자일 수도 있다. 고달픈 하루를 마감하기 전, 영어의 잃어버린 보석과 하팍스 레고메나hapax legomena를 찾으며 한숨을 돌리는 사람일지도 모른다(하팍스 레고메논은 그리스어로 '여태껏 딱 한 번만 문헌에 나타난 표현'을 의미한다. 하팍스 레고메나는 복수형 — 옮긴이).

하시는 일이 무엇이건 상관없다. 여러분 삶이 외설과 기괴한 일로 뒤죽박죽일 수도 있다. 생각해보니 여러분 직업이, 온종일 말 엉덩이에 살아 있는 장어를 밀어 넣는 일일 수도 있다. 사실이라면, 이 책에서 가정하는 바에 대해 사과를 드린다. 그나마 내가 드릴 유일한 위로는 '살아 있는 장어를 말의 엉덩이에 밀어 넣다'라는 뜻의 18세기 영어 낱말이 하나 있다는 사실이다. 다음은 캡틴 그로스의 『상말 사전』.

피그feague. '말에게 피그하다'는, 말의 똥구멍에 생강을 넣는다는 뜻. 전에는 살아 있는 장어를 넣었다고 한다. 말이 활기차고 꼬리를 잘 들게 만들기 위해서다. 피그를 하지 않은 채 말을 선보이는 말 장수의 하인은 벌금을 물었다고 한다. 비유적으로는, 누군가를 격려하거나 기운을 북돋는다는 말로 쓰인다.

이 쪽글에 교훈 세 가지가 있다. 첫째, 18세기 말 장수는 절대 믿지 말라. 여러분이 말이라면 더 그렇다. 특히나 장어라면.

둘째, 영어는 어떤 상황에도 준비가 되어 있다. 여러분이 암말 엉덩이에 붕장어를 넣는 프랑스 사람과 갑자기 맞닥뜨린다면 여러 문장으로 된 말 잔치를 벌이게 될 거다. 반면, '어째서 심해에서 잡아 올린 생물로 수말의 항문에 야릇한 짓을 하려는가'라고 영어 사용자에게 묻는다면 그들은 '나 지금 피그하는 거 안 보이냐?'고 되물을 터이다.

장어를 말 뒷구멍에 집어넣는 까닭에 대해 한마디로 콕 집어 설명할 권능은 영어를 사용하는 남자와 여자의 천부적 권리일지니, 우리는 그것을 되찾아야 한다.

세 번째 교훈. 여러분은 이 낱말 풀이가 『옥스퍼드 영어 사전』에 실린 글이 아니라는 점을 아셔야 한다. 『옥스퍼드 영어 사전』은 인간이 만든 가장 위대하고 가장 무거운 참고문헌이지만, 영어라는 언어의 모든 면을 다루지는 않는다. '피그'하다는 말을 찾아보았다. 『옥스퍼드 영어 사전』도 그로스를 인용했지만 수줍게 생강만 언급하고 지나간다(항문에 넣는 장어는 언급하지 않았다—옮긴이). 다른 낱말들을 나는 시골 말과 범죄자 소굴에서 수집했다. 찾을 수 있는 모든 사전을 사용했다. 1944년에 나온 캡 캘러웨이의 『힙스터 사전: 자이브의 언어』부터 딱하게도 비에 쓸려나간 옛날 영어들까지. 나는 사용한 모든 문헌을 정리해 책 뒤에 붙여두려 한다. 거기까지 읽을 사람이 행여 있을지도 모르니(한국어판에서는 생략했다—옮긴이).

어떤 낱말을 어떤 사전에서 찾건, 이 책에 넣었다. 똑똑하고 학식 있는 교수님이라면 무엇이 단어를 진정 단어로 만드는지 물으시겠지만, 그 문제는 내 알 바 아니고 나는 신경 안 쓴다. 나보다 나은 사람들이 답을 할 터이다. 나는 그저 사전 편집이라는 나의 카주kazoo 피리를 불고 좋은 시절 옛날 춤을 추는 데 만족한다. 아카데메이아의 성스러운 숲 가까이 머물며, 몸소 들어가지는 않고(지은이는 아카데미의 성스러운 숲 the sacred grove of academy 대신 아카데메이아의 성스러운 숲of Academe이라는 표현을 사용했다. 아카데메이아는 플라톤의 학교가 있던 곳으로 알려진 그리스 성소로, 대학academy의 어원이 되었다—옮긴이).

차례

일러두기

1. 『성경』 구절은 『공동번역 성서』(대한성서공회, 1982)를 기준으로 삼되, 경우에 따라 직접 번역했다.
2. 주석의 경우 저자가 붙인 원주는 각주 처리하고, 옮긴이주는 '옮긴이'로 별도 표시했다.
3. 책에서 소개하는 단어들은 가능한 안 쓰는 우리말로 옮기되, 원 발음이 중요한 단어, 그리스어와 라틴어에서 나온 단어 등은 「외래어 표기법」에 따라 소리 나는 대로 옮겼다.
4. 책에서 소개하는 안 쓰는 우리말은 모두 『고려대 한국어대사전』에 등재된 낱말이다.

1장

오전 6시

새벽녘

자명종 시계 • 다시 잠들려고 노력한다 •
꾀병을 부린다

'동트기 전 깨어나 심란해하며 누워 있는 상태'를 나타내는 옛날 영어 낱말이 하나 있다. '우트키어러uhtceare'라는 말은 옛날 영어 기준으로도 잘 알려진 단어는 아니다. 그 기준이라는 게 형편없이 낮은데도 말이다. 사실 이 낱말이 기록된 용례는 딱 한 번밖에 없다. 그래도 우트키어러는 떡하니 사전에 있다. 어찌 됐건 잠도 안 들고 새벽을 기다린다.

 우트uht(우트oot라고 발음한다)는 동트기 전 어둑새벽을 말한다. 이때 아우로라(새벽의 여신―옮긴이)는 동쪽 지평선 아래 어딘가를 돌아다닌다. 손가락을 장밋빛으로 물들이면서 동이 트는 걸 준비한다('손가락이 장밋빛인 새벽의 여신'은 호메로스 서사시에 자주 등장하는 표현―옮긴이). 하지만 지금 당장은 어둡다. 빛 들기 직전 고요한 시간antelucan이다. 행복하게 선잠을 자며 아름다운 꿈을 꾼다.

 아닐 수도 있다. 말똥말똥 눈을 뜨고 천장을 보는, 끔찍한 우트키어러 상태일지도 모른다.

오랜 속담이 있다. 동트기 전이 가장 어둡다고 말이다. 허튼소리다. 침대에서 나와 창밖을 내다본다면 희붐한 동녘의 빛이 보일 테니까. 무얼 할지는 몰라도 굳이 침상에서 나오지는 말자. 추울 것이다. 눕던 자세(어려운 말로 와위臥位, decubitus)를 다시 잡기도 어려울 터. 그러니 그대로 누워 이 모든 일이 얼마나 끔찍할지 곱새기시길.

키어러ceare(키어러key-are-a로 발음한다)는 시름과 슬픔을 뜻하는 옛날 영어 단어다. 우트 시간에 거슬리는 감정이다. 어떤 이유인지는 몰라도, 이른 시간이면 모든 죄와 계산하지 않은 영수증과 어쩌면 지난 밤에 저질렀을 점잖지 못한 짓거리가 생생히 떠오른다. 끔찍한 일이 머릿속에 떠오르기 때문에 우트키어러는 갈수록 깊어진다.

누구나 겪는 시름인데도 우트키어러는 거의 쓰지 않는 단어다. 시에 딱 한 번 쓰였다. 「부인의 탄식」이라는 시다. 제목만 보면 남편이 얼마나 끔찍하고 한심한가에 대한 내용 같지만 그건 아니고, 남편이 먼 나라로 추방을 당한 사연과 그 때문에 아내가 못된 시집 식구랑 겪는 우트키어러에 대한 시다. 옛 잉글랜드 시는 대체로 처량하다. 옛날 시인들은 기운 좀 차려야 한다. 그래도 이 시들 덕분에 우리는 우트키어러라는 낱말을 안다. 고마운 일이다.

옛날 잉글랜드 사람은 수도사들이 부르는 우트 노래(아침 기도─옮긴이)를 들으러 가 우트키어러를 달랬다. 그런데 수도사들은 일찌감치 사라졌다. 이제 여러분의 시름을 덜어줄 것은 잠 안 자고 지저귀는 새의 울음이랄지 청소하는 사람이 내는 부드러운 소리 말고는 없다.

증명할 일이 하나 있다. 여러분 스스로 우트키어러 증상이라고 진단

하기에 앞서, 정말 잠을 깨기는 하셨는지?

너는 자주 동트기 전에 깬 생각한다. 이 거대한 청석무가 치과 수술실에서 빙글빙글 나를 쫓아오지만 않는다면, 내가 다시 잠들 수 있을 거라고 말이다. 이렇듯 반은 꿈꾸고 반은 깬 망상과 환상의 기묘한 상태를 부르는 전문 용어가 있다. **히프노폼픽**hypnopompic이다. 히프노hypno는 잠을 뜻하는 그리스 말에서 왔다. 폼픽pompic은 보낸다는 뜻이다.

또 너무 열심히 **원몽**圓夢, oneirocritical하지는 말자. 원몽이란 '꿈을 풀이하는 일'이라는 뜻이다(그리스어 오네이로스oneiros는 꿈이라는 뜻―옮긴이). 여러분이 꾼 꿈에 무슨 의미가 있어봤자 아마 외설적인 내용일 터, 잊는 편이 낫다. 아무튼 몇 분 안 지나 잊어버릴 거다.

우트키어러를 조용히 견디면서 **아침놀**day-raw을 기다리는 편이 좋겠다. 아침놀이란 새벽하늘에 처음 나타나는 붉은 빛줄기다. 끔찍하게 아름다우며, 양치기는 아침놀을 보고 날이 샜음을 안다. 아침놀을 보면 오늘이 **높은 새벽**high dawn일지 **낮은 새벽**low dawn일지 알 수 있다. 낮은 새벽은 해가 지평선 위로 불쑥 올라오는 거다. 높은 새벽은 해가 처음에 구름 뒤에 숨었다가 핵이 흐르는 듯 찬란한 태양이 하늘 높은 곳에서 갑자기 튀어나오는 일이다.

어느 쪽이건 **효단**曉旦, dayening이고 **파묘**破眇, greking다. 18세기 노상강도는 이유는 몰라도 이 시간대를 **밝은이**lightmans라고 불렀고, 자러들 집에 갔다. 대신 거리를 차지한 18세기 농부들은 이 시간대를 매력 있게 **날 빼꼼이**day-peep라고 불렀다. 1940년대 뉴욕에서 코러스 걸들은 이 시간을 **이른 밝음**early bright이라고 했다. 아무려나 우트키어러를 끝낼 시간이다. 정말 있을지는 모르지만 **파면자**破眠者, expergefactor가 여러분을 부를 때다.

자명종 시계

그게 무어가 됐든 파면자란 여러분 잠을 깨우는 물건이다. 이를테면 자명종 시계일 수도 있다. 그렇다면 시계의 버튼을 눌러주시라. 아니면 환경미화원이거나 우유 배달원이거나 배달차가 잠을 깨울 수도 있다. 창문 곁에 붙어 서서 외쳐주시라. "파멸할진저, 파면자여!" 이 말을 들으면 이들은 조용히 물러날 것이다. 이 사람 중 누군가가 사전을 찾아보기 전까지는 말이다.

자명종 시계를 선호하지 않을 수도 있다. 가슴 철렁하게 만든다는 이유로 라디오를 고르는 사람도 많다. 멀리서 일어난 학살과 지진과 역병과 선거 따위 끔찍한 뉴스를 듣거나 성질 돋우는 정치가의 목소리를 들으며 잠을 깬다. 정치가가 하는 말은 뻔하다. 자기네는 비난받을 일을 하지 않았으며, 그 돈이 자기 계좌에 또는 그 여성이 자기 침대에 어쩌다 그저 들어와 있더라는 거다.

정직하지 못한 정치꾼을 가리키는 전문 용어는 **모사꾼**snollygoster 이다. 사실, 전문 용어는 아니다. 하지만 근사한 단어다. 『옥스퍼드 영어 사전』은 모사꾼이 '영악하고 원칙 없는 사람, 특히 정치꾼'이라고 새겼다. 1890년대 미국인 저널리스트는 이 단어를 (명료하지는 않지만) 더 정확히 풀이했다.

⋯⋯자리 욕심을 내는 양반이다. 정당도 플랫폼도 원칙도 상관하지 않는다 순전히 '토크노피컬 어섬너시talknophical assumnacy'의 힘으로 승리해 자리를 차지한다.

안타깝게도 이 미국인 저널리스트는 토크노피컬과 어섬너시의 뜻을 설명하지 않았다. 아무튼 나는 모사꾼이라는 낱말이 왜 사용되지 않는지 영문을 모르겠다. 정치꾼들이 모두 정직해진 것도 아니니 말이다. 어찌 됐건 우리는 계속 그들의 변명을 들어야 하는 처지다.

부정직한 공직자를 모사꾼이라 부르는 일이 여러분 생각에 우스꽝스럽다면, 라디오에서 나오는 이 목소리를 '**숨막힘 바닥**throttlebottom'이라고 불러도 좋겠다.

아무려나 라디오 뉴스는 잠 깨우는 수단으로 영 좋지 않다. 사람을 열받게 하거나 착 가라앉게 하거나 아니면 둘 다일 가능성이 크다. 파면破眠, expergefaction의 좋은 방법이 있다. 바로 **아침 노래**aubade다.

라디오를 *끄자.*

자명종 시계를 *끄자.*

잘 들어보시라.

아침 노래가 들리는지?

아침 노래란 동틀 무렵 여러분 연인이 여러분 침실 창 아래에서 부르는 노래다. 연인이 음치가 아니라면, 좋은 아침 노래를 듣고 기분이 좋아질 거다. 적어도 아침 먹기 전까지 말이다. 그런데 지금 여러분이 아침 노래를 듣지 못하고 있다면, 슬픈 가능성이 두 가지가 있다. 아침나절부터 이런 이야기를 불쑥 꺼내 미안한데, 여러분의 연인은 남자건 여자건 의무에 태만한 **빈둥빈둥**lollygagging 게으름뱅이일 터다. 그게 아니라면 사실 여러분은 연인이 없다.

옛날에는 사람을 깨우는 더 나은 시스템이 있었다. **두드림이**knocker-up 라는 친구가 있었다. 마을을 돌며 침실 창을 특별한 막대기로 두드리는 사람이었다. 버젓한 직업이었다. 이보다 위험천만한 방법으로, **직공 알림이**weaver's larum가 있었다.

직공 알림이는 썩 기괴한 도구다. 작동법은 이렇다. 제법 무거운 물체, 이를테면 돌이나 작은 아기를 줄 두 가닥으로 묶는다. 끈 두 줄을 갈고리 하나에 연결한다. 한 가닥은 벽에 팽팽하게 고정해 돌인지 아기인지를 매단다. 다른 한 가닥은 느슨하게 해서 여러분 손가락에 맨다.

이해하셨는지? 무거운 물건은 팽팽한 줄로 벽에, 느슨한 줄은 손가락에 연결하는 거다.

좋다. 이제 길고 가는 초를 가져와 밑동을 팽팽한 줄에 댄다. 초에 불을 붙이고 주무시라. 밤 동안 촛불이 천천히 아래로, 아래로 내려온다. 불꽃이 줄에 닿으면 줄이 타버릴 것이다.

아기인지 돌인지가 바닥에 떨어진다. 그러면 힘이 들어간 손가락이 여러분을 단잠에서 훅 잡아당길 터이다.

또 하나 방법은 **기상 신호**reveille다. 북을 치거나 나팔을 불어 병영 하나 가득한 병사들을 깨우는 일이다. 환경미화원이나 어린이나 기타 자연스럽지만 편치는 않은 파면자를 가리킬 때 이 말을 쓰기는 조심스럽다.

즈워더

우트키어러가 공식적으로 끝날 시간이다. 그렇다고 여러분 기분이 좋다는 말은 아니다. 아침에 유쾌하고 상쾌한 사람한테 써먹을 낱말이 있다. **아침결**matutinal이다. 사실 이런 뜻의 낱말이 한가득 있지만, 대부분은 무례한 말들이다. 오스카 와일드는 이런 말을 했다. 모자란 사람만이 아침밥 때 영특한 법이라고. 아무려나 아침밥 때까지 한참 남았지만.

새날이 시작한다고 저주를 퍼부으며 **즈워더**zwodder한 상태로 여러분은 누워 있다. 『서부 잉글랜드 특히 서머셋샤이어 시골말 고찰』(1825)이라는 활기 넘치는 고전 낱말집이 있는데, 즈워더를 이렇게 풀이했다. '몸이건 정신이건 늘어지고 덜 떨어진 상태.'

그 자체로, 즈워더는 쓸모 있는 낱말이다. 무엇보다도 그 발음이 중요하다. 즈워더라고 말해보시라. 이부자리에서 중얼중얼 낼 법한 소리다. 즈워더라는 말은 영어 가운데 으뜸가는 늘어지는 단어다. 따뜻하고 편안한 어감이다.

이런 상태가 아니라면, 여러분은 혼란스럽고 감각이 마비되어 있을 터이다. 이런 경우 **필로그로볼라이즈드**philogrobolized하다고 한다.

송장 꼴로 누워 있다 아침을 맞아 여러분은 목소리를 한 옥타브 낮춘다. "오늘 아침 어때?" 질문을 받을 때 "필로그로볼라이즈드해"라고 대답하시라. 아무도 무어라 못 할 거다. 무슨 뜻이냐 묻지도 않을 거다. '그로브grob'라고 소리 나는 음절이 담겨 있어서다. 이 부분에 강세를 준다. 숙취가 느껴진다. 여러분이 술을 먹었다는 사실을 밝힐 필요조차 없다.

종교적인 표현도 있다. **에일 패션**ale-passion이라는 수수께끼 같은 말

을 하시라. 패션이란 여기서 수난이라는 옛날 뜻으로 쓰였다. 그리스도
의 수난the Passion of Christ이라 할 때의 수난이다(고통과 낭만적 사랑이 같
은 낱말이라니, 역시 우리가 알아야 할 것은 로맨스다). 에일 패션이라는 말은
1593년 책 『바쿠스의 은총』에 등장한다.

네 번째로 (그 사람은) 허우적대며 독일에서 왔다. 멘츠에서 태어났고 이
름은 고트프리 그루트헤트다. 멧도요 새 머리로 가득 채운 자루를 들었
다. 멧도요 머리를 양념해 먹으면 에일 패션을 견딜 수 있다. 이것을 고
기파이 빵이라고 한다.

작은 멧도요 새장을 여러분 침대맡에 두어야겠다. 제때 사용하려면
말이다. 안 그러면 아주 끔찍한 기분으로 누워 있게 된다. 여러분은 크
세로스토미아xerostomia를 앓을 수도 있다(옛 그리스 말로 '마른'+'입'―옮긴
이). 타액saliva이 부족해 입안이 바짝 마르는 병을 가리키는 의학 용어
다. 하지만 무언가 하려면 침대 밖으로 나와야 한다. 또한 잘못된 와위
로 잠을 자는 통에 팔이 저릴 수도 있다. **개잠**obdormition이라는 말이 있
다. 유일한 치료법은 꼭두각시 인형 경련하듯 팔을 마구 휘두르는 것이
다. 찌릿거림prinkling이 시작되고 혈액이 내키지 않더라도 느릿느릿 움
직여 다시 순환할 때까지 말이다.

안타깝구나, 침침한 눈이 시리도다lippitude. 두꺼운 커튼을 사야 했
나 후회하는 즈위더리의 시간이 왔다. 태양은 끈덕지고 여러분은 **해질
성**lucifugous의 존재다. 흡혈귀나 오소리처럼 햇빛이 싫다. 해질성(즉 배광
성)은 빛을 피해 달아난다는 말이다. 죄나 악마에 관해 쓸 법한 말인데,

하늘나라의 시선을 견딜 수 없어서 깃털 이불 아래로 전략적 후퇴를 하는 사람한테도 쓰기 괜찮다.

새벽의 마지막 고통은 **쉬야 소동**pissuprest이다. 1610년의 『말 다루는 사람 설명서』에 이르기를, '쉬야 소동이란 말이 소변을 보고 싶어 하나 그러지 못하는 상태'라고 했다.

여러분 이야기기도 하다. 이불 속은 편안하지만 **요의**尿意, micturition 가 치민다. 소변을 보고 싶은 강렬한 욕구 말이다. 이불 밖으로 나와 화장실로 뛰어 들어가야만, 이 욕구를 다스릴 수 있다. 그러나 아직은 아니다, 아직은 아니야. 엘리자베스 여왕의 말씀마따나, 내가 가진 모든 것을 침대에서의 한순간과 바꾸고 싶다(엘리자베스 1세가 세상을 떠날 때 이렇게 말했다고 전한다—옮긴이). 혹시 모른다. 잠자리에 누워 버티면 요의가 사라지지 않을까.

지연procrastination하고 **지체**cunctation할 시간이다. 미룰 수 없는 일을 미룰 때다. 잘못이 아니다. 이것은 인생의 축도다. 우리는 죽음이 피할 수 없는 일이라는 걸 안다. 화장실 가는 일 역시 마찬가지다. 그렇다고 우리가 기뻐하며 기꺼워하며 무덤에 뛰어 들어갈 필요는 없다. 멈추라! 짧은 순간을 즐기라. 여러분의 **이불 도롱이**grufeling를 아끼고 맛볼지어다. 제이미슨의 『스코틀랜드 어원 사전』(1825)에 따르면 이불 도롱이는 이런 뜻이다.

이불 도롱이. 이불을 몸에 돌돌 말고 아늑하게 누워 있다는 뜻. 놀릴 때 쓰는 말이다.

스코틀랜드 사람은 인정머리가 없다. 의학 지식이 부족한 것일지도 모른다. 진단받지는 않았지만, 여러분이 **기면**嗜眠, dysania을 앓을 수도 있다는 사실을 그들은 모른단 말인가? 기면은 잠에서 깨 침대 밖에 나가는 일을 극단적으로 어려워하는 증상이다. 모르는 사이 돌림병이 되어 이미 널리 퍼졌을지도 모른다.

비슷하게 안 알려진 병으로 **클리노마니아**clinomania가 있다. 드러눕는 일에 대한 강박적인 열정이다(그리스어로 '침상'+'마니아'—옮긴이). 그런데 이 정도로 답이 될까? 여러분이 **졸림증**oscitancy을 앓는다면 처지가 낫다. 존슨 박사가 기록한 말인데, '하품을 하거나 비상하게 졸린' 상태를 말한다. 이 낱말이 처음 기록된 용례는 1610년, 재미없는 교회 강론의 효과에 관해 기술하며 '졸림증과 하품을 하는 졸림'이라는 말을 썼다. 졸림증과 **흠신**欠伸, pandiculation을 함께 할 수도 있다. 팔과 몸통을 죽 뻗는 행동이다. 괴로워하며 하품할 때 보통 있는 일이다.

여러분이 새벽을 맞은 옛날 왕이라면, **알현식**levee을 열 시간이다. 알현식이란 우스꽝스러운 격식을 차리는 시간이다. 여러분은 침대에 누워 있고, 여러분보다 사회적 지위가 낮은 양반들이 여러분의 우월함을 칭송하기 위해 모여든다. 안타깝게도 알현식이라는 시스템은 18세기에 사라져 버렸다. 옛날에는 이런 절차가 아주 많았고 사회에 계급도 많았기 때문에 계급 꼭대기에 있는 사람은 이른 오후까지도 침대에 누운 채 버텨야 했다. 소설가 헨리 필딩은 1742년에 이렇게 썼다.

예를 들어, 이른 아침에 마부의 조수나 그와 비슷한 머슴은 (저택에는 대
함정과 마찬가지로 가장 아래 계급의 머슴이 있다) 일어나자마자 자기보다 조
금 높은 하인 존의 옷을 솔질하거나 구두를 닦아준다. 반대로 존은 하

인 복장을 갖춘 다음 스콰이어를 시중드는 하인에게 똑같은 일을 해준다. 그러면 이 하인은 조금 늦은 아침에 같은 방식으로 스콰이어의 시중을 들고 그다음 스콰이어는 외출 복장을 갖추자마자 그가 모시는 귀족 어르신을 알현한다. 그 일이 끝나면 귀족 어르신은 국왕이 총애하는 신하를 알현하고 그 신하는 군주를 알현하는 것이다. 아마도 사다리 같은 사회계급 전체에서 최하위 두 계층만큼 서로의 간격이 큰 두 계층은 없을 것이다. 그래도 모든 두 계층은 간격이 크다는 점에서는 모두 같아서 구별할 수 없으므로, 철학자가 차이를 찾아본다면 (높은 사람의 경우) 그저 아침 여섯 시의 높은 사람이냐 열두 시의 높은 사람이냐 밖에 다른 점이 없다고 할 것이다. (헨리 필딩,『조지프 앤드루스/섀멀라』, 김성균 옮김, 지만지, 2014 ─ 옮긴이)

알현식 때 아셔야 할 일이 있다. 여러분이 가장 아끼는 신하는 **틈바귀**ruelle에 세울 수 있다(프랑스 말 뤼엘은 '골목'이라는 뜻 ─ 옮긴이). 틈바귀는 신발과 양말이 걸린 벽과 침대 틈의 공간이다. 이 사람 말고 다른 사람들은 침대 발치나 심지어 문가에서 맷돌에 갈리듯 복작거려야 한다.

알현식을 지휘한다면, 잘하시길 빈다. 그나저나 오늘날 알현식과 닮은 일이라면 당신 직장 상사한테 아침 일찍 전화를 걸어 **강병**egrote을 하는 거다.

강병이란 환상적으로 쓸모 있는 낱말이다. 일을 하지 않기 위해 꾀병을 부린다는 뜻이다. 이 낱말이 사용되지 않고 있는 까닭은, 일하는 사람이 더는 꾀를 부리지 않기 때문일 것이다(그럴 리 없다 ─ 옮긴이). 다음은 입문자를 위한 주의 사항이다.

여러분 직장 상사가 전화를 받을 때까지 기다리시라. 그런 다음 **신예**빼嚜, whindle하시라. 신예란 말은 1699년의 사전에 따르면 아픈 척 신음한다는 뜻이다. 먼저 신예를 한 다음에 죽어가는 소리로 이름을 밝혀야 한다. 그리고 여러분이 **병약한 사람**sickrel이라 일하기 버겁다고 변명하라. 자세히 이야기해보라고 한다면, 여러분이 **보에 달라붙은**floccilating 상태라고 말하라(침대보에 병적으로 들러붙는다는 뜻이다). 그리고 **뒤척뒤척한다**jactating고도 해보라(병적으로 뒤적거린다는 뜻이다).

직장 상사가 여러분의 실제 상태가 어떠냐고 정확한 이름을 대라고 요구해도, 기면이라 말할 필요는 없다. 차라리 중증의 **험 더전**humdurgeon이라 하라. 여러분 상사가 18세기 속어에 달통하지 않고서야, 다음과 같이 생각하지는 않을 터이다.

> **험 더전**. 상상 속의 병이다. 어떤 사람이 험 더전을 앓는다면, 그 사람 허벅지의 가장 두꺼운 부분이 그 사람 엉덩이에 가장 가깝다는 뜻이다. 말인즉 그 사람이 기분이 별로라는 점 말고는 쌩쌩하다는 뜻이다.

안타깝게도 여러분은 험 더전을 날마다 써먹을 수는 없다. 직장 상사가 의심할 테니. 일주일에 두 번보다 더는 써먹지 못할 거다. 두 번째로 써먹을 때는 전화에 대고 '내 허벅지! 허벅지가!'라고 외치는 게 좋겠다. 여러분 상사가 전화를 끊을 때까지 말이다.

안 되겠다. 여러분은 너무 오래 누워 있고 너무 빈둥거렸다. 일곱 시가 코앞이다. 깃털 이불을 벗어 던지라! 침대보를 빠져나오라! 침대에서 나올 때가 됐다.

2장

오전 7시

일어나 씻는다

끌신을 신고 • 거울 보고 • 스스로 질색하고 • 씻고 •
샤워하고 • 머리 다듬고 • 면도하고 • 이 닦는다

대탈출

됐다. 이제 침대 밖으로 나왔다. 아담과 이브가 에덴동산에서 쫓겨난 것처럼 말이다.

먼저 **끌신**slipper을 더듬어 찾으시라. 끌신을 부르는 재미있는 이름이 있다. **판토플**pantofles이다. 판토플 성인의 이름을 땄다는데, 이 성인은 아마 가상의 인물일 거다. 남자일까 여자일까 사물일까 모를 이 사람은 15세기에 프랑스에서 발명된 것 같다. 왜 프랑스 사람들이 성인을 발명하려 했는지는 모를 일이다. 어쩌다 끌신에 성인 이름이 붙었는지도 모른다. 아무려나 일이 그렇게 됐다. 로버트 버튼의 위대한 의학서『멜랑콜리의 해부』에 따르면, 사랑의 여신 베누스는 화딱지가 났다. 그 아들 큐피드 신이 앞뒤 안 가리고 사람들을 사랑에 빠지게 만들어서다.

여신은 큐피드의 활과 화살을 부러뜨리겠다고 겁을 주고, 날개를 잡고
는 판두플루 복기룩 찰싹찰싹 때렸다,

꼬마 신을 때릴 때 끌신은 갑절로 좋은 무기인 것 같다.
끌신에 발을 꿰고 휘청휘청 욕실로 가다가 밤새 누웠던 침대를 울적
하게 쳐다본다. 편안한 잠자리였다. 일컬어 **밑동**staddle이라 한다.

욕실

1부 거울 그리고 거울에 보이는 것

거울을 가리키는 옛말은 많다. **허영 유리**tooting-glass(엘리자베스 여왕 시
대)니 **기묘 염탐꾼**rum-peeper(18세기 노상강도가 쓰던 말)이니 여러 가지다.
으뜸가는 표현은 아마도 **들여다볼 유리**considering glass일 거다. 거울로 하
는 일이 결국 그거니까. 그런데 들여다볼 유리를 보기 전 먼저 물 **양 움
큼**gowpen(양손 가득)을 얼굴에 뿌려야 한다. 천사가 아닌 바에야 사람이
란 여덟 시 전에는 다들 추레한 꼴이니 말이다.
뾰두라지pimginnit라는 낱말이 요긴할 상황이다. 17세기 말인데 뜻인
즉 '거대하고 붉고 성난 뾰루지'. 마음에 드는 단어 풀이다. 뾰루지에 감
정이 있을 뿐 아니라, 어떤 뾰루지는 몹시 성이 났다는 말이니까. 뾰두
라지는 화가 많이 났다. **술꽃**grog-blossoms은 그렇지 않다. 럼 같은 독한
술grog을 퍼마신 다음 날 돋는 점을 말한다. 술꽃은 성났다기보다 삐쳤

다. '어제 일은 유감이올시다'라고 우리 간이 써 보내는 편지 같은 거다.

여러분 얼굴에 **어르룽이**furuncles가 많다. **얼룽덜룽**erumpent이라는 말은 부스럼으로 얼룩덜룩한 얼굴을 즐겁게 말하는 거다(이보다 고약한 게 **파풀리페러스**papuliferous다. 훨씬 나쁜 건 **페테키얼**petechial로, 존슨 박사가 '병적으로 얼룩졌다'라고 말한 상태다). 우리가 슬퍼할 일은 아직도 많으니, 점 말고 다른 이야기를 해보자.

먼저 **요정 매듭**elf-locks. 잘 알려진 사실이 있다. 밤중에 요정이 침실에 들어와 머리카락을 헝클어놓고 간다는 거다. 요정 매듭이 그 결과다.

그리고 주름살. 심하면 **골주름**wrines이라는 큰 주름이 지기도 한다. **까마귀 발**crows' feet이니 **이맛살**frumples이니 **눈살**friounces이니 **금**lirks이니 하는 동의어가 백만 개나 된다. 이 모두 여러분이 얼마나 사려 깊고 현명한지 보여주는 신호일 따름이겠지만.

컬프culf라는 말이 있다. 배꼽에 들어간 이불 솜털을 뜻한다. 여러분의 눈은 붉은 **페럿 눈**ferret-eyes이다. **오조스토미아**ozostomia와 **브로모드로시스**bromodrosis라는 말이 있다. 여러분의 냄새 나는 숨과 땀을 의사가 부르는 이름이다. 모욕할 때 그리스어를 쓰는 것은 의사의 사랑스러운 습관이다. 듣는 사람 충격이 줄어드니까. 거의 모든 것이 고전 언어로 말하면 부드럽게 들린다. 이를테면 여러분 친구가 여러분한테 말 오줌 냄새가 난다고 말하면 기분이 퍽 상할 거다. 하지만 친구가 여러분이 **쥬멘터스**jumentous하다고 말하면, 이 친구가 나한테 쥬빌런트jubilant(기쁨에 넘치는 — 옮긴이)하고 **모멘터스**momentous(중요한 — 옮긴이)하다는 느낌으로 말하는구나, 여러분은 상상할 거다. 친구한테 고마워할지도 모른다.

그나저나 여러분은 **이디오레풀시브**idiorepulsive하다(여러분 스스로도 역겹나는 뜻)(어원은 그리스어 '자기 자신'+라틴어 '뒤로'+'밀어내다' ─ 옮긴이), 그러니 당장 뭐라도 해야 한다. 미안한 말이지만, 일이란 나아질 때까지는 계속 나빠지는 법이다.

특별히 고약한 아침에는 **뚫어 기침**through cough을 할 수도 있다. 쉬운 일이 아니다. 나도 몇 번 도전해봤는데 잘 안 됐다. 기침하면서 동시에 방귀 뀌는 것, 이것이 이백 년 전에 뚫어 기침이라 알려진 일이다. 성공한다면 남몰래 뿌듯해하며 남은 하루를 보낼 수 있다.

아무려나 뚫어 기침은 하루 중 가장 저급한 시간의 초입에 지나지 않는다. 이 시간 동안 여러분은 짐승보다 나을 것 없고 왕보다 못할 것 없다. 다름 아닌 화장실 이야기다.

2부 향신료의 섬

『성경』「사무엘서」를 보면 구원의 모든 과거와 미래가 사울과 다윗 사이에서 이루어진다. 모든 것이 사울이 화장실에 간 상황에 달렸다. 그 시절에 좋은 화장실이 있었다는 뜻은 아니다. 그렇게까지 구원받지는 않았다. 사울이 군대를 거느리고 다윗을 잡으러 사해 근처에 갔을 때, 사울은 깨닫는다. 그가 먹은 저녁밥 역시 이스라엘의 왕업이나 마찬가지로 덧없는바, 그는 결국 그것을 떠나보낼 수밖에 없다는 사실을 말이다.

사울은 온 이스라엘에서 뽑은 삼천 명을 이끌고 다윗 일당을 찾아 들염

소 바위 동편으로 갔다. 그곳 길옆에는 양 우리가 여기저기 있었고 그 근처에 동굴이 하나 있었는데 사울은 거기에 들어가 발을 가렸다. 마침 다윗이 부하를 거느리고 그 굴속에 있었는데, 부하들이 다윗에게 말하였다. "야훼께서 장군의 원수를 장군 손에 넘겨주겠다고 하시던 때가 왔습니다. 그때가 오면 마음대로 하라고 하시지 않으셨습니까?" 그러나 다윗은 부하들에게 말하였다. "야훼께서 기름 부어 성별해 세우신 상전에게 감히 그런 짓을 할 수가 있느냐? 그분에게 손대다니, 천벌 받을 소리다." 다윗은 이렇게 꾸짖어 사울을 치지 못하게 막고는 살며시 가까이 가서 사울이 입고 있는 겉옷 자락을 잘라내었다. (『사무엘상』 24장 3~8절. 공동번역을 수정 ― 옮긴이)

우리의 관심사인즉, 진짜로 주님의 기름 부은 자는 누구였나 하는 문제도, 왕의 외투가 무엇을 상징하는가 하는 문제도 아니다. 화장실을 갈 때 임금 자리를 노리는 경쟁자가 숨어 있나 확인하라는 교훈도 아니다. 눈길을 끄는 것은 '**발을 가렸다**cover his feet'라는 흥미진진한 구절이다. 고대 히브리어에서 이 말은 용변을 본다는 뜻이었다.

『성경』에서 배울 점이 있다면, 상스럽게 삽을 삽이라 부르고 화장실을 화장실이라 불러선 안 된다는 거다(삽을 삽이라 부른다call a spade a spade는 영어 표현은 에라스뮈스가 소개한 라틴어 격언 리고넴 리고넴 보카트ligonem ligonem vocat에서 왔다 ― 옮긴이). 발을 가린다는 말을 쓰지는 않더라도(이미 판토플을 신었을 테니까), 여러분의 구질구질함baseness을 온갖 사랑스러운 구절로 감출 수 있다. 빅토리아 시대 사람들은 **존스 여사**Mrs Jones 또는 **숙모**my aunt를 방문한다거나, **커피숍**coffee shop을 간다고 했다. 커피숍이라니 쏟아져 내리는 무언가를 암시하는 것 같지만 말이다. 더 이국적인 말도 썼다. 13세기에는 **외국의 방**chamber foreign을 간다고 했고, 18세기에는 **향신료의 섬**Spice Islands을 여행한다고 했다. 상상할 만한 가장 이국적인 장소이기도 하거니와, 커리를 먹은 다음 날 아침에 꽤나 어울릴 표현이다.

하지만 외국 땅에서 용변을 보다 위기를 겪을 때라면 이런 이국적인 표현이 어울리지 않았을 거다. 위대한 배우 데이비드 개릭은 1764년 유럽 여행을 하던 중에, 자기 형제한테 편지를 보냈다.

잉글랜드를 떠난 후 지금까지 나는 제대로 된 관공서를 가보질 못했단다. 그이 표현대로 하면 편의 장소 말이야. 독일의 변기 구멍들은 너무 크고 너무 둥글다. 내 생각으론 독일 사람들 엉덩이가 너무 크기 때문 같아. 일행 가운데 잉글랜드에서 온 작은 신사 한 분이 그런 구멍 한가운데로 미끄러지기도 했지. 그이를 꺼내주느라 몇 분 걸렸다. 요컨대 너는 타운리한테 단언할 수 있을 게야(그는 이런 이야기를 좋아하잖아). 이탈리아 사람은 제 급한 일을 해소하고, 독일 사람은 쏟아붓고, 잉글랜드 사람은 (오직 잉글랜드 사람만) 살짝 비운다고 말이다.

관공서house of office는 유쾌한 표현이다. 개릭과 같은 시대에 살던 사람들은 **하원**House of Commons이라고 불렀지만 말이다. 정치 생각하는 사람들이 좋아할 표현이다. 중세 양반들은 **공성전 하러 간다**go to siege 고 말했다. 그럴싸한 전투 장소긴 하다. 변비 걸린 사람이라면 특히 그럴 거다. 이런 상무정신이 빅토리아 시대만 해도 건재했다. 이때는 **성을 치**

러 간다scraping castle고 했다. 사실 돌려 말하는 방법이 백만 가지하고도 한 가지 더 있다. 13세기 이래로 누구도 제 오물filth-hood을 있는 그대로 말할 만큼 상스럽지 않았던 거다.

둥근 구멍gong-hole 위에 있을 때, 사람은 정확한 조준을 하려고 애 써야 한다. 이를테면 벽이 얇은 집에서 설사하는 일squitter, 즉 '배설물 을 소란스럽게 배출하는 일'은 예의에 어긋난다. 배변dejection이건 배설 exoneration이건 정장整腸, purgation이건 뭐라 부르건, 피아니시모로 연주 되어야 했다. **탄타들린 타르트**tantadlin tart는 조용히 구워야 한다.

일을 마치면 휴지 작업에 집중하시라. 이 문제에 대해 영어 표현이 부족하다고 생각한다면, 토마스 어퀴트 경의 1653년 라블레 영역본을 아직 읽지 못해 그럴 거다. 이 책에 감질나는 조언이 실렸다.

> 밑씻개torcheculs며 뒤닦개arsewisps며 범포더bumfodders며 뒷행주tail-napkins며 밑구멍 닦개bunghole cleansers며 닦는 바지wipe-breeches며 온 갖 것으로 뒤를 닦아보았습니다만, 그래도 결론적으로 말씀드리자면, 머리를 다리 사이에 붙들고 있기만 하면, 솜털이 많이 난 거위만 한 밑 닦개가 없다고 단언하고 주장하는 바입니다. 명예를 걸고 드리는 말씀 이니 제 말을 믿으세요. 왜냐하면 솜털의 부드러움만큼이나 거위의 적 당한 체온으로 엉덩이 구멍에 놀라운 쾌감을 느낄 수 있고…… (프랑수 아 라블레, 『가르강튀아/팡타그뤼엘』, 유석호 옮김, 문학과지성사, 2004 번역을 수 정 — 옮긴이)

범포더는 호기심 끄는 역사를 가진 영어다. 지금의 화장실 휴지loo roll

에 해당하는 낱말이거니와, 준말의 형태로 살아남았다. 오늘날 쓰는 범프bumf가 그 말이다, 양은 많은데 안 할 수는 없는 종이 작업을 불만스레 이르는 단어다. 이 작업을 안 할 수 없다. 옛말로 **파틀베리**fartleberries라 불리던 상태를 피하려면 말이다(범프에는 '화장실 휴지'라는 뜻과 '하기 싫은 공문서 작업'이라는 뜻이 함께 있다. 파틀베리는 '엉덩이 아래 베리 열매처럼 매달린 웅가 덩어리'―옮긴이).

휴지도 대신할 거위도 없는 극한 상황에 놓인다면, 외투 귀퉁이를 쓸 수 있다. 다윗이 몰래 들어와 잘라가지 않았다면 말이다.

3부 큰 바다 모든 물을 모아와도 / 백조의 검은 다리를 희게 만들 수 없네 / 백조가 쉬지 않고 큰물에 다리를 씻는다 해도

(셰익스피어의 「티투스 안드로니쿠스」에 나오는 구절―옮긴이)

벤저민 프랭클린의 발명품으로 벼락 맞는 피뢰침과 이중 초점 안경과 의자 겸 책상과 차가운 공기 목욕cold air bath이 있다. 이 새로운 목욕 방법에 대해 프랭클린은 1768년 편지에 적었다. 핵심인즉 물이 싫다는 소리다.

차가운 물을 맞을 때마다 나는 놀라지. 대개는 너무 거칠어. 그래서 나는 생각해냈어. 내 몸을 씻을 때 다른 원소를 쓰는 방법을. 바로 차가운 공기 말이야(물, 공기, 흙, 불, 네 원소 가운데 물 대신 공기로 몸을 씻는다는 뜻―옮긴이). 보통 나는 아침마다, 옷 하나 안 걸치고 방에 앉아 있어. 계절에 따라 다르지만, 반 시간에서 한 시간 정도. 뭔가 쓰거나 읽지.

사어사전

물을 아끼자는 관점으로 보면, 프랭클린의 발명을 되살려도 좋겠다. 때와 냄새 문제는 해결되지 않겠지만 말이다. 21세기에도 우리는 물에 의존한다. 시간도 모자라니 물로 샤워를 한다. 가장 좋은 목욕 방법은 1950년대 미국 속어로 **물고기처럼 만드는**make like a fish 거다.

그렇지만 급히 물로 달려가기에 앞서 여러분은 준비를 해야 한다. 소드의 법칙Sod's Law('가는 날이 장날' 속담처럼 뭘 하든 안된다는 법칙 — 옮긴이)에 따르면 당신은 샤워하던 중간에야 샴푸 병이 비었다는 것을 알아차리게 될 것이다. 그러니 당신은 지금 (미리) **더피피**duffifie해야 한다. 더피피란 애버딘셔이어 지방의 옛말이다. 뜻인즉, '가끔씩 병을 옆으로 뉘어둔다, 남은 몇 방울을 오롯이 쓰기 위해서다.' **병이 털어놓게 만든다** making the bottle confess는 요즘 말보다 간결하다. 아무려나 더피피를 해둔다면 나중에 짜증 날 일이 줄겠다.

물을 틀고 여러분이 깨달을 것은 **샤워 커튼 효과**shower curtain effect다. 벤저민 프랭클린의 관심을 끌었음 직한 현상이다. 샤워를 시작하면 커튼이 여러분에게 달려든다는 거다. 이를 설명하는 이론이 여남은 가지 있지만, 시원한 설명은 현대과학으로도 무리다.

커튼이 여러분을 휘휘 감을 때, 여러분은 또한 **몸소름**curglaff을 겪는다. 이 역시 스코틀랜드 말인데, 차가운 물에 두들겨 맞는 기분을 말한다. 심장은 벌렁거리고 피는 솟구친다. 벤저민 프랭클린이 딱 싫어할 일이다.

아무려나 어찌할 도리가 없다. 지금은 **세신할**buddle(물로 때를 밀) 시간이다. 여러분 몸에서 **안 씻길**illutible(닦아낼 수 없는) 부분을 빼고 말이다. 보들레르가 말했다. 값싼 눈물로 얼룩을 닦아낼 수 있다고 생각한다면 잘못 생각하는 것이라고 말이다. 하지만 프랑스 사람인 보들레르가 위생이나 샤워젝에 대해 무얼 알았겠는가?

몸의 구석구석 재미있는 낱말이 있다. 그런데 샤워할 때 특히 중요한 말은 이렇다.

겨드랑oxter-겨드랑이

오금popliteal-무릎의 뒤쪽

이슬 밟개dew-beaters /**벌레 부수개**beetle-crushers-발(어느 용도건 골라 쓰시라)

고샅inguinal-사타구니에 관한 말

어디든 골라서 씻으시라. 아무려나 오랜 시간 물에서 보낸다면 손가락 끝이 **자글자글할**quobbled 거다.

4부 보아라 보아라 세면대 / 그리고 잃어버린 머리털을 보며 놀라시라

머리

스코틀랜드 사람한테 이가 산다는 나쁜 소문이 있다. 진짜인지 아닌지 나는 알 바 아니다. 나는 사전을 쓰는 중이지, 스코틀랜드 사람에 대한 글을 쓰는 게 아니다. 아무튼 한때 **스코틀랜드 회색 것들이 행진을 한다**Scots Greys are in full march는 말은 이가 머리에 득시글하다는 뜻이었다. 1811년의 어떤 사전은 **클랜**clan을 이렇게 정의한다.

(클랜이란) 가족으로 이루어진 부족 또는 형제들. 스코틀랜드에서 많이 쓰는 낱말. 클랜의 우두머리를 수령chief이라고 한다. 스코틀랜드 사람에 관한 이야기가 있다. 엄청 큰 이가 그의 팔을 타고 내려오자 그 이를 원래 자리로 돌려놓으며 이렇게 말했다는 거다. "이 자는 클랜의 우두머리일 터, 이 자가 다치면 나머지 클랜원들이 슬퍼할 게요."

이 이야기를 통해 알 수 있다. 빗을 왜 **스코틀랜드 이 덫**Scotch louse trap이라고 부르는지 말이다. 이런 말을 되살린다면 영어는 풍부해지고 스코틀랜드 사람은 격분할 테니 일석이조다.

켈트 사람을 열 받게 할 방법도 있다. 빗을 쓰지 않고 손가락으로 머리털 가장자리를 빗는 시늉을 하는 일이다. 웨일스 사람은 이런 걸로 유명하지는 않은데, 대신 싸구려 대용품으로 이름이 났다. **웨일스 다이아몬드**Welsh diamond는 수정을 말하고, **웨일스 양탄자**Welsh carpet란 마룻바닥에 문양을 칠해놓은 거다. **웨일스 빗**Welsh comb이란 다섯 손가락을 뜻한다.

사람들이 자기 머리털에 하는 짓은 기이하고 다양하다. 영어에는 이 주제에 맞는 다양한 낱말이 있다. 그 대부분은 '**트리크**trich-'라는 어근을 가진다. 머리털을 뜻하는 옛 그리스 말이다. 예를 들어 머리카락이 연한 사람은 **리소트리커스**lissotrichous라고 하고, 곱슬머리는 **키모트리커스**cymotrichous라고 한다. **트리코틸로마니아**trichotillomania란 머리카락을 모두 쥐어뜯고 싶어 하는 미친 듯한 열정을 뜻한다.

사전에 적힌 말이 믿을 만하다면, 고수머리가 최고다. 존슨 박사의 사전에서조차, 여성의 고수머리는 **심장을 멎게 한다**heart-breakers고 했다. 빅토리아 시대 사람들은 **미남 덫**bow-catchers이라고 했다. 잘생긴 젊은 남자 즉 보beau를 사로잡는다고 믿었으니까. 빅토리아 시대의 여성들은 비슷하게나마 **미녀 밧줄**bell-ropes을 뽐내는 남자한테 끌렸을 거다. 미녀들belles을 유혹해 파멸시키는 고수머리 말이다(보와 벨은 프랑스 말로 미남과 미녀를 뜻한다—옮긴이).

면도

이제 우리의 관심을 남성, 그리고 불운한 여성분의 턱으로 돌리자. **면도살이**shavery라는 단어가 있다.『옥스퍼드 영어 사전』에서는 이 낱말을 '면도를 해야 함에 종속됨'이라고 근엄하게 정의한다. 시인 로버트 사우디는 1838년에 이보다는 낫게 읊었다.

아아 비참한 인간 조건이여! 어떤 인종은 날 때부터 다른 나라에서 노예살이slavery를 하며 어떤 성은 자기 집에서 면도살이 상태구나. 이 나라의 여성은 자신의 편안과 안락을 한 가지 일에서 구한다. 좋은 남편을 만나면 된다. 그러나 남자란 자신을 위해 일 두 가지를 마련해야 한다. 좋은 아내를 만나야 하며 또 좋은 면도날을 찾아야 한다. 그런데 후자를 구하기란 전자를 구하기보다 어려운 일 아닌가.

노예살이는 진작 폐지되었다. 그러나 면도살이는 살아남았다. 부끄러운 일이다. 면도살이 때문에 턱수염에 대한 많은 낱말이 쓸모를 깎여버렸기 때문이다. 이 단어들은 그리스어 어근 '포고pogo'라는 말을 포함한다. 포고 막대기와 발음도 같다(어원은 당연히 관계없지만 말이다)(막대기에 꽂은 핫도그를 포고라고 한다—옮긴이), **포고놀로지**pogonology(턱수염 학¹), **포고네이트**pogonate(턱수염 기르다), **포고니아시스**pogoniasis(여성의 턱 수염), **포고노토미**pogonotomy(면도하기) 같은 말들이다. 우리는 **미소포고 니스틱**misopogonistic한 턱수염 혐오 사회에 살고 있다. 남자 대부분은 아 침부터 면도날을 잡는다. **포고니온**pogonion 다시 말해 턱 끝부터 인중 philtrum, 즉 당신 코와 입술 사이 홈까지 면도를 한다. 목에 난 턱수염을 남기지 않도록 신경 써 깎자. 빅토리아 시대 사람들은 이 털을 **뉴게이트 나룻**Newgate fringe이라 불렀다. 뉴게이트란 런던의 형무소였는데 여기 서 사람들이 목매달려 죽었다. 목에 거는 밧줄을 닮아서 뉴게이트 나룻 이란 이름을 얻었다. 이 밧줄을 목에 건 채 사형수는 몸을 던지고 영원 으로 갔다.

이빨

기원전 1세기에 로마 시인 카툴루스는 아이밀리우스라는 사람을 놀 리려고 이런 시를 썼다.

논(이타 메 디 아멘트) 퀵쿠암 레페레 푸타위,
우트룸네 오스 안 쿨룸 올파케렘 아이밀리오.
닐로 문디우스 호크, 닐로퀘 임문디우스 일루드,
웨룸 에티암 쿨루스 문디오르 에트 멜리오르.
남 시네 덴티부스 히크.

원문의 장중한 아름다움을 우리 말로 옮기기란 불가능하지만, 뜻만 보면 이러하다.

나는 진실로 구별해 말할 수 없네
어디가 그의 입 구멍이고 어디가 똥구멍인지
둘 다 똑같이 더럽기 때문이지
유일한 차이라면, 하나는 이빨이 났네

입에서 냄새나는 아이밀리우스, 그에 대해 알려진 사실은 카툴루스
의 시가 전부다. 이천 년 동안 그는 독보적인 자리를 누렸다. 교훈 두 가
지가 있다. 시인과 척지지 말라. 또 이빨을 깨끗이 닦자.●

입을 크게 벌리고 '**오즈**oze'라고 말해보자. 사랑스럽고 길고 입을 크
게 벌리는 발음이다. 뜻인즉 '입 냄새'. 오즈란 말은 탁월한 점이 있다.
발음만 해도 오즈를 널리 퍼뜨린다는 거다.

치약 생산 업체가 당신 칫솔 끝에 올라간 작은 양의 치약을 말할 때
는 **너들**nurdle이라는 말을 쓴다. 이 말을 쓰게 된 사연은 시간의 입 냄새
속에서 사라져 버렸다. 아무튼 이 단어는 적어도 1968년 이후로는 쓰
였고, 최근의 법정 소송에서도 사용되었다. 가장 큰 두 치약 생산 업체
가 어떤 너들이 어떤 업체의 포장에 그려져야 하는지 소송을 벌였다.
너들은 오즈를 쫓아낼 뿐만 아니라 이빨을 하얗게 만든다. 전문 용어로

● 사실 카툴루스는 반짝반짝 하얀 이빨을 가진 양반을 놀리는 시도 썼다. 오줌을 들이키지 않고
   서는 그렇게 하얗게 할 수 없다는 것이다. 어떤 시인은 이러나저러나 만족시킬 도리가 없다
   (고대 로마인들은 빨래와 양치에 오줌을 썼다 — 옮긴이).

여러분이 **크산토돈틱**xanthodontic(그리스 말로 '황금'+'이빨' — 옮긴이)하지 않게 만든다고 한다.

아무려나 카툴루스 시대 이후, 이 닦는 일은 크나큰 발전을 이루었다. 안타깝게도 **스퀴글**squiggle과 **글릭**gleek이라는 낱말은 사라졌지만 말이다. 스퀴글은 오래된 노퍽 말인데, '입술을 다문 채 입 안을 액체로 헹구어 닦는다'라는 뜻이다. 스퀴글링은 사랑스러운 낱말이다. 소리와 뜻이 같기 때문이다. 글릭도 마찬가지. 입 안의 액체를 뱉어낸다는 뜻이다. 세면대에서 가능한 한 멀리 떨어져서 시도하시라, 도전!

다 했다

됐다. 다 이루었다. 여러분이 신경 쓸 다른 일이 있을 텐데, 나는 숫기가 없어 물어보지 못하겠다. 대신에 이렇게 묻겠다. 신이 에덴동산에서 여러분 조상한테 물었던 질문이다. 누가 여러분에게 알려주었나, 여러분이 벌거벗었다는 사실을?

3장

오전 8시

옷 입고 아침 먹고

옷 입고 · 단장하고 · 아침 먹고 ·
떠날 채비를 한다

나체주의는 좋다. 하지만 춥다. **피륙**textile이 될 시간이다. 옷 입는 얼간이들을 나체주의자는 피륙이라 부른다. 여러분은 갖춰 입을 준비가 됐다. **공교히 차려 입고**concinnate(옷을 잘 입고) 신사로 변신할 때다. 여러분이 여성 쪽 성별이라면 **댄디제트**dandizette가 될 터이다. 댄디제트란 여성 댄디를 가리키는 19세기 낱말. **발가숭이**starkers로 남을 수는 없다. 마녀가 옷을 입지 않은 것을, **하늘을 옷 삼았다**sky-clad고 한다.

서기 2세기, 아담 교파Adamites라 불리던 뜨거운 기독교인들이 아담주의를 실천했다. 거룩한 나체활동이랄까. 그래도 교회 안에서만 옷을 벗었다. 중앙난방도 했다. 성 에피파니우스는 아담주의에 대해 이렇게 썼다.

그 교회는 화덕처럼 따뜻하다. 교우들을 맞이하려고 아래에 불을 지폈다. 문에 들어서면 그들은 옷을 벗는다. 남성 여성 마찬가지다. 벌거숭이로 회당에 들어선다. 지도자도 스승도 그렇게 한다. 그런 다음 남녀 구별 없이 섞여 앉는다. 이들은 이런 상태로 경전을 읽고 예배를 본다. 벌거벗은 채 말이다.

아담주의에는 이론이 있다. 믿기지는 않지만, 스스로 자신을 유혹에 던져 의지를 굳게 하고 욕정을 정복하겠다는 이론이다. 비록 신께서는 아담 교파를 허용하셨을지 몰라도(적어도 이 주제에 대해 신은 침묵을 지키셨다), 경찰과 대부분의 사장님은 좋게 보지 않는다. 그러니 우리는 옷을 입도록 하자.

먼저 빅토리아 시대에 수줍어하며 머리글자abbreviations로만 언급하던 것, 야멸찬 우리 시대에는 대놓고 속옷이라 부르는 물건을 살펴보자. 헤리퍼드셔에서는 넉넉하고 풍성한 여성 속바지를 **사과 서리**apple-catcher라 불렀다. 늦여름 과일 밭에서 쓰임 직하게 품이 넉넉해서였다.

입에 담기 민망한 주제도 있다. 영어에는 브래지어에 대한 은어가 수상하리만큼 적다. 패드 넣은 브라를 가리키는 유독 재미있는 말은 1940년대에 쓰이던 **게이 속이개**gay deceiver라는 말이다. 짐작하시다시피 게이라는 단어가 동성애에 관한 말로 널리 쓰이기 이전, 나이 든 게이 남성이 이성을 밝히며 쫓아다니던 시절이다. 이성애자 게이들이 고무 비슷한 물건에 속아 넘어갔다는 뜻이다. 진짜 고무는 고무 냄새가 나기 때문에 이 고무 대체품은 초콜릿 향을 넣었다고 한다. 게이라는 말의 옛 뜻을 곱새기는 일은 좋은데, 이 기술은 되살리고 싶지 않다.

호기심 가는 쪽글이 있다. 1699년에 나온 『옛날과 오늘날의 거드름쟁이에 대한 새 사전』이라는 책에 나오는 항목이다.

> 포스트후무스 호비 경Sir Posthumus Hobby은 그의 반바지에 구둣주걱을
> 달고 다닌다. 이 양반은 옷차림에 있어서 기분 좋은 괴짜다.

두 가지 이유로 호기심이 든다. 첫째, 구둣주걱이 필요한 이유가 안
나온다. 너무 살이 쪘기 때문인지 아니면 사랑스러운 각선미를 자랑하
려고 너무 꽉 끼는 바지를 입었기 때문인지 모르겠다. 둘째, 포스트후
무스 호비 경은 실존 인물이다. 사전이 쓰이기 백 년 전에 진짜로 살았
던 유명한 청교도였다. 셰익스피어『십이야』에 나오는 엄격하고 깐깐
한 말볼리오라는 인물의 모델이 아마 이 사람일 거다. 그런데 이 포스
트후무스 경은(이런 이름이 붙은 것은 유복자였기 때문이다) 특별히 살찐 사
람도 아니었고 특별한 멋쟁이도 아니었다. 사실 그에 대해 주목할 만한
일들이란, 그가 유머 감각이 없었다는 점과 여덟 살에 옥스퍼드에 입학
허가를 받았다는 사실뿐이다. 그렇다 해도 이 사람에게서 이 불멸의 명
성을 박탈하기란 공정하지 않아 보인다. 여러분이 작년에 입던 날씬한
옷에 몸을 욱여넣어야 하는 이 난감한 순간에 말이다. (포스트후무스란 라
틴어로 '나중'+'땅'. 아버지가 '땅에 묻힌 후' 태어났다는 뜻이다―옮긴이)

바로 이 순간 여러분은 **얼루기**grinnow를 알아차린다. 얼루기는 빨래
를 해도 지지 않은 얼룩이다. 이 결정적인 순간까지 여러분은 이 사실
을 알아차리지 못했다. 이토록 쓸모 있는 낱말인데도, 지금껏 딱 한 번
만 쓰였다는 사실이 뜨악하다. 1879년의『슈롭셔 사투리 낱말』이라는
애매한 책에 나올 뿐이다. 이 책에 용례가 있다. '나는 이 얼루기들을 지

위낼 수 없어. 이 옷을 벅벅 문질러 빨았는데도. 이 녀석들 너무 자주 성가셔.'

얼루기를 주의해야 한다. 옷에 얼루기가 너무 많으면 여러분은 끝내 **태터디메일리언**tatterdemalion처럼 보일 터이다. 태터디메일리언이란 누덕누덕 넝마를 걸친 양반을 뜻한다. 같은 말로 **누덕때기**tatter-wallop, **누덕배**ragabash, **누덕지**flabergudgion 따위가 있다. 속이 훤히 들여다 보이는 오늘날의 패션을 생각하면, 퍽 쓸모 있는 낱말이다.

태터디메일리언은 흥미롭게도 낱말 뒷부분이 덴딜라이언(민들레)와 닮았다. 발음으로는 메일리언의 메이에 강세가 오지만 말이다. 이 말을 모르는 사람조차도 이 말을 보면 뜻을 바로 알 수 있다. 태터가 영어로 누더기를 뜻한다는 사실을 알기 때문이다. 디메일리언은 언어학 하는 사람에게 매혹적이긴 하지만 그 이상은 아니다. 놀랄 일이 남아 있다. 스핀오프 낱말들이 있는 것이다. **태터디메일리어니즘**tatterdemalionism이니 **테터디메일리언리**tatterdemalionry 따위다. 후자는 테터디메일리언들을 하나의 그룹으로 간주하는 말이다.

일단 당신이 **스노글리하게 차려입거나**snogly geared(이건 18세기 표현이다), **죽이는 옷차림**dressed to death이고(19세기 표현), **거리에 나서도록 챙겨입었다면**togged to the bricks(20세기 할렘 말투), 때가 됐다. 여러분이 여성이라면 화장을 할 시간이다.

단장

 "아, 불쌍한 요릭"이라는 구절을 기억하는 사람은 많다. 햄릿이 해골을 손에 들고 읊는 대사다. 그런데 그 뒷부분을 기억하는 사람은 적다. "이 친구야, 마님의 내실에 달려가, 아무리 화장을 두껍게 하셔도 결국, 이 모양 이 꼴이라고 농을 해 마님을 웃겨보아라." 이 부분을 보건대, 햄릿은 여러분이 립스틱을 고를 때 도움이 될 사람은 아니다.

 셰익스피어가 화장에 대해 알았을, 애교 넘치는 낱말들을 망라하고픈 마음이다. 그때는 여성들이 파운데이션을 거칠게 바르지 않았다. 그 대신 귀부인들은 **서플**surfle을 했다. **백연**ceruse을 볼연지로 발랐고, **점안제**collyrium를 눈에, **미안검**美眼瞼, callblephary을 눈꺼풀에 썼다. 이 모든 일을 **퍼케이션**fucation이라고 불렀다. 엘리자베스 여왕 시대의 어휘 목록에서 빼놓을 수 없는 낱말이다. 당혹스러운 상황을 생각해보자. 남편이 "도대체 언제 끝나?"라고 물을 때, "여보, 나 퍼케이트fucate 해야 해. 일 분도 안 걸려"라고 말한다면, 남편은 이렇게 되물을 터이다. "여덟 시라고?(퍼케이트fucate라는 낱말이 성교fuck와 여덟 시eight처럼 들리는 점을 이용한 말장난─옮긴이)"

 1940년대에 쓰던 미용 용어가 몇 가지 있다. 예컨대 립스틱은 **입술 오므림 칠**pucker paint이라고 불렀다. 1940년대에는 **미끼를 준비한다**preparing bait라는 근사한 표현이 있었다. 화장 과정 전체를 가리키는 말이었다. 향수와 화장으로 맵시 있게 꾸민 여성을 **어부**漁婦, fisherlady, 그 입술을 **낚싯바늘**hooks이라 했다. 남자가 물고기인 셈이다.

 식전바람ante-jentacular의 때가 거의 끝났다. 식전바람은 똑똑해 보이는 말인데, '아침 식사 먹기 전'이란 뜻이다. 아침 운동을 하거나 블러디 메리를 마시기 딱 좋은 시간이다.

아침 식사

그리스 말로 아침밥은 **아리스톤**ariston이다. 아침 식사를 연구하는 일은 **아리스톨로지**aristology고, 완벽한 아침 식사를 위해 헌신하는 사람은 **아리스톨로지스트**aristologist다. 이 주제는 19세기 중반에 잠시 유행을 탔다. 오스트레일리아의 어떤 아리스톨로지스트는 『많은 이를 위한 요리』라는 책을 내기도 했다. 오늘날에는 잊힌 기술이 되었다. 통탄할 일이다. 아침밥이란 호기심 많은 영혼에 폭넓은 뷔페 차림을 제공하기 때문이다. 아리스톨로지스트가 아니고서야 누가 여러분께 알려드릴까, **벤 졸트람**ben joltram이 '탈지우유에 푹 담근 갈색 빵으로 시골 소년이 보통 먹는 아침 식사'라는 사실을, **버터 보푸라기**butter shag가 '한 조각의 빵과 버터'라는 사실을 말이다. 『옥스퍼드 영어 사전』은 **옵소니**opsony를 '빵과 함께 먹는 음식'이라고 점잖게 정의하고 있다. 복수형은 옵소니아opsonia다.

잘 훈련된 아리스톨로지 연구자라면 나온 지 삼천 년 되어가는 호메로스 연구부터 시작해야 한다. 『일리아스』 제19권 한 권이 통째로 아침밥을 먹느냐 마느냐 하는 문제로 채워져 있기 때문이다.

요약하면 이렇다. 아가멤논이 긴 연설을 한다. 그리스 사람들한테 **올밥**을 들라jenticulate고 명령하는 연설이다. 올밥이란 아침밥이라는 뜻이다. 하지만 아킬레우스는 아침밥을 들지 않는다. 대신에 더 긴 연설을 한다. 그들이 일하러 가기에(즉, 트로이아 사람을 도륙하러 가기에) 시간이 늦었으니, 지금 당장 가자는 것이다. 그러자 오디세우스가 더 긴 연설을 한다. 요점인즉, '이 식사는 하루에서 가장 중요한 끼니다, 지금 당장은 느끼지 못하겠지만, 나중에 적들의 피로 목욕을 할 때 그대는 밥 굶은 일을 후회하게 될 것'이라는 이야기다. 아킬레우스가 말한다. 진짜로 자기는 아침을 먹을 처지가 아니다. 늘상 아침밥은 가장 친한 친구 파트로클로스가 지어줬다는 것이다. 지금은 엉망이 된 파트로클로스의 시신이 발을 문으로 향한 채 그의 막사에 누워 있다. 아킬레우스는 시신을 향해 돌아서서 사랑스러운 짧은 연설을 한다.

> "그래, 전우들 가운데 내가 가장 사랑하는 사람, 너, 불행한 사람아!
> 예전에 아카이아인이 말을 길들이는 트로이아인들에게
> 눈물 마르지 않을 전투를 안겨주려 서둘러 나설 때마다
> 나를 위해 너는 막사 안에서 손수 감미로운 음식을 차려주었지."
>
> (『일리아스』 19권 315~318행, 이준석 옮김, 아카넷, 2023 ─ 옮긴이)

신들이 챙겨주지 않았다면 아킬레우스는 굶을 뻔했다. 제우스의 명령에 따라 아테나가 하늘에서 내려와 '천상의 가장 바라마지 않을 성찬'을 그의 몸에 마술처럼 직접 주입해주었다. 그 덕분에 아킬레우스는 일터로 나갈 수 있었다. 이다음에 말馬이 말言하는 짧은 장면이 나오고 19권은 끝이다.

아킬레우스가 말이 통하는 인물이었다면, 재빨리 **초타 하즈리**chota

hazri를 챙겨 먹었을지 모른다. 이 말은 **열한 곁두리**elevenses까지 여러분이 버티기 충분한, 간단한 아침 식사를 뜻한다. 영국 식민지 인도에서 쓰던 말이다. 힌디어로 '작은 아침 식사'라는 뜻이다. 하지만 더 풍부하고 멋진 역사가 있다. 이것은 여러분이 밤새 나무 위에서 호랑이와 씨름한 다음 내려와 먹는 식사였다. 1886년에 어떤 양반이 바로 이런 일을 치른 다음 새벽에 돌아오더니,

> ……친구들의 칭찬과 찬양을 받았거니와, 대답이라고는 배고픈 울부짖음과 "초타 하즈리"라는 외침이 전부였다. 브라운은 아침을 든 이후에 자기 모험을 충실하고 진실되이 말해주겠노라 약속했다.

이 이야기에 담긴 세계란, 에너지바건 간단한 바나나건 게걸스럽게 먹어 치우는 일이 체면을 구기지 않는 세상이다. 무엇이건 여러분은 늑대처럼 꿀꺽 삼켜버린다. 여러분은 이제 세상을 정복하러 달려 나갈 참이기 때문이다.

시간이 있다면, 또 위장에 구멍이 났다면, 여러분은 그럴싸한 아침 식사를 만들어 먹을 수 있다. '천상의 가장 바라마지 않을 성찬'까지는 아닐지라도, 그럭저럭 괜찮은 식사는 될 터이다. 이를테면 아킬레우스는 닭도 달걀도 알지 못했으리라. 이것들은 기원전 5세기가 되어서나 유럽에 전해졌기 때문이다. 하지만 우리에게 달걀은 너무나 친숙하다. 18세기에는 **꼬꼬 방귀**cackling fart라 불릴 지경이었다. 닭은 언제나 꼬꼬 댁거리고 달걀은 닭의 뒤에서 나오니까 그렇다. 아킬레우스와 달리 우리는 달걀로 요리를 만들어 먹는다. 달걀 프라이를, 완숙 달걀을, 스크

램블드에그를, 반숙 달걀을, 수란을, 매운 달걀 요리devilled를, 에그베네딕트Benedict를, 플로렌틴Florentine을.

이 중에도 달걀스러운 낱말eggy word은 **난황적**卵黃的, vitelline이다. '달걀노른자에 관한' 것을 뜻한다. 17세기 시인 로버트 헤릭은 일찍이 이렇게 읊었다.

기꺼이 나는 입맞추리, 나의 줄리아의 입맛 도는dainty 다리에,

이 다리는 달걀만큼이나 하얗고 털이 없으니.

마음을 흔드는 에로틱한 환상이 담긴 아침밥에 대한 시다. 또한 요점을 놓치고 있다. 달걀흰자가 몸을 지탱해줄지는 몰라도, 달걀의 진짜 영광은 난황이란 말이다. 난황을 정말 맛있게 먹는 방법이 있다. 헤릭 선생 동시대 사람들이 **러프 펙**ruff peck이라 부른 걸 노른자에 찍어 먹는 거다. 러프 펙이란 베이컨을 얇게 저민 **래셔**rasher를 뜻한다.

래셔라는 이름을 얻게 된 까닭이 무얼까. 가장 이른 설명은 1612년 존 민슈의 책『둑토르 인 링구아스』에 나온다. '빠르게 래시하게rashly 구워지기' 때문이란다. 오늘날 어원학자들은 이렇게 재치 있는 사람이 아니라 그런지, 래셔라는 말이 어쩌면 면도날razor과 관계있을 것 같다고 짐작한다. 아무려나 래시하게 구워진 래셔는 쉽게 **브리즐드**brizzled된다. '탈 정도로 익어버린다'라는 뜻이다. 브리즐드는 사랑스러운 단어다. 지글지글 타는 소리 그대로 의성어라, 듣기만 해도 맛있다.

이 모든 걸 **쇠젖**yarrum 한 잔으로 씻어낼 수 있다. 쇠젖은 도둑들 속어로 우유다. 여러분이 멋쟁이라면 **훼트**whet로 씻어내리면 좋다. 이것

은 아침 일찍 마시는 백포도주 한 잔을 뜻하는데, 18세기에 유행했다. 요즘처럼 메마르고 덜떨어진 시대에는 찾아보기 힘들다. 계몽주의 시대에는 사람들이 아침에 **코니 워블**conny wabble이라는 걸 마셨다. '달걀과 브랜디를 함께 저은 것'이다. 정확한 조리법이 전해지지 않아 슬프다.

　사실 아침밥은 가짓수는 거의 무한하다. 이 작은 책에는 담을 수가 없다. 모든 구석과 틈새를 들여다보기 위해, 우리는 숙련된 아리스톨로지스트가 필요하다. 예를 들어 **스피탈필드 아침밥**Spitalfields breakfast이라는 것이 있다. 빅토리아 시대 은어 사전에 나오는 말이다.

> **스피탈필드 아침밥**이란 런던의 이스트엔드에서 쓰이던 말인데, 꽉 조이는 넥타이와 짧은 파이프가 재료다.

　서둘러 옷을 입고 밥상머리에서 담배를 음미한다는 말처럼 보이지만, 은어 사전을 들여다보면 여러분은 음울한 사실을 알게 된다. 17세기와 18세기에 거의 모든 범죄는 처벌이 사형이었다. 오스트레일리아로 범죄자를 유형 보내기 이전이었다. 이때 교수형을 가리키는 재치 있는 표현과 돌려 말하기가 백만하고도 하나 더 있었다. 여러분은 **대마 넥타이를 매고, 허공에서 대롱거릴**dance upon nothing with a hempencravat 수도 있고, **바람 속에서 껑충 뛸**caper in the wind 수도 있다. 새벽에 형이 집행될 경우라면,

> **허티 초크와 케이퍼 소스**hearty choke and caper sauce**를 아침 식사로 먹게 된다.** 목이 달린다는 뜻이다(아티초크와 케이퍼 소스를 두고 말장난 한 것이다.

초크choke는 '숨 막혀 죽게 한다'라는 뜻이고, 케이퍼caper에는 '껑충 뛴다'라는 뜻과 '케이퍼 식초 절임'이라는 두 가지 뜻이 있다 — 옮긴이).

이렇게 돌려 말해놓고euphemism 또 한 번 돌려 말했다. 1841년 「대마의 꽃 뉴게이트 화환Flowers of Hemp; or the Newgate Garland」이라는 글에 나온다. 지은이는 범죄자 아무개를 찾는데, 정보원은 이렇게 대답한다.

"그 사람은 수요일 아침에 죽었어요. 채소 아침밥vegetable breakfast을 드셨는데, 소화가 안 된 모양이지."
"채소 아침밥이라니! 무슨 말이죠?"
"무슨 말이라뇨! 이봐요, 이런 사람이라니. 형씨가 못 알아듣겠다면, 라드너 박사의 우아한 말로 해보죠. '허티 초크에 케이퍼 소스'를 얹어 먹었다고요."
"살면서 배우는 거죠, 선생. 내가 신세를 졌군요. 정보 고마워요."
나는 대답했다. 불행한 이들에 대한 난폭한 우스개 때문에 기분이 상했지만, 그 사실을 감추었다.

그러니 여러분이 식탁에서 턱 찌꺼기를 쓸어내는 신세라 해도, 그나마 나은 상황이라는 사실을 기억하시길.

옛날 옛적 고대 그리스 시절에는 특별한 노예가 있었다. 이 사람을 **아날렉타**analecta라고 불렀는데 그의 임무인즉 식사 후에 빵 부스러기를 모으는 일이었다. 아나ana는 '완전히', 렉토스lectos는 '모아진 것'을 뜻한다. 공자의 언행을 모은 『논어』를 영어로 『애널렉츠The Analects』라고 옮

긴 데에는 이런 사연이 있다. 헨리 코커람이 1623년의 『영어 사전』에
이렇게 적은 까닭이기도 하다.

애널렉츠란 식탁에서 떨어진 찌꺼기를 뜻한다.

발도하다

발도發途, conge(영어 발음은 '콘지')란 공식적으로 떠날 채비를 하는 일
이다. 중세 임금님이 왕국을 돌아보기 전에 준비하는 일이거나, 아름다
운 공주가 먼 데 황제랑 결혼하러 배 타기 전에 채비하는 일이다. 그런
데 오늘날 발도는 훨씬 어수선하다. 지각이고, 전화기 안 챙겼고, 충전
을 안 했고, 차 키를 찾지 못했고, 바지 입는 걸 까먹었으니 말이다. 여
러분은 이 일을 마치기 위해 빙글빙글 뛰어다닐 것이다. 존슨 박사는
빙글빙글 뛰어다니는 일을 **서컴자이레이트**circumgyrate라고 불렀다(어원
은 라틴어 '돌다'+그리스어 '동그라미'―옮긴이). 오늘날의 발도는 닥치는 대
로 물건을 집어 들어 **겨드랑 들기**oxter lift로 챙기는 일을 의미한다. 겨드
랑 들기란 오래된 스코틀랜드 말인데, 여러분 팔과 옆구리 사이로 물건
을 들어 나르는 일을 뜻한다.

이제 문으로 돌격할 때다. '아비시니아Abyssinia'라고 외치시라. 헵캣
hepcat(스윙 연주자)이 '당신 만나러 간다'라고 하는 말이다. 여러분은 일
터로 떠난다.

4장

오전 9시

출근한다

날씨 · 교통 · 자동차 · 버스 · 열차 · 지각이다

날씨

사형이 무기징역으로 감형되면commuted 좋다. 하지만 출퇴근commuting이란 보통 끔찍하다. 공통점이 있다면, 여러분이 궁금해하시니 말인데, 둘 다 맞바꾼다는 뜻이다. 교수형 올가미가 감방으로 바뀌고commuted, 작은 빚 여럿이 큰 빚 하나로 바뀐다. 19세기 미국에서는 개별구매한 열차표들을, 살짝 저렴한 유효기간 일 년짜리 통근 표commutation ticket로 맞바꿔줬다(영어 낱말 코뮤트commute에는 '출퇴근하다'라는 뜻과 '감형하다'라는 뜻, '교환하다'라는 뜻이 있다. 지은이의 말장난—옮긴이).

아무려나 아직 현관문 앞이다. 천 리 길도 한 걸음부터라는 말이 있다. 그런데 내 경험에 따르면, 길 떠나는 한 걸음을 떼기에 앞서 허둥지둥 퇴각한다. 날씨에 맞지 않는 옷을 입었다거나 지갑 또는 허리춤의 술병 또는 석궁을 놓고 나왔다는 사실을 깨닫는 거다. 일단 우리는 **하늘바라기**celivagous의 눈길을 던져보기로 하자. '하늘을 향해 헤맨다'라는 뜻이다.

가장 몹쓸 날씨는 **포고니프**pogonip다. 인디언 쇼쇼니족한테 훔친 낱말이다(미국은 이 사람들의 다른 재산도 훔쳤다). 포고니프는 안개의 일종이다. 어찌나 추운지 공기 중에 얼음 결정이 생기는 안개를 말한다. 포고니프는 사실 아주 드문 현상이긴 하다. 물이 얼음 결정이 되려면 섭씨 영하 40도는 떨어져야 한다. 날씨 이야기 때 겪음 직한 일은 아니다. 포고니프는 알래스카 골짜기 깊은 곳과 그 비슷한 곳에서만 일어나는 무척 국지적인 현상이다. 그러니 여러분 동네 골목에서 급격한 포고니프 현상이 일어났다고 말해도 된다, 어차피 아무도 모르니까.

알래스카 사람이 아니라면 **스웨일**swale이란 날씨를 만날 거다. 스웨일은 없어서는 안 될 사전인, 1674년의 『많이 쓰이지는 않는 영어 낱말 모음집』에 나온다. 이렇게 되어 있다.

스웨일. 바람 불고, 춥고, 을씨년스러운.

스웨일이라는 낱말이 북부지방 말이라는 설명은 굳이 덧붙이지 않아도 될 것 같다. 낱말 풀이도 필요 없다. 스웨일이라는 말 자체가 이미 바람 불고, 춥고 을씨년스러운 낱말이다. 이 말은 채찍 자국wale과 바람 맞음windswept 사이에서 나부낀다sway. 비와 비참함과 요크셔를 연상시킨다.

그런데 잉글랜드 북쪽 하늘보다 더 참담한 것이 있다. 바로 스코틀랜드 하늘이다. 이 지역에는 **트웡킨**thwankin이라는 낱말이 있다. 엄격한 스코틀랜드어 사전에 나온 음산한 뜻풀이다.

트웡킨. 구름이 잇달아 짙고 우울하게 섞인 상태.

날씨가 스웨일하고 구름이 트웡킨한 날이면 여러분은 돌아와 엄브렐러umbrella를 집어 들 텐데, 그러지 마시라. 어원을 따지자면 엄브렐러는 그늘지게 만드는 물건이다. 라틴어로 움브라umbra는 그늘이고 엘라ella는 지소사指小辭다. 요컨대 엄브렐러란 '작은 그늘'이다. '태양에 맞서' 보호해준다는 파라솔parasol과 같은 말이다(파라는 '맞서'+솔은 '태양'―옮긴이). 그러니 구름이 트웡킨하고 스웨일할 때 여러분이 챙겨야 할 것은 **범버슈트**bumbershoot다.

범버슈트는 엄브렐러와 뜻이 같지만, 더 나은 말이다. 범버bumber는 우산의 일종, 슈트shoot가 붙은 이유는 이 물건이 낙하산 패러슈트랑 닮아서다. 범버슈트는 미국에서 1890년대부터 기록된 말인데, 대서양을 건너지는 못했다. 통탄할 일이다. 큰 소리로 발음하기 아름다운 낱말인데 말이다.

범버슈트가 없다면 **골고타**Golgotha를 쓴다. 빅토리아 시대에 모자를 뜻하던 은어. 「마르코의 복음서」에는 이렇게 나온다.

그들은 예수를 골고타 언덕으로 데려갔다. 골고라란 해골산이란 뜻이다.

머리에는 골고타, 손에는 범버슈트, 전방을 향해 여러분이 **허플**hurple

할 때다. 허플이라는 동사는 1862년 리즈 지방 방언 부록에 나온다.

추위에 에이며, 목을 움츠리고 거리를 기어간다. 꾀죄죄한 사람이 겨울 아침에 하는 일이다. "몸을 달달 떨며 허플하곤 간다, 저 사람 봐라."

그래도 혹시 모른다. 문을 열었더니, 하늘은 푸르고 태양은 골고타를 오르고 날씨는 쾌적할 수도 있다. 리즈 지역에서는 드문 날씨지만 말이다. 더운 날씨를 두고 여러분은 sw로 시작하는 거의 아무 낱말이나 사용할 수 있다. **무더운**sweltering, **스월리**swoly한, **스월튼**swolten한, **스월 뜨거운**swole-hot, **스월로킹**swullocking한, **스월로키**swallocky한 따위 표현이다. 딱 하나만 주의하자. 스월로키하다는 말은 폭풍우가 친다는 뜻이다. 이럴 땐 범버슈트를 챙겨야 한다.

아무려나 가장 좋은 아침은 **거미집 아침**cobweb morning이다. 오래된 노픽 말로, 모든 거미집에 이슬이 맺히고 안개 낀 산울타리로 빛나는 아침이라는 뜻이다. 이런 아침은 **이슬이 금강석 같다**dewbediamonded. 잠을 깨운 파면자와 곧 일하러 나갈 직장까지도 용서가 된다. 이슬은 아름답다. 새벽의 여신 아우로라의 눈물이라고들 하는데, 여신이 왜 우는지 정설은 없다. 여러분이 과학을 좋아한다면 **이슬계**drosometer로 이슬을 측정할 거고, 시를 좋아한다면 브라우닝이 읊은바, '달콤한 이슬의 침묵'을 두고 명상에 잠길 거다. 실용적인 사람이라면 발이 젖을까 염려할 터이다. 아침 이슬은 재앙과 같은 결과를 낳을 수도 있다. 이를테면 **멋쟁이잡이**beau trap처럼.

멀쩡해 보이는 포장도로 돌을 밟았는데, 그 아래 물이 잔뜩 고여 있던 적 있을지? 여러분 몸무게에 돌은 기울고, 역겨운 빗물(한때 개 국물 dog's soup이라 불렸다)이 솟구쳐 발목과 신발 안이 젖는다. 이걸 일컫는 이름이 있다. 바로 멋쟁이잡이다. 멋쟁이 미남의 잘 차려입은 레깅스를 망가뜨리기 때문이다. 1811년에 나온 그로스의 『상말 사전』을 보면, 짜증 나는 어떤 것들은 시대를 초월하는 것 같다.

멋쟁이잡이는 포장도로의 느슨한 돌로, 그 아래 물이 고여 있다. 발을 올리면 물을 찍 뿜어 하얀 스타킹을 더럽힌다. 이 돌은 멀쩡해 보이는 사기꾼이다. 시골의 스콰이어나 무지렁이가 걸려들기를 기다린다.

멋쟁이잡이가 불러올 최악의 결과는 여러분 신발에 물이 차는 일이다. 발가락 사이에서 질척이고 철벅이는sloshing and squeezing 소리가 들릴 것이다. 이러한 소리를 뜻하는 말이 있다. **초킹**chorking이라고 한다. 1721년 스코틀랜드 시에 등장한다.

초킹 발로 골짝골짝 나 누비었네.
격자무늬 켈트조차 진눈깨비 막지 못해.*

스캐치scatches를 신으면 좋다. 1721년의 사전에 따르면, 더러운 길을 걸을 때 디딜 발 받침대라는 뜻이다. 높은 곳에서 균형 잡고 걷는 모습 덕분에 이웃의 부러움을 살 수 있다. 스캐치 덕분에 숙녀분은 치마가

● 스코틀랜드 방언은 운율 개념 없는 시인이 개발해낸 말 같다.

　　　　　　　　　　　　　　　　　　　사어사전

질질 끌려 공그른 단이 진흙 범벅 되지daggled 않을 수 있었다. 하지만 내 생각으론 스캐치를 신고 걸으려면 연습이 필요하고, 직장에 신고 가도 보관하기 마땅찮을 거다. 대신 **백스터**backster를 이용하면 된다. 백스터는 부드러운 진흙 위에 깔아놓은 나무판자다. 신발과 옷을 더럽히지 않고 바닷가를 돌아다닐 수 있다.

준비 끝. 등 뒤의 문은 닫혔다. 열쇠와 휴대폰과 지갑을 챙겼나 확인할 때다. 주머니를 **더듬적거려**grubbling 확인하자. 더듬적거린다는 말은 더듬는다는 말과 비슷한데 더 엉성한 동작이다. 보통은 주머니를 더듬적거리고, 잡동사니 이것저것을 넣어놓은 책상 서랍을 더듬적거린다. 주머니와 관계없이 성적인 의미로도 이 말을 쓰거니와 몹시 드물다. 시인 드라이든이 오비디우스의 『사랑의 기술』을 번역할 때, 연인 만날 일을 애태워 준비하는 장면에 딱 한 번 썼다.

내가 있을 터이니, 우리는 아마도
더듬적대리라, 적어도 입을 맞추리라.

열쇠는 안 챙겼고 지갑은 비어 있고 휴대폰은 충전하지 않았다는 사실이 확실하지만, 뭐라도 하기엔 늦었다. 이제 일터로 **행차하자고**incede(위풍당당하게 나아가자고) 여러분은 마음먹는다. 행차하기가 부담스럽다면 여러분은 선택한 교통수단을 **트램푸스**trampoose할 수도 있다.

교통

일터 오가는 방법은 많고 많다. 사전 편집자의 정신을 가진 사람이라면 낱말에 빠져 죽을 정도다. 대⁂ 플리니우스의 기록에 따르면, 아우구스투스 황제 때 어떤 소년은 돌고래를 훈련시켜 아침마다 학교에 타고 갔단다. 이 이야기에서 영어 낱말 **델피네스트리언**delphinestrian이 나왔다. 돌고래가 없다면 대신 **카콜렛**cacolet을 탈 수 있다. 카콜렛은 피레네산맥을 여행하는 사람들이 사용한, 노새에 편안히 매달린 바구니다. 팔로 **브레이키트**brachiate할 수도 있다. 브레이키트란 타잔이 정글에서 그네 타는 일을 가리키는 용어다. 상체 운동으로 기가 막히겠다. 단 여러분 집과 사무실 사이에 나무가 쭉 늘어서 있어야 한다. 말을 여러 마리 가졌는데 잠은 부족하다면, **베사지**besage를 이용해도 좋다. 베사지는 말 네 마리 등에 실린 침대다. 내가 들어본 중 으뜸가는 교통수단이라고 말하고 싶지만, 승객이 졸 때 말이 어디로 갈지 알 수 없어 안타깝다. 누군가를 침대에 뉘어놓고도 잠 못 들게 한다면 잔인한 일이다. 베사지 문제에 대한 해결책이 있을지도 모르지만, 슬프도다, 『한물간 사투리 사전』에는 나와 있지 않다.

자동차

그러니 따분한 교통수단으로 돌아가, 자동차부터 시작하자. 「열왕기하」에서 신은 아합을 기꺼워 않으신다. '아합으로부터 벽에 오줌 누는 사람을 끊어내기' 원하신다. '모든 남자'라는 뜻인데 고대 히브리어에 비교적 흔하게 쓰인 표현이다. 아무튼 끊어낼 도구로 신은 예후Jehu(영어식으로는 지후라고 발음한다)라는 양반을 고르셨다. 예후는 전차에 뛰어 올라 왕을 죽이러 떠난다. 왕의 파수꾼이 전차가 다가오는 것을 보고 왕에게 달려가 아뢰었다. "수레를 모는 것이 님시의 아들 예후가 수레를 모는 것 같으니, 그가 사납게 운전합니다." 『성경』의 이 한 구절 덕분에 예후는 영어에서 사나운 운전자라는 불멸의 명성을 얻게 되었다(「열왕기하」9장 — 옮긴이).

예후가 되는 일은 여러분이 **뒤엉킨 창자길**jumblegut lane을 운전할 때 특히 고약한 일이다(아니면 좋은 일일 수도 있고). 뒤엉킨 창자길이란 울퉁불퉁한 길을 가리키는 18세기 표현이다. 어원이 뚜렷하니 설명은 필요 없을 듯하다. 아무려나 예후건 뒤엉킨 창자길이건, 여러분은 **교통 혈전증**thrombosis of traffic에 발 묶일 가능성이 크다. 대도시의 동맥과 정맥 같은 도로들이 도로공사라는 색전증embolism과 혈전에 막혀버린 터다. 예후는 수레에 앉아 옴짝달싹 못 한 채, 샘이 나 버스 차선을 바라볼 따름이다.

버스

버스의 복수형은 당연히 버스들buses이다. 하지만 어원을 따져보면 버스의 복수형이 버스bus가 될 수도 있었다. **부아튀르 옴니뷔**(옴니버스) voiture omnibus, 즉 '모두를 위한 마차'가 1820년 파리에 등장했다. 복수형은 부아튀르 옴니뷔(옴니버스)voitures omnibus다. 어느 쪽이건 말을 줄이면 버스가 된다(우연한 일이지만, 탁시메테 카브리올레taximeter cabriolet 역시 마찬가지다)(택시의 복수형도 택시가 될 뻔했다는 지은이의 너스레 — 옮긴이).

버스는 문제가 있다. 한참을 기다려도 오지 않는다. 기다리는 일을 프리스톨레이팅^{prestolating}이라고 하는데, 비참한 일이다. 보통 비가 내리기 때문이다. 여러분은 버스 정류장에 복작복작 모여든다. 정류장은 **크세노도키온**^{xenodochium} 같다. 순례자들을 위한 여인숙이라는 뜻이다 (그리스 말로 '나그네'+'받다' — 옮긴이). 고도를 기다리며 희망을 버리지 않은 사람들이 모여든다(사뮈엘 베케트의 희곡『고도를 기다리며』에서, 고도는 작품이 끝나도 등장하지 않는다 — 옮긴이).

버스가 도착하더라도 그 안은 **킬리안데르**^{chiliander}할 터이다. 사람이 천 명 들어 있다는 뜻이다(그리스 말로 '천'+'남자' — 옮긴이). 여러분은 원숭이 보드를 타고 달리는 셈이다. 난자를 향해 돌진하는 정자처럼 말이다. 일단 버스에 타면, 여러분은 **떼밀릴**^{scrouge} 수밖에 없다. 『옥스퍼드 영어 사전』풀이는 이렇다.

(사람을) 밀쳐서 괴롭히다, 앉거나 서 있는 (사람의) 공간을 침범하다, 모여들다, (사물을) 밀거나 쥐어짜다.

아무튼 여러분은 반드시 그리고 난폭하게 떼밀어야 한다. 한편 **마차 윙윙이**^{chariot buzzer}를 조심하자. 마차 윙윙이는 버스에서 일하는 소매치기를 뜻한다. 그래도 빅토리아 시대에 쓰던 말이라, 마차 윙윙이의 고풍스러운 옷차림은 여러분의 눈에 띌 거다.

"서른이 넘었는데 버스에서 눈에 띈다면 인생의 실패자다." 마거릿 대처는 이런 말을 하지 않았다. 시인 브라이언 하워드(1905~1958)가 한 말이다. 속물처럼 들리는 말이거니와, 브라이언 하워드 본인이 진지한 시집을 한 권밖에 출판하지 않았고, 그의 전기 제목이 『실패의 초상』이라는 점을 감안하면, 틀림없이 그 스스로 버스에서 시간을 많이 보냈을 것 같다.

아무려나 성공한 사람으로 인정받고 싶은데 서른이 넘었다면, 그런데 자동차나 제트팩을 이용할 수 없는 처지라면, 지하철이나 지상철superterranean을 타시길.

열차

열차 나름의 문제가 있다. 열차를 타려면 역에서 외로이 길을 뚫어야 한다. 부딪치면 멍드는 무거운 여행 가방을 들고 이리저리 돌아다니는 숱한 사람을 잽싸게 피해야 한다. 브라운 운동을 설명하는 그림 같다.

유도 미사일을 설계하는 사람은 **발러드로믹**balladromic **궤도**라는 말을 한다(어원은 그리스어로 '던지다'+'달리다'—옮긴이). 로켓이 목표물을 향해 나아가는 경로를 뜻한다. 로켓은 모든 걸 무시하고 마하 3의 속도로 날아간다. 역 중앙홀로 나아가는 가장 좋은 방법이 이거다. 가야 할 플랫폼의 위치를 머리에 넣고, 사소한 도발에도 펑 터질 준비를 하시라. 발러드로믹하게 가자.

여러분이 평화를 사랑하는 평화주의자라면, **게인코프**gaincope하는 방법도 있다. '가장 가까운 길로 들판을 가로지르다'라는 뜻이다. 옛날 잉글랜드Olde Englade의 목초지와 초원에 어울릴 낱말이지만 말이다. 진짜로 필요한 것은 **휘플러**whiffler겠다.

요즘에는 휘플러가 없다시피 하다. 이해할 수 없는 일이다. 역 입구에 고용 휘플러가 있다면 러시아워에 엄청난 돈을 벌 텐데 말이다.『옥스퍼드 영어 사전』에 따르면 휘플러는 이런 사람이다.

투창·전부戰斧·칼·몽둥이로 무장하고 사슬을 찬 채, 행차 앞길을 비우는 수행원 중 하나.

전업 휘플러가 있다면(그 사람을 부릴 돈이 있다면 말이지만) 쓸모가 있겠다. 크리스마스 쇼핑이나 칵테일파티 때 유용하리라. 러시아워 때는 휘플러가 유용할 뿐 아니라 반드시 필요하다. 휘플러 없이 여러분은 **헤모티미아**hemothymia에 빠질지도 모른다(그리스어로 '피'+'열정' ─옮긴이). 정신과 의사들이 살인 충동이라고 부르는 상태다. 문자 그대로는 피를 갈망한다bloodlust는 뜻이다.

참을 수 없이 화가 나 동료 통근자들을 활과 화살로 쏘고 싶던 적이 있다면, 여러분을 위한 문구가 있다는 사실이 위로가 될 터다. 그로스의 『상말 사전』(1811)에 이런 표현이 나온다.

너희 가운데, 앞 못 보는 하프 연주자가 있구나 Have among you, you blind harpers. 사람들 사이로 마구잡이로 던지고 쏘는 일에 쓰이는 표현.

이 표현으로 수수께끼 같은 마지막 말을 남길 수 있다. 검표원이 여러분을 바닥에 쓰러뜨리기 전에 말이다.

일단 열차에 오르면, 커피와 신문을 챙겨 자리를 잡고는, 여행 내내 부고 기사를 읽으며 키득거릴 수 있다. 참고로, 커피잔을 감싸 손가락이 데지 않게 해주는 물건을 **자프**zarf라고 한다. 신문은 **비명 종이**scream sheet라는 재미있는 이름이 있다.

열차가 무척 **삑삑하다**thringed면 그럴 수 없다. 뜻인즉 붐비고 가득 차서 여러분이 자리를 잡을 수 없다는 말이다. 이 상황이 버스를 타서 떼밀리는 일보다 좋은지 나쁜지, 교통 혈전증으로 발이 묶이는 일보다 나은지 아닌지는 내가 대답할 수 없다. 내가 말할 수 있는 것은 고통의 표준 측정 단위는 **돌**dol이며 **돌로리미터**dolorimeter로 측정된다는 사실뿐이다.

출근 도장 찍기

일터에 다다를 무렵, 여러분은 틀림없이 지치고 멍들고 힘들고 좌절했을 거다. 21세기의 삶 때문에 망가질 터이다. 그래도 앞으로 출근만큼 고약한 일정은 없다. 상황은 나아지리라. 이 사실을 은밀한 **이슬음료**dew drink로 축하해도 좋겠다. 하루치 할 일을 시작하기에 앞서 마시는 맥주를 뜻한다. 이렇게 하면 출근이 더 늦겠지만, 여러분은 어차피 **꼴찌**postreme(마지막 사람)일 거다. 지각은 여러분 잘못이 아니다. 교통/열차/버스 기사/복수의 신 기타 등등의 탓이다. 그러니 이슬 음료를 마셔야 한다. 여러분은 그럴 자격이 있다.

상쾌한 기분으로 **바라쿤**barracoon에 성큼 들어서시라. 바라쿤은 노예 창고를 뜻한다. 여기서 하루 일을 준비한다. 물론, 바라쿤은 걸어서 들어가는 곳이 아니다. 올바른 출근 방법은 **하동지동**scuddle이다. 존슨 박사의 풀이를 보자.

하동지동. 짐짓 꾸며 서두르거나 허둥대며 달리다.

계단을 천천히 올라도 된다. 예쁜 구름을 하늘바라기 해도 된다. 사무실에 들어설 때만 하동지동하면 된다. 올바른 방법은 과호흡을 몇 번 하는 것. 여러분은 숨이 차게 된다. 일단 헐떡이는 상태로, 이를 악물고 문을 향해 몸을 던져라. 큰 소리로 문을 닫고 사무실 한가운데로 튀어가 휘청거려야 한다. 말을 해보시라. 할 수 없을 것이다. 여러분은 숨이 차다. 익사할 뻔한 사람처럼 숨을 들이켜고 있다. 마침내 천진난만한 눈빛으로 주위를 둘러보고, 바쁜 척을 멈춘 다음, 정답을 모른다는 듯 진지한 표정으로 물어보시라. "제가 늦었나요?"

5장

오전 10시

오전 회의

안 졸고 버틴다 · 경청한다 · 입씨름한다 ·
예, 아니요, 알게 뭐람 · 머그웜프 · 입을 다문다

사무실은 기이한 장소다. 사무실에서 무슨 일이 일어나는지 정확히 아는 사람은 없다. 거기서 일하는 사람 역시 마찬가지다. 아무려나 오전 회의로 하루를 시작하는 사람이 많다. 회의란 남은 하루 자기가 무슨 일을 하지 않을지 각자 결정하는 자리다. 보통은 작은 탁자에 둘러앉아 회의하는데, 요즘 어떤 사무실은 서서 회의하고, 심지어 걸어 다니며 회의를 한다. 낯선 유목민처럼 보이는 습관이다. 이런 회의를 **발로 회의한다**pedeconferencing고 한다. 이런 추세가 계속된다면 미래에는 사무실에서 전력 질주하며 회의를 할지도 모른다. 달리기 우승자가 하루 동안 사장님이 된다거나.

이 행사를 중세 길드에서는 **아침 연설**morn-speech, 고대 그리스에서는 **파네기리스**panegyris, 중세 교회에서는 **시노드**synod라고 불렀다. 튀르키예에서는 국무회의를 **디완**divan이라고 불렀고, 이를 따서 가구 이름을 붙였다. 밀턴의 『실낙원』에 지옥의 모든 악마가 '어두운 디완에서 깨어나는' 장면이 있는데, 좌석 배치가 아늑해 보이지는 않는다. 아무려나 회의에 관한 낱말 중 으뜸은 **라트로키니움**latrocinium이다.

라트로키니움은 도둑 회의라는 뜻이다. 다음에 무얼 훔칠지 결정할 때 알리바바와 사십 인의 도둑은 마술의 동굴에 모여 마흔한 석의 라트로키니움을 열었을 거다. 자기가 참여하는 자리가 라트로키니움인지 아닌지는 직장인 개개인의 양심에 달려 있거니와, 이 낱말은 알아듣기 어렵고 변소latrine와 비슷하게 들리므로, 쓸 수 있는 모든 기회에 써먹어 보자. 라트로키니움이라는 말에는 위대하고 뜻깊은 역사가 있다. 서기 5세기 제2차 에페소스 공의회 때 이 낱말이 처음 쓰였다. 그리스도의 정확한 본질을 밝히고 아울러 화형당할 사람이 누굴지 정하는 거창한 자리였다. 그런데 회의가 열리자 뒤죽박죽 시끄러웠고 자기 할 말만 했기 때문에, 교황은 모든 사항을 무효로 선언하고 이 회의를 라트로키니움이라고 불렀다. 그런 다음 칼케돈에서 다시 공의회를 열고 결정을 모두 뒤집었다. 오전 회의란 원래 그렇지만, 오전 회의가 언젠가는 개선되리라 우리는 기대한다. 라트로키니움은 그래서 공감이 가는 낱말이다.

모두 모이셨는지? 이사회건 연차 총회건 난교 파티건, 회의록 맨 위에 '미안하게도 결석apologies for absence'이나 거창하게 '미안하게도 참석 불가apologies for non-attendance'라는 문구를 마주친다. 이 문구를 없앨 수 있다. 대신 쓸 낱말 하나가(하나만) 있다. 바로 **이소인먼트**essoinment다.

이소인먼트는 이소인essoin하는 일이다. 이소인의 뜻인즉(『옥스퍼드 영어 사전』에 따르면),

(사람이) 법정에 출두하지 않은 정당한 이유를 해명하다, 결석에 대해 해명하다.

따라서 회의록에 필요한 것은 '이소인먼트'와 참석자 명단뿐이다. 이소인먼트만 있으면 이제 **콘스툴팅**consulting(함께 멍청해지기)을 시작할 수 있다(라틴어 '함께'+'멍청한'. 영어 낱말 컨설팅consulting과 닮았다는 지은이의 말장난—옮긴이).

회의실의 에우티코스

어떤 회의든 너무 오래 떠드는 사람이 있다. 처음에 말하는 사람이 대개 그렇다. 사도 바울도 다르지 않았다. 「사도행전」 20장을 보자.

안식일 다음 날, 우리는 주의 만찬을 나누려고 한자리에 모였다. 바울은 그 이튿날 떠나기로 되어 모인 사람들과 밤이 깊도록 오래 이야기를 나누었다. 우리가 모여 있던 위층 방에는 등불이 많이 켜져 있었다. 그때 에우티코스라는 청년이 창문에 걸터앉아 있었는데 바울의 이야기가 너무 오래 계속되자 졸음을 이기지 못하여 마침내 깊이 잠이 들었다가 그만 삼 층에서 땅으로 떨어졌다. 사람들이 일으켜보니 그는 이미 죽어 있었다. (「사도행전」 20장 7~9절 — 옮긴이)

초기 기독교도의 열정과 황홀경 따위를 들을 자리가 생긴다면 이 이야기를 떠올리시라. 이 세상이건 다음 세상이건 정의란 게 있다면 지금 에우티코스는 설교 듣다 조는 사람의 수호성인일 거다(「사도행전」에 따르면 기적이 일어나 에우티코스는 되살아난다. 독자님께서는 너무 걱정 안 하셔도 된다─옮긴이).

지루한 사람한테 쓸 용어가 제법 있다. 예를 들어 1623년 헨리 코커람의 『영어 사전』에는 **오브가니에이트**obganiate라는 낱말이 있다. '한 가지 일을 거듭 되풀이해 귀찮게 한다'라는 뜻. '꾸르륵거린다'라는 뜻의 라틴어가 어원이다. 어떤 사람이 같은 말로 같은 지적을 거듭할 때 여러분은 고개를 주억이며 "오브가니에이션"이라고 좋알거리면 된다. 예의에 맞는 말인 척하는 거다.

오브가니에이션 때는 같은 단어가 되풀이된다. '팀워크', '배송', '금과 상아로 된chryselephantine' 따위 표현. 이걸 **바톨로지**battology라고 한다. 고대 그리스 왕 바토스의 이름에서 따왔다. 키레네 도시를 세운 사람이지만, 영어에서는 그가 말을 더듬었다는 사실로만 기억된다. 어떤 말이 자주 바톨로지 되면 의미도 요점도 사라지고 회의 탁자 주위를 떠나니는 순수한 소리만 남는다. 이를 **의미 소멸**semantic satiation이라고 한다. '뜻이 사라진다'라는 거다.

그런데 되풀이되는 이야기만 짜증이 나는 건 아니다. 애당초 의미 없는 이야기도 있다. 예를 들어, 일어나지 않을 일에 대해 고객이 어떻게 반응할지, 이십 년 뒤 회사가 어떤 위치에 있을지, 근거도 없이 추측하는 일 따위다. 의미 없는 추측을 어려운 말로 **마테올로지**mataeology라 한다. 이런 추측을 하는 사람은 **마테올로지언**mataeologian이다.◆ 신학자들을 두고 보통 쓰는 말이지만, 이런 사람은 대성당뿐 아니라 기업에도 많다.

경청

중요한 일이 있다. 여러분은 경청하는 척해야 한다. 정말로 경청한다면 좋겠지만, 처음부터 무리하진 말자. 에벌린 워는 말년에 귀에 대는 나팔을 썼다. 꼭 필요한 물건은 아니었는데 눈에 뜨이도록 대화 중 귀에 꽂고 있었다. 이야기가 지루해지면 주머니에 나팔을 집어넣었다. 한창 말하는 중간에도 때때로 그렇게 했다. 여러분이 회사의 소유주가 아니라면, 좋지 않은 작전이다.

배우 피터 로어의 방법이 낫다. 나치를 피해 런던에 와 알프레드 히치콕을 만났을 때의 일이다. 로어는 영어를 전혀 몰랐다. 하지만 히치콕이 자기가 하는 말에 푹 빠져 있었기 때문에 문제가 되지 않았다. 로어는 말을 해야 할 때면 "예스"라고 했다. 다른 상황에서는 이렇게 했다.

내가 듣기로 (히치콕은) 말하는 것을 좋아한다고 했다. 그래서 나는 매의 눈으로 그를 지켜보다가 방금 웃기는 이야기를 했구나 싶을 때면 의자에서 굴러떨어지리만큼 웃음을 터뜨렸다.

● 마테올로지는 그리스 말 마타이오스('공허하다')에서 왔다. 로기아는 '말'이라는 뜻. 같은 어근에서 영어 마테오테크니mataeotechny가 나왔다. '수익성 없거나 의미 없는 과학, 기술 및 활동'이라는 뜻이다.

사어사전

웃는 대신 고개를 끄덕이는 것도 좋다. 아침 회의에 필요한 기술 전부다. 여러분은 **끄덕술**nod-crafty을 익힌 거다.

『옥스퍼드 영어 사전』에 따르면 끄덕술이란 '심오한 지혜의 분위기를 풍기며 고개를 끄덕거리는 일'이다. 일단 끄덕술을 알게 되면, 여러분은 어디서나 끄덕술을 본다. 돈 받고 텔레비전 인터뷰를 하는 사람들은 지독하게 끄덕술을 잘한다. 사실 많은 인터뷰가 카메라 한 대로 이루어진다. 이 카메라는 인터뷰 받는 사람을 찍어준다. 그런 다음 모든 걸 설정해 한 번 더 찍는다. 인터뷰하는 사람이 끄덕거리는 모습을 찍기 위해서다. 업계에서는 이 일을 **끄덕이**noddies라 부른다. 1969년에 W. H. 오든은 많은 박사가 끄덕술을 쓴다고 지적했다. 1608년 이후 『옥스퍼드 영어 사전』에 용례가 기록되지 않았는데도 말이다. 그나저나 끄덕술을 살펴보기 좋은 장소는 미술관이다. 끄덕술을 익힌 사람들은 그림에 다가가 잠시 멈추고 아름다움을 알아보는 제 턱을 치켜들고 몇 초 감상하고 작은 미소를 짓고, 그러고는 끄덕을 한다. 그림이 마주 끄덕여주는 일은 잘 없다.

사무실 회의에서 고개를 끄덕일 때, **펙티네이션**pectination을 곁들이면 좋다. 손가락을 두 벌의 빗처럼 깍지끼는 일을 말한다(빗은 라틴어로 펙틴pectin이다). 깍지를 예쁘게 끼고 고개를 흔들 목마처럼 까딱거리면 회의를 무탈하게 마칠 수 있다. 현명하게 입 다물고 **뭄버짓**mumbudget을 하면 좋다. 침묵을 지킨다는 뜻의 옛날 표현이다.

경고의 말씀. 토머스 브라운 경은 책 『프세우도독시아 에피데미카Pseudodoxia Epidemica』(1646)에서 이렇게 지적했다.

다리를 꼬거나 손가락을 깍지끼거나 손을 맞잡는 처신은 나쁜 행동으로 여겨지는바, 친구들은 우리더러 그러지 말라고 설득하리니.

진정한 친구가 누구인지는 이럴 때 안다.

입씨름한다

그나저나 선량한 사람이 입장을 밝혀야 할 자리가 있다. 아침 회의도 그렇다. 더는 인내하며longanimity 조용히 앉아 있지 못하고 분연히 일어서 여러분 신념을 말해야 할 때가 가끔 온다. 예를 들어 의자나 프린터를 바꾸는 문제 말이다. 이럴 때는 원로원 앞의 키케로나, 아테네 시민 앞의 소크라테스나, 빌라도 앞의 예수를 잊지 말자. 이분들 모두 목숨을 잃었다. 그러니 에벌린 워의 『스쿠프Scoop』에 나오는 코퍼 경의 부하를 본받는 편이 낫다.

코퍼 경이 옳을 때 그는 말했다. "물론입죠, 코퍼 경."
그가 틀릴 때는 말했다. "어느 정도는요."

여러분은 남한테 **딩**ding하지 마시라. 딩은 18세기 낱말인데, 정말로 듣기 싫을 말을 하는 일이다. 상대한테 얼간이라고 말하는 일은 팀워크 혁신에 대한 조언을 뿌리치는 일이나 마찬가지다. 랍비한테 삼겹살 베이컨이 좋은지 허릿살 베이컨이 좋은지 물어보는 일보다 좋지 않다. 한바탕 소동이 날 수도 있다. 차라리 이렇게 말씀하시라. "제가 **디셉트**discept해도 될지요." 누군가 디셉트가 '깡그리 동의하지 않는다'라는 뜻임을 사전에서 찾기 전에, 여러분은 이렇게 말하면 된다. "무슨 말씀인지 알겠습니다. **울트라크레피담**ultracrepidam한 일이네요." 울트라에 강세를 두는 것을 잊지 마시라. 울트라라는 말은 늘 근사하게 들리니까.

울트라크레피다리아니즘ultracrepidarianism이란 '자기가 전혀 모르는 주제에 대해 의견을 제시하는 일'이다. 무시무시하게 쓸모 있는 낱말이다. **울트라크레피다리안**은 수필가 윌리엄 해즐릿이 영어에 들여온 표현인데, 고대 그리스의 위대한 화가 아펠레스의 고사에서 나온 말이다.

이야기는 이렇다. 아펠레스는 새 그림을 그리면 공공장소에 걸고 기둥 뒤에 숨어 사람들 반응을 듣곤 했다. 어느 날 그는 신기료장수가 하는 말을 들었다. 아펠레스가 신발을 잘못 그렸다는 거다. 아펠레스는 그림을 떼어다 신발 부분을 고치고 이튿날 다시 걸었다.

신기료장수가 돌아와, 아펠레스가 자기 조언을 받아들였다는 사실을 깨달았다. 그는 우쭐대며 큰 소리로 떠들었다. 그림 속 다리가 어떻게 잘못되었는지 말이다. 그러자 아펠레스가 숨은 곳에서 튀어나와 외쳤다. "네 수토르 울트라 크레피담ne sutor ultra crepidam."● 대충 옮기면 "신기료장수는 신발을 벗어나지 말라." 울트라크레피다리안은 문자 그대로 '신발을 벗어나'라는 뜻이다.

탁자에 앉은 사람 중 이 이야기를 알 사람이 없다면, 여러분은 벌을 받지 않는 장난꾸러기처럼 울트라크레피다리안이라는 말을 써먹어도

● 아펠레스는 그리스 사람이지만, 우리가 가지고 있는 이 이야기의 유일한 출전은 라틴어다.

좋겠다.

이런다고 결정타sockdolager를 먹일 순 없다. 논쟁의 승기를 잡는 것도 아니다. 그래도 여러분은 사전 없이 진행하는 회의에 부담감과 수수께끼를 선사할 것이다. 여기서 공격을 멈추지 마시라. 로마를 약탈하는 반달족처럼 사납게 밀어붙여야 한다. 지금이야말로 여러분 동료의 안타까운 엉덩이에 캡 캘러웨이Cab Calloway를 꽂아줄 수 있는 순간이다.

예, 아니오, 알게 뭐람

흔히 캡 캘러웨이로 알려진 케벨 캘러웨이는 1930년대와 1940년대 빅밴드의 위대한 리더 중 하나다. 그는 듀크 엘링턴의 뒤를 이어 코튼 클럽에서 활약했고, 「미니 더 무처」로 히트를 쳤으며, 미국 전역을 전용 열차를 타고 여행했다(객차에 녹색 링컨 자동차를 실었다). 뉴욕을 돌며 술을 마시거나 연애질하지 않을 때는, 사전을 집필했다.

캡 캘러웨이의 『힙스터 사전: 자이브의 언어』는 1938년부터 1944년까지 여섯 판을 찍었다. 실험적인 섹션과 번역 에세이도 실려 있었다. 중서부나 남부 깊숙이 귀양살이하듯 처박힌 외로운 미국인이 저 혼자 빅 애플(뉴욕)의 언어를 익히게 하자는 아이디어가 담긴 책이다. 이 책은 오늘날 여러분 사무실에서도 까무러칠 효과를 발휘할 거다.

살짝 준비하자. 힙스터 자이브로 말하기 어울리는 자세로 앉는다. 의자에 구부정하게 기대고 눈은 반쯤 감고 다리는 탁자 아래로 나른하게 뻗는다. 이쑤시개를 물면 좋다. 카나리아 색 노란 정장과 토미 기관총을 챙기면 더 좋다. 복장 규정과 사무실 매너에 대해 회사 인사팀이랑 상의는 해봐야겠지만 말이다. 여러분이 발표자에게 전적으로 동의하고 그 제안을 적극적으로 추진하겠다고 말하려면? 손가락을 튕기고 이를 살짝 드러내며 깊디깊은 목소리로 말씀하시라. "그대가 핥으니 나는 들이팔게요, 자기야 I dig your lick, baby. 그대가 핥으니 나는 들이파요."

핥는다 lick라는 말은 당연하게도 금관악기나 피아노로 연주되는 오스티나토 프레이즈를 말한다. 사무실에서 은유적으로 쓰일 말이다. **들이판다** dig라는 말은, 아이고, 이유는 모르겠지만 좋아한다는 뜻으로 쓰인다. 여러분은 들이판다라는 말에서 한술 더 떠 "삽질 도시네요, 임자! That's shovel city, man!"라고 외칠 수도 있다. 아무려나 이 표현은 회사의 성적 괴롭힘 규약을 숙지한 다음 사용하도록 하자.

여러분은 미적지근한 태도로도 자이브 뿡을 회의에 불어넣을 수 있다 jive-assed. 예를 들어 누가 회의 참석자들이 이미 아는 내용을 장황하게 늘어놓는다면, 고개를 앞으로 숙이고 그 사람 얼굴을 노려보며 말씀하시라. "우리 모두 천연가스를 마시네 We're all breathin' natural gas." 자기 딴에는 처음 공개하는 정보겠지만 이미 공기만큼 흔한 정보라는 사실을 비유적으로 암시할 수 있다.

의견 차이를 밝히려면 "나는 그 마구가 마뜩잖아 I don't go for that magoo"라 말하면 된다. 그 주제를 끝내자는 이야기다.

"예", "아니요", "알게 뭐람"은 인생에 필요한 전부다. 사무실에서는 이 가운데 두 가지면 차고 넘친다. 원한다면 여러분은 한 걸음 더 나아갈 수도 있다. 1930년대 뉴욕에서 멈출 필요는 없다. 빅토리아 시대 런던으로 돌아가 귀여운 고아가 되거나 영양실조에 걸린 디킨스 시대의 건널목 청소부처럼 행동하면 어떨까? 물론 복장을 갖추는 일은 번거롭지만, 회의실에 굴뚝이 있다면 여러분은 결정적인 순간에 튀어나와 동의를 표할 수 있다. "빼애액이네요, 선생님That's screamin', mister!"이라고 외치면 된다. "나 천연가스를 마셔"라는 말은 "나도 코끼리 봤어, 이 친구야I've seen the elephant, chum"와 같은 뜻이다. 순회 서커스 덕분에 빅토리아 시대 잉글랜드에서는 촌사람 빼고 모두가 코끼리를 보았기 때문이다. "아니요"를 뜻하는 수수께끼 같은 표현도 있다. "임자네 나무 기둥을 봤지Saw your timber."

머그웜프

여러분이 어느 시대를 고르건 어떤 관용구를 사용하건, 틀림없는 사실이 있다. 논쟁을 시작하면 모든 사람이 숟가락을 얹는다. 윈체스터 대학의 남학생들은 이것을 산Mons이라고 불렀다. 모든 사람이 뛰어올라 남학생 하나한테 올라타는 일인데, 왜 그러는지는 알 바 아니다. 여러분 모임은 이제 사려 깊은 전문가들의 비밀 집회conventicle가 아니다. 여러분은 **도버코트**Dover Court다. 말하는 사람만 있고 듣는 사람은 없다는 뜻이다.● 지금은 **머그웜프**mugwump에 대해 알아볼 때다.

● 에식스 지방 도버코트 교회에 한때 말하는 십자가가 있었다나. 여기서 나온 표현 같다. 십자가는 교회 문을 닫지 말라고 주장했고, 수다 떠는 순례자들이 교회를 메웠다. 이 말의 유래인 듯싶다. 안타깝게도 그 십자가를 1532년에 개신교도들이 불살랐다. 그래서 십자가의 의견을 더는 물을 수 없다.

머그웜프라는 말에는 얕잡는 뜻이 담겼다. 사소한 다툼이나 파벌에 초연한 척 발뺌하는 책임자를 가리킨다. 여러분의 상사가 회의 탁자에 앉아 불편부당한 천사라도 되는 듯 애써 평화를 지킨다면, 그 사람이 머그웜프다.

그런고로 머그웜프는 분명 쓸모 있는 낱말이다. 소리부터 어처구니 없다. 어그^{ug}와 엄프^{ump}는 늘 어리석은 느낌이다. 문맥에 따라 뜻을 새긴다.

낱말의 유래가 썩 특별하다. 미국 최초의 『성경』과 관계있다.

17세기에 존 엘리엇이라는 양반이 있었다. 개신교 신자에 청교도에 미국 식민지 개척자였다. 지역 원주민인 왐파노아그^{Wampanoag}족을 기독교로 개종시키려 했다. 그러려면 그들 언어로 된 『성경』이 필요했다. 그는 왐파노아그족의 언어인 매사추세츠어를 배웠고, 이 언어를 종이에 적을 수 있는 문자 체계를 발명해야 했다. 그 결과가 1663년 엘리엇의 매사추세츠어 『성경』이다. 미국 땅에서 최초로 인쇄된 『성경』이었다.

엘리엇은 번역가의 영원한 숙제를 떠안았다. 그 언어에 존재하지 않는 개념을 낱말로 옮겨야 했다. 왐파노아그족에는 백부장도 선장도 장군도 없었다. 『성경』에 그런 이들이 등장할 때마다 어떻게 한담? 그는 이 모든 개념을 번역할 때 전쟁 지도자를 뜻하는 왐파노아그족의 낱말을 사용했다. 그 단어가 **머그쿼프**^{mugquomp}였다.

그 후 머그웜프는 백오십 년 동안 사라졌다. 인용도 기록도 되지 않았다. 19세기 초에 이르러서야 상사를 조롱하는 우스꽝스러운 낱말로 다시 등장했다.[●]

머그웜프라고 불릴 때 받아칠 방법은 두 가지다. 하나는 헵캣 자이브

말투로 돌아가 "호텐스, 펜스에서 내려와Get off the fence, Hortense"라고 외치면 좋다. "악어요alligator, 또 만나요see you later"라거나 "브렌다Brenda, 아젠다agenda가 어떻다고?"라거나 "헥터Hector, 이 섹터sector에서 흥미로운 진전을 이룰 영업팀이 있을 거예요, 삼사분기 실적은 별로였지만"처럼 운韻이 맞는 낱말을 붙이는 게 20세기 중반 미국에서 유행했다.

머그웜프라 불릴 때 가볍게 맞받을 두 번째 방법은 **통나무 타기**log-rolling다. '당신이 내 통나무를 굴리면 나도 당신 나무를 굴린다'라는 문구에서 비롯한 미국 말이다. 통나무 타기는 서로서로 최고라고 치켜주고 추켜세우는 일을 뜻하기도 한다. 문학적 통나무 타기라는 전문 용어가 있는데, 작가끼리 서로서로 지루한 작품을 칭찬하는 서평을 써주는 일을 뜻한다. 보통 책 뒤표지에 그 예가 나올 거다.

결정권

말썽쟁이contekors끼리 다툼을 멈추고 먼지가 가라앉을 때, **아불리아**

● 하도 오랫동안 사라진 단어였기 때문에, 존 엘리엇의 머그큄프가 19세기의 머그웜프와는 관계가 없다고 말하는 사람도 있다. 『옥스퍼드 영어 사전』은 이 둘을 연결할 이유가 없다고 주장한다. 나도 『옥스퍼드 영어 사전』을 믿을 뻔했다. 그런데 『옥스퍼드 영어 사전』이 인용한 최초의 현대어 머그웜프는 1828년 버몬트에서 나왔다. 버몬트는 왐파노아그족의 고장 바로 북쪽이다. 우연치고는 너무하다. 두 번째 인용은 1832년 로드Rhode섬에서 나왔다. 로드섬은 왐파노아그족의 땅 한가운데다. 만약 머그웜프가 다시 등장한 곳이 캘리포니아나 도싯이었다면, 독립적인 언어 발생으로 인정할 수도 있다. 하지만 지리가 이러하니 나는 확신한다, 머그웜프가 머그큄프라는 것을. 그리고 최초의 미국 『성경』이 훌륭한 미국식 모욕을 만들어냈다는 사실을.

aboulia(결정 못 함)와 **페리에르기**periergy(지나친 신중함)의 길을 걷기로 결심하고 오전 회의를 마칠 수 있다(그리스어로 아불리아는 '아니'+'결정', 페리에르기는 '주변'+'일'―옮긴이). 그 이상은 불필요한supervacaneous 일이다. 무엇보다도 어떤 이가 **타켄다**tacenda를 입에 올리기 전에 자리를 파해야 한다. 타켄다란 언급해서는 안 될 사항을 말한다. 이를테면 회사에 자금이 모자란다거나 사람이 남아돈다거나 아동노동법을 위반하고 있다거나 이 셋 모두를 범했다는 사실 말이다. 타켄다는 아젠다와 반댓말이다. 말하면 안 되는nefandous 말을 동료 앞에서 말하면 안 된다. 하포크라테스Harpocrates 신께 경건한 침묵을 바칠지어니, 그분은 고대의 무서운 침묵신이시다(라틴어로 아젠다는 '실행되어야 할 바', 타켄다는 '침묵되어야 할 바'를 뜻한다―옮긴이).

하포크라테스 선서를 하고 짐을 챙겨 회의실을 빠져나가시라. 짬을 내 **언더**earnder를 마실 수도 있다. 아침 음주를 뜻하는 요크셔 옛말이다.

6장

오전 11시

휴식

커피 · 가십 · 믿지 않는다 · 담배

인류가 시간의 개념을 깨우친 뒤로 열한 시 정각은 오전 휴식의 신성한 시간이었다. 차 또는 커피를 마시거나 비스킷을 먹는 거룩한 시간이다. 시계가 열한 시를 알리면 활동을 멈추시라.

이 십진법에 **어긋나는**undecimarian 시간에는 곰도 먹고 빈들거린다. 『곰돌이 푸』 첫 번째 책 두 번째 장에 이르기를,

푸는 언제나 오전 열한 시쯤 되면 뭘 먹는 걸 좋아했지. 그래서 래빗이 접시랑 머그 컵을 꺼내는 걸 보고는 굉장히 기뻤단다.

"빵은 뭘 찍어 먹을래? 꿀? 연유?" 래빗이 물었어.

푸는 너무 들떠서 "둘 다"라고 대답했다가, 식탐을 부리는 것처럼 보일까 봐 얼른 이렇게 덧붙여 말했어. "빵은 안 줘도 괜찮아." (앨런 알렉산더 밀른, 『곰돌이 푸』, 박혜원 옮김, 더모던, 2018 ─ 옮긴이)

이 군것질을 가리키는 표현이 많다. **열한 곁두리**elevenses(켄트 방언), **돈턴**dornton(북부), **열한 참** eleven hours(스코틀랜드), **열한 새참**eleven o'clock(미국), **열한 사이참** elevener(서포크) 따위다. 열한 사이참이 좋다. 술을 마실 수 있어서다. 나머지 싹 다 절대 금주teetotalitarian다.

새참에 게을러서는 아니 된다. 기운을 내어 커피나 차를 끓이자.* 머그잔과 숟가락을 들고 바삐 돌아다닐 수 있다. 주전자가 **달강이면**thrumble(끓기 직전 달캉대는rumble 소리), 사무실의 온갖 가십쟁이가 모여들 거다.

최신 가십과 스캔들이 늘 알고 싶은 사람을 일러 **퀴드눙크**quidnunc라고 한다. 라틴어로 '지금 무엇'이라는 뜻이다. 퀴드눙크가 하는 짓을 퀴드눙키즘 또는 가볍게 퀴드눙서리quidnuncery라고 한다. **눔퀴드**numquid라는 말도 있다. '지금 무엇' 대신 '무엇 지금'이라는 뜻이다. 차를 끓이고 물을 식히고 커피를 내릴 때, 목소리를 웅얼웅얼 낮춘 채quother 사람 자르고 사람 뽑고 누가 누구와 잤다는 소문이 도는지 이야기 나눌 때다 (라틴어로 퀴드는 '무엇', 눙크는 '지금'—옮긴이).

'지금 무엇'이라고 묻지 않아도 여러분은 답을 듣는다. 다음은 18세기 후반 은어 사전에 나오지만, 오늘날도 통할 이야기다.

총을 쏘다firing a gun. 머리와 어깨로 이야기를 소개하다. 입이 근질거리

---

* 18세기에는 차와 커피를 섞어 트위스트twist라고 불렸다. 학문을 위해 이 몸이 직접 시도해보았거니와, 다른 이에겐 권하지 않겠다(커피를 연하게 탔더니 생각보다 먹을 만했다. 옮긴이는 추천한다—옮긴이).

던 어떤 사람이 동료에게 말한다. 앗, 총소리 못 들었어요? 말이 나왔으
니 말인데, 내가 총 이야기 하나 하리다.

풍문과 뜬소문furphy과 수상한 소식, 모두 나올 때다. **날수다쟁이**rawg-
abbit와 **씨앗 연구자**spermologer가 반기는 일이다. 여러분이 궁금할 것 같
은데, 날수다쟁이란 자기들이 모르는 주제에 관해 확신하며 떠드는 양
반들이다. 여러분을 따로 불러내 감사부장이 IT 부서의 신입사원과 바
람을 피우고 있다고 조심스럽게 속삭이는 사람이다. 여러분은 이 말이
거짓이라는 걸 아는데, 왜냐하면 감사부장이 바람피우는 상대는 여러
분이고 IT 부서는 아직 사람을 뽑지 않았기 때문이다. 하지만 신중한
씨앗 연구자라면 자기가 너무 많이 안다는 사실을 드러내면 안 된다.
씨앗 연구자가 되기란 생각만큼 어렵지는 않다. 씨앗을 채집한다는 그
리스 말에서 유래한 낱말인데, 영어로는 가십을 수집하거나 풍문을 쫓
는 사람을 빗대는 말이다.

여러분이 받을 느낌은 제2차세계대전 때 병사들이 하던 표현으로 **고
리탑탑**bind일 것이다.

고리탑탑. 공군의 은어 가운데 가장 많이 사용되는 표현일 것이다. 철
지난 뉴스로 지루하게 만드는 사람 또는 옛날 정보만 줄줄 꿰는 사람을
뜻한다.

따라서,

숨 막히게 고리탑탑binding rigid. 김빠진 정보를 끈질기게 퍼뜨리는 짓을 말한다.

믿지 않는다

우리는 지금 주전자 옆에 있지만, 최고의 풍문은 대개 화장실에서 시작한다. 화장실에서 시작된 이야기를 뜻하는 전문 용어가 있다. **라트리노그램**latrinogram이다. 그리스 말로 글자를 뜻하는 그람gram과 변소를 뜻하는 라트린latrine에서 왔다. 라트리노그램은 1944년 영국 군사용어로 처음 기록에 남았다. 아마도(노르망디 상륙작전의—옮긴이) 디데이 날짜를 추측하다가 생긴 말이었으리라. 전쟁 때 화장실은 가십의 원천으로 인기가 많았다. 조금 더 이른 시절의 라트리노그램도 있다. 1943년 서비스 은어 사전에는 '**엘산 변소**Elsan gen'라는 말이 나온다.

엘산 변소. 믿을 만하지 않은 뉴스(말 그대로 '신사 화장실gentlemen's toilet에서 발명된 뉴스'라는 뜻. 엘산Elsan은 폭격기에 설치된 우수한 화학 화장실의 상표).

공군 폭격기 화장실에 두 사람이 어떻게 들어가는지, 어쩌자고 들어가는지 내 알 바 아니다. 엔진이 달강거리고 덜컹대기rumble and thrumble 때문에 속살대봤자 맛깔나는 뜬소문을 주고받지는 못할 텐데 말이다. 내가 보기엔 엘산 변소란 에둘러 말하는 표현 같다. 정보(변소)의 품질이 그 아늑한 변기 구멍에 쏟아내는 물건이나 다를 바 없으니, 추축국

(제2차세계대전 때의 독일·이탈리아·일본을 말한다 ― 옮긴이) 영토 위로나 흘려보내라는 거다.

제2차세계대전 당시 병사들은 전투만큼이나 가십에 많은 시간을 보냈나 보다. 엘산 변소 외에도 **더프 변소**duff gen(나쁜 뜻), **푸카 변소**pukka gen(좋은 뜻), **변소 왕**gen king(사건이 일어나기도 전에 모든 가십을 아는 양반) 따위 말이 있었다.

좋은 풍문은 몽땅 거짓말이다. 믿고 싶은 이야기일수록 그 이야기는 거짓부렁flim-flam, 가짓부렁flumadiddle, 거짓부리fribble-frabble, 가짓부리effutiation, 거짓불flitter-tripe, 루바브rhubarb, 시금치spinach, 토피toffee, 와플waffle, 흰소리balductum, 헛소리bollocks에 불과할 가능성이 크다.

그렇다면 엘산 변소에 어떻게 대응해야 하나. 궁금하다. 가장 정중히 받아치는 방법은 상대에게 **거짓부리제이**controver라고 말하는 거다. '거짓 가십의 발명가'라는 뜻으로 지금은 사용하지 않는 단어다. 이 낱말은 1721년 사전에도 실렸는데, 어째서인지 그 뒤로 사전에 등재되지 않았다. 이 기묘한 실종 덕분에 여러분은 누군가를 마음껏 거짓부리제이라고 부를 수 있다. 상대는 무슨 뜻인지 모를 거다. 사무실 사회의 톱니는 그 뒤로도 술술 돌아가리라.

아니면 빅토리아 시대 사람들처럼 '올 마이 아이 앤 베티 마틴all my eye and Betty Martin'이라고 외쳐도 된다. 이 말의 유래가 독특하다. 영국 뱃사람 하나가 어쩌다 가톨릭 국가 성당에 들어갔더란다. 기도드리는 소리를 들었는데, 말도 안 되는 소리처럼 들렸다. 라틴어 기도였기 때문이다. 뱃사람 말인즉 성당에서 '내 눈과 베티 마틴(올 마이 아이 앤 베티 마틴)'이라고 하더라는 거다. 원래의 기도는 아마도 '오라 프로 미히,

베아테 마르티네Ora pro mihi, beate Martine'였을 거다. '복되신 마르틴 님, 나를 위해 빌으소서'라는 뜻. 투르의 마르틴 성인은 여관 주인과 개종한 술꾼의 수호성인이다. 그게 아니라면 '미히 베아타 마테르mihi beata mater'였겠다. '성모 마리아여 나를 위하여 (빌으소서)'라는 뜻이다. 그렇다면 베티 마틴은 성모 마리아다. 신성 모독을 하지 않으려면 이 이야기를 전한 양반을 **허풍선이**blatherskite라거나 **풍쟁이**clanjanderer라고 불러야겠다. 아니면 다음의 사전 항목에서 교훈을 얻을 수도 있다.

딕dick. 딕 여왕이 다스리던 때 일어난 일, 즉 절대로 일어나지 않은 일. 터무니없는 옛날이야기를 뜻함. '나는 딕의 모자띠처럼 이상하다'는 말은, 정신이 나갔지만 나를 이상하게 만드는 게 무엇인지 모른다는 뜻.●

개인적으로 좋아하는 방법이다. 상대가 알아차리는 데 몇 초 정도 걸리기 때문이다.

정직이란 인생에서도 사전에서도 흔치 않다. 가끔 이런 말이 나온다.

헛맹세buffing it home. 대놓고 맹세하는 일. 아무 근거 없이 대담한 것.

다만 1881년 뉴욕 범죄 은어 사전에서 따온 말이라서, 믿음이 가지 않는다. 그러니 최선은 고대 잉글랜드 법의 일부인 **코스네드**corsned다.

● 항목 뒷부분은 맥락을 벗어났지만 빼놓기에는 아쉬운 재미있는 표현이다.

코스네드. 시련의 빵. 이 일을 위해 사제가 축성한 빵 한 조각으로, 색슨족이 기소를 당했을 때 만일 자기가 죄가 있다면 이것이 독이 되어 마지막 먹을거리가 되기를 바라며 먹었다.

열한 겹두리를 즐길 때라면, 가까운 곳의 초콜릿 비스킷을 드시면 된다.

끝으로, 진실한 미덕도 거짓된 재미도 없는, 그저 철 지난 가십이 있다. 낡은 소식을 들었을 때 좋은 말은 '앤 여왕이 죽었다Queen Anne is dead'라는 말이다. 이 문구는 1798년에 처음 기록에 남았다(앤 여왕이 죽었을 때는 1714년이다). 영국 언론계에서 여전히 쓰는 표현이다. 철 지난 소문을 가리키는 살짝 철 지난 표현이거니와 그래도 상황이 종료되긴 했다는 미덕이 있다. 동료들에게 임금님의 죽음을 알린 뒤, 담배를 피우러 나가면 좋다.

담배

스코틀랜드의 제임스 6세와 잉글랜드의 제임스 1세는 같은 사람이다. 그는 **미소카프니스트**misocapnist였다. 흡연과 흡연자를 혐오하는 사람이라는 뜻이다. 1604년에 왕은, 흡연자를 얼마나 싫어하는지에 대해 팸플릿 「담배에 대한 반격」을 썼다. 몇 년 후 윈체스터 주교는 이 글을 라틴어로 번역했다. 누가 왜 금연 전도지를 힘들여 라틴어로 번역하는지는 내 알 바 아니거니와, 윈체스터 주교는 좌절하지 않았다. 그는 이 번역본을 라틴어로 '연기에 반대한다'라는 뜻의 미소카프누스라 고 불렀고, 이 단어는 미소카프니스트(명사)와 미소카프닉(형용사)으로 영어에 부드럽게 녹아들었다(원래는 라틴어가 아니고 그리스 말이나. '싫어한 다'+'연기'—옮긴이).

제임스 1세가 담배를 싫어한 가장 큰 이유는 담배가 아메리칸 인디 언에게서 새로 수입된 습관이기 때문이다. 왕은 미국 원주민이 끔찍하 다고 생각했다. 신하들에게 이렇게 물었다.

……과인이 이르노니, 낯도 붉히지 않고 우리 자신을 낮추어 저 금수와 같은 인디언을 본받을진저! 저들은 에스파냐 사람의 노예, 넓은 세계를 거부하고 신의 거룩한 약속에 낯선 자들이라. 어찌하여 우리도 그들처 럼 벌거벗고 다니지 않느뇨? 유리알과 깃털 따위 장신구를 금과 보석보 다 어찌 귀히 여기지 않느뇨? 왜 우리도 그들처럼 신을 부인하고 마귀 를 숭배치 아니하느뇨?

이 말 때문에 담배를 끊게 될까? 아니라고? 그렇다면 궐련 휴식^{fag} break(호주에서는 스모코smoko라고 한다)을 시작하자. 먼저 동료에게 담배 태우러 갈지 물어보는 게 예의다. 가장 좋은 방법은 1699년 발간된 노 상강도 은어 사전에 나온다.

임자는 구름 일으켜 Will ye raise a cloud, 우리는 파이프 피우지.

거칠고 해적 같은 목소리로 말해야 좋다. 나팔총blunderbuss을 들면 더 좋다. 그런데 여기서는 담배를 태울 수 없다. 제임스 1세의 미소카프닉한 유령이 여전히 우리를 들볶기 때문에 여러분은 자기 책상에서 담배를 피울 수 없고 그 대신 흡연 구역으로 들어가야 한다. 노상강도도 이런 치욕은 겪은 적이 없다.

'지정 흡연 구역'은 장황하고 공식적인 이름이다. **연기 방**fumatorium이나 **콜록 자리**coughery가 낫다. 콜록 자리는 사람들이 콜록거리러cough 가는 곳이다. 토마스 어쿼트 경은 이렇게 썼다. 예배 전에 사제들은,

> ……똥은 똥 자리dungeries에, 오줌은 오줌 자리pisseries에, 침은 침 자리spiteries에, 콜록은 콜록 자리에, 얼룩은 얼룩 자리doteries에 둘지니, 거룩한 예배에 부정하거나 불결한 것을 가져오면 아니 된다.

어쿼트가 이 문제에 정말 진지했던 것 같지는 않지만, 콜록 자리는 여전히 사무실 뒷문 옆 작은 마당에 버티고 있다. 버림받았지만 끈질긴 **타바기**tabagie**족**은 사라져가는 아마존 부족의 마지막 생존자 같다. 타바기족이란 흡연자를 부르는 이름이다. (사자 한 무리a pride of lions나 까마귀 한 떼a murder of crows처럼) 집합으로 셀 때는 흡연자 한 모임a parliament of smokers이라고 한다. 두 표현이 등장했을 때는 19세기다. 연기 자욱한 어휘의 전성시대였다. 빅토리아 시대 사람들에게 흡연자는 단순히 흡연하는 사람이 아니었다. **담바귀족**tobacconalian 또는 **니코티니언족**nicotinian이었다. 여러분이 '콜록 자리'나 '구름을 일으키다' 따위 표현을 쓸 기분이 아니라면, 언제든지 '니코티니언족의 땅으로의 항해'라는 표현을 써서 미소카프니스트에게 벗어날 수 있다.

니코티니언족의 땅은 근사한 장소였을 거다. 뚫을 수 없는 구름으로 뒤덮인 곳에는 천연의 담배 보관소들이 있었을 거다. 니코티니언 사람들은 니코티아Nicotia 여신을 숭배했다. 아니, 내가 만들어낸 여신이 아니다. 빅토리아 시대의 시인이 니코티아를 창조했다. 미국 시인 제임스 러셀 로월은 1860년대에 여신의 신성한 혈통에 관해 썼다. 시인에 따르면 여신의 아버지는 흥청망청 술잔치의 신 바쿠스요, 여신의 어머니는 꿈의 신 모르페우스의 딸이라고 했다.

> 모르페우스의 따님이 바쿠스 신께 낳아주신 친절한 님프, 그분이 태어나던 아침에 아버지는 불꽃을 주시고, 어머니는 꿈을 주셨나니, 니코티아 여신이여, 모든 혼란스러운 포도즙보다 사랑스러운 무사 여신을, 우리는 섬기나이다, 그대를 멀리하지 아니하며……

하지만 여신은 보호하지 못한다, 나쁜 마음을 먹은 미소카프니스트들에게 박해당하여 머나먼 포장도로의 콜록 자리에서 구름을 피워 올려야 하는 가련한 신도들을 말이다.

어쩌다 이렇게 되었을까? 흡연이 건강에 해롭다고 (또 홍인종 인디언과 관련이 있다고) 여겨졌기 때문이다. 하지만 옛날에도 그랬던 것은 아니다! 한때는 스포티sporty와 스모키smoky가 다르지 않던 시절이 있었다. 그 시절엔 흡연이 스포츠였다. 담배 피우기 시합smoking match이란 것이 있었다. 조지프 스트러트의 『영국인의 스포츠와 오락』(1801)에 '웃기 시합'과 '뜨거운 푸딩 빨리 먹기' 사이 항목에 나온다.

담배 피우기 시합은 보통 담배 상자 또는 기타 사소한 상품을 걸고 두 가지 방법으로 진행한다. 첫 번째는 담배를 가득 채운 파이프를 빨리 피우는 시합이다. 두 번째는 정확히 그 반대로, 파이프에 담배를 채워 불을 붙이고 오래 피우는 사람이 상을 받는다.

담배 피우기 시합은 반전과 손톱 물어뜯는 흥분이 가득한 스포츠였다. 사나이가 사나이다웠고 담배 피우기가 승부를 겨루는 시합이던 1723년의 이 경기 보고서를 보시라.

옥스퍼드, 핀모어스라는 에일 가게에 비계를 세움. 조건인즉, 남자건 여자건 무대에서 내려가지 않고 담배 3온스를 먼저 피우는 사람이 12실링을 가져간다는 것. 술을 마시거나 무대에서 내려가면 안 됨. 많은 사람이 도전했던바, 동쪽 세인트 피터스의 여행자 테일러가 승리할 것처럼 보였는데, 그가 다른 사람들보다 빨리 많은 담배를 피웠기 때문이더라. 그러나 끝내 그는 아팠고 죽을 것처럼 보였다. 그리하여 군인이었던 어느 노인이, 점잖게 담배를 태우고 승리자가 되었다. 3온스를 모두 피웠다. 그리고 (내가 그 이야기를 전해 들은) 누군가에게 말하기를, 시합이 끝난 저녁에도 그는 파이프를 네다섯 대 더 피웠다고 했다.

17세기에 흡연자들은 노란 이빨을 가진 백기사 이미지를 떠올리게 하는 **연기 멋쟁이**fume gallant라는 어처구니없고 낭만적인 칭호를 얻었다. 그 시절에는 흡연이 건강에 나쁘다는 말도 안 되는 이야기는 없었다. 사실 연기가 몸에 좋다는 사실이 (연어는 늘 알던 사실이지만) 널리 알려져 있었다(지은이는 훈제 연어를 말하는 듯하다—옮긴이). 1859년 의학 사전에 다음과 같이 매력적인 항목이 나온다.

인서플레이션insufflation(in, 안에; sufflo, 불어 넣다). 가스나 증기를 신체의 구멍으로 불어 넣는 행위. 예를 들어 직장으로 담배 연기를 주입하거나 폐에 공기를 불어 넣는 것.

이 단어가 여러분에게 유용할지는 모르겠다. 그래도 행여 이런 일이 필요할 때 무어라 부를지는 알 수 있을 거다.

아무려나 타바기의 영역에 다다랐다면, 담배를 구할 때다(담뱃값이 너무 비싸니 아무도 직접 담배를 살 수가 없는 것이다). 1950년대에 담배 한 개비를 달라고 청하는 올바른 방법은 '들이받아 줘요Butt me'였다. 숫양에게 말하지 않는 한 좋은 방법이었다(숫양은 머리로 잘 들이받는다—옮긴이). 요청하지 않아도 담배 한 개비를 건네는 친절한 사람도 왕왕 있으므로, 1950년대에 걸맞은 '불놀이 하십시오have a firework'라는 친절한 말로 고마움을 표시하시라.

문제가 있다. 다른 사람이 관뚜껑 못coffin nail을 주더라도, 여러분이 태우는 담배와 종류가 다를 수 있다(담배를 관뚜껑 못이라고 부른다. 가늘고 길쭉한 물건이 수명을 줄이니까—옮긴이). 예를 들어 여러분이 직접 말아 피우는 담배quirly를 좋아해도 상대가 일반 담배를 권할 수 있다. 흡연이 예술적이고 공교한 행위라는 데 동의하는 담배 후원자라도 피는 담배는 **문둥구스**mundungus일 수 있다. 나쁜 등급 담배라는 뜻인데, **오래된 밧줄**old rope이라고도 한다.

담배에 관한tobaccical 낱말을 찾았으니 이제 살라만드라salamander, 즉 '담배에 불을 붙일 때 사용하는 붉은색 뜨거운 다리미'가 있는지 알아볼 때다(살라만드라는 신화 속 불도마뱀이다 ─옮긴이). 그런 게 없다면 존슨 박사의 사전에서 필요한 것을 찾아보자.

스퐁크sponk. 성냥 또는 유황에 담가 불을 붙이는 모든 것을 나타내는 에든버러의 낱말. 예를 들어, "스퐁크 사세요."

스퐁크를 손에 넣으면 **거시기를 젖히고**cock your organ(파이프에 불을 붙이고) **펑크**funk를 시작하시라. 펑크는 17세기 후반부터 흡연을 가리키는 널리 쓰이던 말이었다. 19세기 초부터 갑자기 공황 발작의 뜻으로 쓰였고 20세기에는 음악의 한 종류가 됐다. 펑크는 또한 담배 연기를 뜻했으니, 여러분이 현재 펑키한 냄새를 맡는다는 의미도 된다.

재떨이 통ashcan은 시간 낭비를 뜻하던 은어다. 아쉽지만 여러분은 펑크를 빨리 끝내고 교구의 가난한 사람을 챙겨야겠다. 빅토리아 시대 은어 사전에 이런 구절이 있다.

하드업hard-ups. 담배꽁초를 찾는 사람들. 담배를 피우고 남은 찌꺼기 조각을 시궁창에서 모아 말린 뒤 매우 가난한 사람들에게 담배로 판매하는 사람들이다.

그러니 꽁초를 비벼 끄지 마시라. 하드업을 잊지 마시고, 제임스 1세가 혐오한 마귀 같다던 홍인종 인디언을 잊지 마시라. 그런데 그의 미소카프니스트한 허풍에 왜 마음을 써야 할까? 그보다 우리는 흡연에 대한 신대륙의 기록을 보도록 하자. 역사상 최초로 기록된 인간의 흡연 자료다. 곤살로 페르난데스 데 오비에도가 1535년에 히스파니올라를 방문했을 때 남긴 기록을 보면, 원주민 추장은 기절할 때까지 담배를 피웠다. 그러자 '그의 많은 아내들이 그를 번쩍 들고 그물 침대로 옮겨 갔다'고 한다.

여러분한테 해당되는 이야기는 아니다. 책상으로 돌아가 일하는 시늉을 하자.

7장

쩡오

일하는 시늉

노력하지 않는 척 · 영업과 마케팅 · 이메일
파산이 다가온다 · 급여를 올려주세요

스프레차투라, 완벽한 직장인의 무심한 태도

일할 때다. 적어도 일하는 척할 때다. 정의라는 것도 그렇지만, 일 역시 하는 것뿐만 아니라 하는 것처럼 보여야 한다. 겉모습이 전부다. 실상은 불편하다.

르네상스 시대에는 완벽한 궁중의 무심함이라는 **스프레차투라**sprezzatura라는 기가 막힌 개념이 있었다. 그때만 해도 첨단의 유행이었다. 중세 내내 기사는 기사가 할 일을 알았다. 갑옷을 입은 기사가 되는 일 말이다. 귀부인에게 기사도를 지키면서도 전쟁과 폭력을 좋아하고 피에 굶주려야 했다. 르네상스 시대가 되자 기준이 높아졌다. 무기를 다루는 기술은 여전히 중요했지만, 중세인이 아닌 르네상스인이 되려면 읽기, 쓰기, 그림 그리기, 악기 연주, 라틴어 구사, 조각품 감상 등 배워야 할 것이 많았다.

새로 배워야 할 일들을 발다사레 카스틸리오네가 교과서 같은 책으로 정리했다. 카스틸리오네는 라파엘로와 메디치 가문 친구였다. 이탈리아 곳곳을 누비며 근대 궁정인의 모범을 보여주었다. 그는 외교관이며 고전주의자며 군인이며 음유시인이었다. 또 자기 같은 사람이 되는 방법에 대해 『궁정인』이라는 책을 썼다. 갖가지 언어로 번역됐고, 여러 세기 동안 유럽에서 완벽한 사람에 대한 정의로 통했다. 그런데 이 책에 제대로 번역되지 않는 낱말이 하나 있다. 바로 스프레차투라다.

스프레차투라는 무관심함을 뜻한다. 더 정확하게 말하면 무심한 시늉을 하는 일, 즉 노력하지 않는 척하는 노력을 의미한다. 예를 들어 여러분이 뛰어난 음악가라면 연습하는 모습을 남에게 들키면 안 된다. 플루트나 류트를 들고 사람들의 눈에 띄지 않게 사라져 몰래 연습하는 거다. 그러다 누군가 '어때, 발다사레, 너 류트 좀 치나?'라고 물으면 '류트요?'라고 대답하시라. '연주해본 적은 없는데…… 줘보세요…… 아, 이렇게요?' 여러분은 지루한 표정을 지으며 비르투오소 연주를 들려주면 된다. 모두가 당신의 손쉬운 실력에 놀라움을 금치 못하며 숨을 헐떡이고, 궁정 전체에 몇 달 동안 류트 퉁기고 plink 퉁기고 plonk 울리는 plunk 소리가 울릴 때보다 여러분이 잘하는 것처럼 보일 것이다.

이 위대한 낱말은 번역할 수 없다. 신중한 근면함을 숨긴 우아한 무심함이라는 뜻이다. 그래도 영어나 다른 언어로 번역은 됐는데, 『옥스퍼드 영어 사전』은 '연습된 무신경함 stuied carelessness'이라고 옮겼다.

르네상스는 죽고 사라졌다. 스프레차투라 역시 언어를 떠나 무관심하게 방황하게 됐다. 이 낱말을 대신한 것이 가장 끔찍한 개념인 **프리젠티**

즘presenteeism, 즉 가장 먼저 출근하고 가장 늦게 퇴근하며 그사이에는 아무 일도 하지 않는다는 생각이다. 일이 아니라 일하는 것처럼 보이는 모습이 보상을 받기 때문이다.

그래도 상상해보자, 그저 상상만이라도. 스프레차투라가 현대의 사무실에 다시 돌아온다면 어떨까. '플럼슈 인코퍼레이티드가 이번 인수를 기쁘게 받아들이다! 합병 책임자 존 스플렁킨턴은 "이 거래를 성사시키기 위해 지난 한 해 시간을 투자한 모든 팀원에게 감사의 인사를 전한다"라고 밝혔다' 따위 재미없는 보도자료는 사라질 거다. 대신 '플럼슈 인코퍼레이티드 직원들은 새로운 인수에 대해 나른한 무관심으로 가득하다. 합병 부서를 우아하게 배회하던 존 스플렁킨턴은 "별 게 아니었어요. 사소한 일이죠"라고 웅얼거리며 류트를 계속 연주했다'라는 글이 나오리라.

밥벌이를 한다

하지만 스프레차투라는 사라졌다. 지금은 책상에 앉아 **쿠오모도쿤콰이즈**quomodocunquize를 할 때다. 쿠오모도쿤콰이징은 '할 수 있는 모든 방법으로 돈을 버는 일'을 뜻한다(라틴어 쿠오모도쿤퀘quomodocunque(할 수 있는 모든 방법으로)에서 나온 말이다―옮긴이). 1652년 토마스 어쿼트 경이 '저 쿠오모도쿠나이징하는 **뭉치 주먹**clusterfists과 악착스러운 깡패들'이라는 거창한 문구를 썼다.

뭉치 주먹이란 짐작하시겠지만, 현금을 꽉 쥔 사람이라는 뜻. 쿠오모도쿤콰이징은 정부, 축구 클럽, 광고에 나오는 유명인, 그리고 물론 여러분 스스로에게도 사용함 직한 말이다. 우리는 쿠오모도쿤콰이징한 동물이라서다. 이것은 **플루토마니아**plutomania의 주요 증상이다. '광적으로 돈을 좇는다'라는 뜻이다.

여러분이 궁금해하실지도 모르겠다. 플루토Pluto는 지하세계 신의 이름을 딴 행성인 명왕성이다(지금은 행성 자리에서 퇴출됐다―옮긴이). 금과 은과 다이아몬드는 늘 땅 밑에서 나오기 때문에, 고대 사람은 플루토를 돈의 신이라고 생각했다. 플루토마니아, 플루토크라시(부자가 다스리는 정치), 플루토그라피(부자의 삶을 쓴 기록), 플루톨라트리(부의 숭배) 따위 말들이 나왔다.

플루토마니아가 할 가장 좋은 일거리는 **플루토고그**plutogogue다(그리스 말 '부'+'하는 사람'―옮긴이). 부자에게만 말을 하는 사람 또는 부자를 위해서만 말을 하는 사람을 뜻한다. 보통 전자를 세일즈, 후자를 광고라고 말을 하는데, 플루토고그라는 말이 명함이나 이력서에 들어가면 더 멋질 거다.

그래도 세일즈 일에 대해 더 거칠고 준비된 인상을 주려면 자신을 **여리꾼**barker으로 소개하면 좋다. 매연이 자욱한 빅토리아 시대, 상점 밖에서 이 가게가 좋은 점을 외쳐대는 사람을 가리키는 말이다. 다만 빅토리아 시대 은어 사전에는 안타깝게도 다음 항목 역시 실려 있다.

됐수다chuff it. 물건을 사라고 강권하는 노점상에게 '그만두라'라고 하거나 '저리 치우라'고 대답하는 말이다.

전화로 물건 파는 사람^{cold caller}을 상대할 때 맞춤한 표현이다.

이메일

전화는 줄고 이메일은 느는 시대다. **스크리빙**^{screeving}이라는 고상한 비즈니스를 되살릴 때다. 스크리버란 직업적으로 구걸 편지를 쓰는 사람을 뜻한다.

진짜 보내는 편지는 아니었고, 다른 사람의 손에 들어가 그들이 얼마나 힘들었는지 이야기할 때 입증 자료처럼 사용됐다. 기이한 거래의 역사에 관심 있는 사람에게는 다행히도, 빅토리아 시대 스크리버의 요금표가 남아 있다.

친절한 편지 6펜스

긴 편지 9펜스

청원 1실링

서명이 들어간 편지 1실링 6펜스

이름을 위조한 편지 2실링 6펜스

'퍽 진지한' 편지 (위험) 3실링

망가진 작가의 원고 10실링

역할극을 하는 편지 7실링 6펜스

당시에도 망가진 작가가 있었다는 사실이 왠지 위안이 된다.

스크리버라는 단어는 즐겁지 않은 소리가 난다. 스크림scream(비명)과 그리브grieve(슬픔)가 섞인 것 같은 소리라, 이력서에 들어가기 좋지 않다. 구걸 편지를 쓰는 사람을 표현하는 빅토리아 시대의 고상한 은어가 있다. **하이플라이어**high flier다.

여러분이 스크리브하고 하이플라이한 다음에 일은 **답변꾼**answer jobber의 손에 넘어간다. 짐작하시다시피, 전문적으로 답변을 작성하는 사람이라는 뜻이다. 이들은 우리가 책상에 앉아 하루를 시작하며 삼십 분 남짓 이메일을 뒤적거리는 일을 직업으로 한다. 이메일은 밤새 이슬처럼 쌓여 있다.

아직 이메일에 붙여진 특별히 아름다운 이름이 없다니 안타까울 따름이다. 펜과 종이를 사용하던 시절에는 짧은 편지를 쪽글notekin, 간찰breviate, 글줄lettering이라 불렀지만, 짧은 이메일은 짧은 이메일이라 부를 뿐 아무도 노력을 기울이는 것 같지 않다. 편지를 부르던 말 일부를 가져다 쓰면 어떨까. 예를 들어, 여러 명의 수신자에게 보내는 이메일을 옴니버스 편지처럼 '옴니버스 이메일'로 부르면 '그룹 이메일'이란 지겨운 말을 쓰지 않을 수 있다. '편지'란 말을 '이메일'로 바꾸는, 가능한 목록을 만들어봤다.

빵과 버터 이메일-감사 인사 이메일.
체더 이메일-체더치즈 하나를 만들기 위해 여러 낙농가가 이바지하는 것처럼 여러 사람이 기여한 이메일.
안심 이메일-법적 구속력은 없지만 빚을 갚을 것처럼 써서 빚쟁이를 안심시키는 이메일.

일기 이메일-최근에 무슨 일을 했는지 풀어놓는 이메일.

플래카드 이메일-허락하는 이메일.

면허장marque 이메일-해적처럼 행동할 수 있도록 허용하는 이메일. 신중하게 보내야 한다(전쟁이 선포되면 상대 나라 상선을 약탈할 수 있도록 선장에게 보내는 것이 면허장 편지다).

계관laureate 이메일-우승을 알리는 이메일.

우리야의 이메일-'사람을 속이는 이메일, 우정을 보여주는 듯하지만, 사실은 사형을 집행하라는 명령서'. 『브루어의 어휘와 우화 사전』에 나온다(조금 바꿈). 내가 자주 쓰는 메일이다. 이름은 「사무엘하」에서 왔다. '날이 밝자 다윗은 요압 앞으로 편지를 써서 우리야에게 주어 보냈다. 다윗은 그 편지에 이렇게 썼다. "우리야를 가장 전투가 심한 곳에 앞세워 내보내고 너희는 뒤로 물러나서 그를 맞아 죽게 하여라."'(「사무엘하」 11장 11~12절 — 옮긴이)

이메일 작업이 끝난 다음, 바쁜 **잔일손**jobler은 할 일이 많다(잔일손이란 잔일을 하는 사람이다). 책상 위의 물건을 정리하거나, 인터넷에서 자신의 상태를 업데이트하거나, **네펠러레이터**nephelolater(지나가는 구름을 감상하는 사람)가 될 수 있다(그리스 말로 구름이 '네펠레'다 — 옮긴이). 아무려나 회계를 보려면 여러분은 **회계 감사 에일**audit ale을 마셔야 한다.

회계 감사 에일은 감사를 하는 날에만 마실 수 있는 독하고 맛있는 에일이다. 이제는 없다. 근대 영국의 비참한 몰락을 한탄하며 1823년 바이런이 「청동 시대」를 쓰던 당시에도 이 맥주는 구할 수 없었다.

근사한 회계 감사 에일은 이제 어디에 있나?

돈 자랑을 하며 실패를 모르던 임차인은?

회계 감사 에일 없이는 감사할 수 없다. 맛있는 독한 술 한 잔을 손에 들어야 재정이 눈에 들어오기 때문이다. 파산은 병 바닥을 통해야 잘 보인다. 에일에 취해 파산이 손짓하는 것이 보인다면, 할 수 있을 때 할 수 있는 모든 것을 잡아야 한다. 이에 관한 유쾌한 낱말로 **집사 짓**deaconing이 있다. 1889년에 나온 미국어 사전에 이렇게 나온다.

> **땅을 집사 짓다**To deacon land. 자기 집 울타리나 경계선을 공공도로나 다른 공유 재산으로 시나브로 넓혀가며 토지를 확보하는 짓을 뜻한다.

그러니 서류 더미를 옆 동료 책상으로 시나브로 옮기시라. 훗날 찾아올 승리와 계관 이메일을 꿈꾸시라.

집사 짓에는 '가장 매력적인 물건을 더미 위에 올려놓는다'라거나 '술에 물을 탄다' 또는 '송아지가 태어나자마자 죽인다'라는 뜻도 있다. 어쩌다 이런 뜻을 가졌는지는 모를 일이지만, 모든 문구가 미국적이고 19세기적인 표현이기 때문에 19세기 미국 집사란 부정직하고 돈만 밝히고 송아지를 죽이는 악당이었구나, 짐작하게 된다.

급여를 올려주세요

오랫동안 집사 짓을 하여 자기 땅을 제법 넓혔다면, 이제 봉급 인상을 요청할 때다. 재치도 있어야 하고 신중해야 한다. 상사에게 **사르도니아식**sardonian manner으로 접근하시라. 사르도니아식이란 '죽이겠다는 속마음을 품고 아첨하는 사람'을 뜻한다. 사르도니아 사람 이야기가 아니라 식물 때문에 이런 말이 나왔다. 사르도니아 풀 때문에 끔찍한 얼굴 경련이 일어나는데 이 모습이 웃는 모습과 닮았다. 그런 다음 죽음을 맞는다는 것이다.

직장 상사를 죽일 필요는 없다. 그래도 아첨을 조금 하면glavering **만단애걸하지**rogitate 않아도 된다(만단애걸한다는 말은 애처롭게 사정하며 빌고 또 빈다는 뜻이다. 과자가 먹고 싶은 어린아이와 비슷하게 말이다). 다른 방법도 있긴 하다. 급여 담당자가 지나갈 때마다 노랑이며 **굳짜**sting-bum라고 부르는 방법이다. 하지만 사람들은 굳짜라고 불리는 일을 좋아하지 않는다. 역효과가 날 수도 있다.

다르나Dharna라는 인도의 관습도 있다. 인도 동부에서는 누군가 빚을 갚지 않으면 그 사람 집 문지방에 앉아 단식한다. 첫째, 빚을 받거나 둘째, 굶어 죽을 때까지 거기서 버틴다. 외진 곳에 살거나 휴가가 긴 사람한테 다르나를 시도해서는 안 되겠다. 그래도 사람이 많이 돌아다니는 직장에서 상사 사무실 문지방에 앉아 나날이 수척해지는 모습을 보이면 효과가 있을 법하다.

오늘 당장 월급이 정말 오르지 않더라도, **브레벳**brevet은 받을 수 있다. 봉급은 안 올려주고 계급만 올려준다는 군대 은어다. 브레벳과 함께 **스페인 돈 뭉치**a nice wodge of Spanish money를 받곤 한다. '번드르르한 말과 칭찬'이라는 옛말이다. 이 정도면 점심시간까지 버티기 충분하다. 그때까지 그저 **우쭐우쭐할**fudgel 일이다.

우쭐우쭐하다. 별 목적 없이 사소한 것을 뽐내는 일.

8장

오후 1시

점심

어디서 먹나 · 누가 사주나 · 공짜 점심 · 먹는다
거북을 먹는다 · 소화불량

아멜amell이란 1시에서 2시 사이의 시간이다. 올바른 생각을 하는 모든 생명체가 노동을 멈추고 점심을 먹으려고 즐겁게 서두른다. 시계가 필요 없다. 꼬르륵꼬르륵 배곯는 소리 **보르보리그미**borborygmi 덕분에 이 위대한 시간이 가까워 온다는 사실을 알 수 있다. H. G. 웰스는 이런 글을 썼다.

…… '완벽한' 먹이를 찾거나, 찾더라도 그것을 계속 먹을 수 있는 짐승은 없다. 코끼리 사냥꾼들은 불쌍한 짐승이 내는 보르보리그믹(사전을 찾아보시라)한 소음 덕분에 코끼리 떼의 접근을 안다고 한다. 글래스퍼드에 따르면 호랑이의 삶이란 불편한 배고픔과 불편한 배부름이 갈마드는 것이다.

속담에 따르면 불편한 호랑이로 하루를 사는 것이 보르보리그믹한 코끼리로 백 년을 사는 것보다 낫다나. 인간은 **식탐하는**famelicose(끊임없이 배고픈) 생물이다. 점심인들 다르랴!

하지만 어디서 먹나? 날마다 같은 샌드위치 가게를 찾자니 부끄럽다.

다른 사람한테 점심을 사달랄 수도 있다. 운명으로부터 상사로부터, 점심 식사라는 기본권을 부정당하더라도, 여러분은 **알리트리오파지**allotriophagy에 사로잡힐 수 있다. '대체로 먹을 수 없거나 영양가가 없거나 심지어 해롭다고 여겨지는 특별한 물질을 먹어 치우고 싶은 병적인 갈망'이라는 뜻이다(그리스어 '낯설다'+'먹다'—옮긴이). 이 말은 케밥 가게에 가자고 제안하는 사람에게 적합한 용어겠다. 어쨌거나 어원을 보면 단순히 다른 것을 먹고 싶다는 욕망을 의미하므로, 날마다 가던 **싸구려 가게**slap-bang shop를 벗어나 다른 곳에 가고 싶다는 뜻으로 이 말을 쓸 수 있다.

> **싸구려 가게**. 작은 요릿집. 외상은 안 되고 가지고 있는 변변찮은 것으로 변통해야 한다. 도둑들이 자주 찾는 밤의 지하실이나 포장마차stage coach나 캐러밴을 부르는 이름이다. (1785)

제법 큰 식당에 가려면 현금이나 신용카드나, 가능하다면 **티모시 경**이 있어야겠다. 티모시 경Sir Timothy(티모시 트리트올Treat-All 경이라는 이름도 있다)은 17세기 후반부터 19세기 초까지 점심을 사줬다는 신화 속 영웅이다. 한때 '모든 사람을 대접하고 모든 곳에 셈을 해주는 사람'이라 불렸고, 지금도 그렇게 부르고 싶다.

이렇게 세상을 구하는 분을 정중하게 표현하는 용어가 **가스트로필란트로피스트**gastrophilanthropist다. 그리스어로 가스트로는 배(배로 걷는 복족류를 가스트로포드gastropod라고 한다)(그리스어로 '배'+'발' — 옮긴이). 필란트로피스트는 사람을 사랑하는 사람이다(사랑이라는 의미가 좀 다르긴 하다)(필란트로피스트는 '사랑'+'사람', 보통 '자선사업가'라는 뜻으로 쓰인다 — 옮긴이). 슬픈 일이지만 가스트로필란트로피 기술이 사라져간다. 요즘 사람은 자기 돈을 지구 반대편에 있는 사람에게 기부하지 자기 곁에 있는 사람한테 쓰지 않는다. 친절 대신 자선의 시대다.

다소 관대한 티모시 경을 찾는다면 공짜족 행세scrambling를 할 수 있다. 존슨 박사의 사전에는 **공짜족**scambler을 이렇게 정의한다.

공짜족. 남의 관대함 또는 식탁에 불쑥 들이대는 사람. 스코틀랜드 표현.

공짜족이 모두 스코틀랜드 사람이라는 건 아니다. 그 말이 필요할 만큼 공짜족이 스코틀랜드에 많을 수는 있지만 말이다. 공짜족이란 점심 맛에 민감한 사람이다. 식당에 낼 돈을 생각하면 입맛이 싹 가실 테니까. 반면 돈에 마음 쓰지 않는 티모시 경의 가스트로필란트로피에 대접받는다면 여러분은 주머니를 비우지 않고도 배를 채울 수 있다.

공짜족 경력을 쌓는 방법 하나. 얻어먹을 수 있기를 바라며 상대가 먹는 동안 **건넛산 쳐다보듯**groke 넋 놓고 바라보는 것이다. 원래 멍하니 눈을 크게 뜬 개한테 쓰는 말이었는데, 과자 먹을 때 책상 옆으로 슬쩍 다가서는 사람이나 희망에 찬 공짜족에게도 쓸 만한 표현이다.

점심 이야기로 돌아오자. 정확히 말해 점심 준비와 **공심복**空心服하는 일precibal 말이다. 공심복한다는 것은 식전preprandial 군입질을 한다는 말인데, 아침 식사나 열한 새참이나 밤참을 포함한 모든 먹는 일에 씀 직하다. 식전주preprandial에 대해 말하자면, 무얼 마시면 좋을까? 18세 기에는 점심 먹을 때 술을 마시지 않는 것을 짐승 같은 일로 여겼다. 술 없는 점심을 **말의 식사**horse's meal라고 불렀는데, 짚처럼 바싹 말라 동물 에나 어울릴 먹이라는 뜻이다. 오후에는 일하겠다던 기대는 접자.

사실 술은 공짜 점심free lunch의 기초다. 공짜 점심은 정체를 알기 어 려운 환상의 동물이다. 사람들은 1930년대부터 공짜 점심은 야생에 존 재하지 않는다고 주장하며 유니콘, 불사조, 번입bunyip 따위를 가둔 키 마이라 동물원에 집어넣었다. 하지만 공짜 점심은 신화 속 동물이 아니 다. 멸종 동물일지는 몰라도 말이다. 러디어드 키플링이 자연 서식지에 서 관찰했다. 1891년 키플링은 샌프란시스코를 방문했다가 타구唾具 무더기 너머 숨은 공짜 점심을 마주쳤다.

대리석으로 포장된 넓은 홀. 전등 아래 남자들 사오십 명이 앉아 있었 다. 넉넉한 간격으로 무한한 용량의 타구가 놓였다. 남자 대부분이 인도 결혼식 때 입음 직한 드레스 코트와 모자를 한 채 원칙에 따라 침을 뱉 었다. 침 뱉는 장소는 계단, 각 침실, 그리고 이보다 훨씬 더 신성한 방이 었다. 타구 하나가 가득 차 물러났지만, 그들은 바 주변에 모여들었고, 김이 피어올랐다. ……나는 본능적으로 상쾌함을 찾았고, 그저 그런 살 롱 사진으로 가득한 술집의 방을 찾아냈다. 이곳에는 머리 뒤쪽에 모자 를 쓴 남자들이 카운터 음식을 게걸스레 집어삼켰다. 이것이 바로 '공짜 점심'이로구나 나는 깨달았다. 술값만 내면 먹고 싶은 만큼 먹을 수 있었다. 샌프란시스코에서는 하루에 1루피도 안 되는 돈으로 배불리 먹을 수 있다. 파산한 사람이라도 말이다. 이 점을 기억하시라, 만일 이 지역에서 오도 가도 못하게 된다면 말이다.

공짜 점심은 어쩌면 도도새처럼 영원히 사라졌을 수도 있다. 도도새는 너무 맛있어서 오래 살지 못했다. 어쩌면 숫기 없는 실러캔스처럼 우리가 모르는 차가운 바다 골짜기에 변함없이 몸을 숨겼을지도 모른다. 그 존재를 확인할 유일한 방법은 음료를 주문하고 어떤 일이 일어나는지 살피는 거다. 기억하시라, 아직 메뉴판을 읽을 수 있다면 여러분은 취하지 않은 상태다.

비튼 부인(1836~1865)은 영국 주방의 비극적인 여신이었다. 자녀 넷을 낳고 구백 개의 요리법이 담긴 책을 저술한 후 스물여덟 살의 나이로 세상을 떠났다. 권위서 『비튼 부인 가정 생활책』에서 추천하는 건 다음과 같은 가벼운 점심이다.

차가운 관절 남은 것, 곁들인 채소, 달콤한 과자 몇 개, 약간의 다진 고기, 가금류 또는 사냥한 작은 짐승. 이상이 점심상에 오를 기본 품목이다. 빵과 치즈 비스킷과 버터 따위를 곁들여야 한다. 든든한 식사를 위해서는 등심 스테이크나 양고기구이를 상에 올리시라. 송아지 커틀릿, 콩팥 또는 이 비슷한 요리 역시 먹기 좋다.

책에서 해당 단락을 잘라내어 한 시의 웨이터에게 침착하게 전달하도록 한다. 그러면 식사를 시작할 수 있으리라.

씹기

식사 시작을 알리는 전통적인 구호는 '폴 어 보드Fall-a-bord!'이다. 여러분과 여러분의 참호 속 전우들은 군침 돋고 군침 흘리고 **군침 넘기기**guttle 시작할 것이다. 군침 넘긴다는 마지막 낱말은 '게걸들려greedily 식탐하다'라는 말이거니와, 고형 음식과 더불어 곡차guzzle를 들이킨다는 뜻이다. 이 말들이 잘 쓰이지 않다니 안타까운 일이다. 이렇게 예쁜 짝을 여럿 이루는데 말이다. 꼭 닮은 쌍둥이 낱말을 쓰고 싶다면, 먹을거리를 걸신들린 듯 삼키고guttle 마실 거리를 게걸스레 들이키시라guddle. 두 표현 모두 열정적인 걸신gutguddler이 씀 직한 말이다. 입이 가득 찼거나 음료를 삼키면서도 발음할 수 있기 때문이다. 영어 g로 시작하는 말에 제법 게걸greedy이 담긴 건 사실이다. 걸신스레 삼키고 게걸스레 들이키는 게걸스러운gluttonously 걸신쟁이gourmand는 결국 **꿀꿀이**gundy-guts가 되기 쉽다. 이 말은 '비계 엉덩이lard-arse'를 가리키는 18세기 표현이다(지은이는 g로 시작하는 낱말을 여럿 써서 두운을 맞췄다. ㄱ 소리 나는 우리말 낱말로 옮겼다—옮긴이).

대죄 일곱 가지 중 오직 탐식, 나태, 욕정만이 즐거운 죄다. 그 치명성과 즐거움이 균형을 이룬다. 누군가 이 세 가지 죄를 결합하는 방법을 고안한다면 인류는 행복한 마음으로 지옥에 갈 터이다. 최고의 점심을 즐겨 **이빨 음악**tooth music으로 세레나데를 연주하며 지옥으로 행진할 거다.

꼭꼭 씹는다는 뜻을 가진 또 다른 말이 있다. 바로 **플레처주의**Fletcherism다. 호레이스 플레처(1849~1919)는 씹기를 통해 인간의 상태를 어떻게 개선할 수 있는지에 대한 영향력 있는 저서를 썼다. 한입에 서른두 번 씹으라고 권장했다. 심지어 마실 거리 역시 씹으라는, 언뜻 불필요해 보이는 예방 조치까지 취했다. 그 결과 그는 현존하는 가장 건강한 사람 중 한 명이 되었고, '위대한 씹는 사람The Great Masticator'이라는 거창한 칭호를 얻었다. 그의 명성과 턱의 힘 덕분에 플레처주의 운동이 탄생했다. 지지자들은 **플레처라이트**라고 불렸고, 음식을 그저 씹는 대신 **플레처라이즈**했다. 헨리 제임스는 동생에게 편지를 썼다. '긴 이야기를 하지 않는 한, 축복받은 플레처주의가 어떻게 나를 달래고, 매혹하고, 유혹했는지 이해하게 하는 것은 불가능하다'. 그는 심지어 플레처가 배변을 개선하여 '내 생명을 구했고 나아가 내 기질도 개선했으니, 플레처는 내 미래의 인세를 받을 자격이 있다'라고 말하기도 했다. 반면 P. G. 워드하우스는 잡종 개가 테리어 개를 공격하는 장면에서 플레처라이즈라는 단어를 잠깐 썼다.

글래드스톤 역시 한입에 서른두 번 씹는 일을 지지했다는 사실을 밝힐 필요가 있겠다. 저녁 식사 자리에서 어떤 교활한 목격자는 그가 한입에 보통 일흔 번을 씹더라고 했다. 아무려나 사전에서 글래드스톤을 찾아보면 그의 이름은 그저 가방과 싸구려 프랑스 포도주에 붙었을 뿐이다. 글래드스톤이 이 물건의 관세를 깎아준 바 있다. 그러니 이제 한 병 더 주문할 때다.

그런데 식욕이 없다면? 입맛도 없이 음식만 **께질께질한다**pingle면, 여러분은 우울증을 진단받을 수도 있다. 께질께질한다는 말은 음식을 잘 먹지 않고 접시 주위로 음식을 밀어낸다는 뜻이다. 오래되고 뜻이 애매한 낱말이다. 1823년 『서포크 방언 사전』에 나온다(타임머신을 타고 롱멜

포드에 방문할 예정이라면 꼭 알아두셔야 할 단어다).

께질께질하다. 입맛이 없어 조금만 먹다. '속이 안 좋다. 그저 조금 께질께질한다.'

께질께질하다는 말을 너무 기름져 께름칙하다^{pinguid}와 헷갈리면 안 되겠지만, 먹을거리가 너무 기름지면 께질께질하게 될 터이다. 남극에서 나쁜 요리를 하면 께름칙한 펭귄을 께질께질할지도 모른다(pingle a pinguid penguin, 지은이는 p로 시작하는 낱말로 두운을 맞췄다 ─ 옮긴이).

나쁜 요리란 점심 식사에는 범죄요 자연의 풍요로움에는 죄악이다. 소와 양배추는 우리를 위해 죽었다. 요리사가 그 숭고한 희생에 보답할 길은 적어도 그들을 잘 요리하고 그 주검에 명예로운 양념장을 바치는 거다. 그렇게 못하면 그는 악마다. 악마를 예전에는 **러핀**^{ruffin}이라 했다. 그래서 나쁜 요리를 가리킬 때 이 말이 쓰였다.

쿡 러핀^{cook ruffin}. 요리의 악마, 매우 나쁜 요리사. (1723)

쿡 러핀은 자연에서 가장 고귀한 짐승을 단순한 **킥쇼**^{kickshaw}로 만들 수 있다. 킥쇼란 존슨 박사의 사전에는 '요리법에 의해 너무 많이 바뀌어 거의 알 수 없는 요리'라고 비통하게 풀이되어 있다. 사실은 '무언가'를 뜻하는 프랑스어 켈크 쇼즈^{quelque chose}가 잘못 전해진 말이다. 런던 타운 최악의 레스토랑들은 이 프랑스 말을 들으며 저희가 프랑스화해서 고급스럽게 보이기를 원했겠지만, 음식은 그들의 프랑스어 발음만큼이나 형편없었던 것 같다. 일부 학자들은 킥쇼가 로스트비프와 활력이 넘치는 제대로 된 영국식 요리와 달리 맛이 없는 프랑스 음식을 경멸하는 용어였다고 주장하기도 하지만(영국 사람인 지은이의 자학 유머다—옮긴이).

프랑스 사람처럼 먹는 일에 까다로운 사람을 가리키는 사랑스러운 이름이 있다. 위장을 섬기는 사람인 **가스톨라터**gastolater요, **게검스러운 배의 신**ingurgitating belly-god이며, **구앙프레**goinfre, **걸릿팬시어**gullet-fancier, **골로퍼**golofer다. 이런 식도락가epicure를 가리키는 최고의 말은 **거북 먹보**turtle-eater다.

거북이는 인류에게 가장 좋은 먹을거리로 유명했다. 지금은 멸종 위기에 처해 슈퍼마켓에서 구하기 힘들지만 말이다. 18세기에도 거북이를 먹으려면 많은 돈이 필요했다. 먼저 거북이를 산 채로 수입한 다음 집에 거북이를 키울 수 있는 특별한 방을 만들어야 했다. 그런 다음 날마다 거북이에게 양고기 다리를 먹였다. 거북 한 마리가 들어갈 넉넉한 특수 오븐과 거북 요리를 따로 수련한 요리사가 필요했고, 거북이를 먹을 때 입을 특별한 옷도 있어야 했다. 거북 만찬을 기록한 1755년의 쪽글을 이 대목에서 살펴보자.

시계가 울렸다. (엄청나게 부유한 주인이) 하인을 불러 거북 의복을 넣었는지 물었다. 나는 이 낯선 말을 곰곰 생각했다. 무슨 뜻인지 알 수 없었다는 사실을 고백하련다. 그동안 하인은 코트와 조끼를 가져왔다. 친구는 이 옷을 걸치고 몸에 나이트가운처럼 둘렀다. 옷이 느슨하긴 하지만 거북과 마주할 때쯤에는 북처럼 팽팽해야 한다고 그는 말했다.

거북이가 상에 오르고 손님이 도착한 다음, 거북 가까이 앉은 사람은 가장 맛있는 부위를 먹기 위해 식탁 예절을 벗어던진다. 식탁 반대쪽에 앉은 사람은 어떻게 할까?

접시를 건네며 덜어달라고 요청할 뿐이다. 헛된 일이다. 껍데기 양쪽을 차지한 걸신쟁이 패거리는 자기 식탐 말고 어느 것도 마음 쓰지 않았다. 제 배를 채울 때까지 남의 말을 듣는 사람은 아무도 없었다.

거북이는 너무 맛이 있었다. 그 맛은 식탁 예절도 주머니 사정도 물린 입맛도 넘어섰다. 거북이를 사 먹을 형편이 안되는 사람도 거북 만찬을 즐기는 척했다. 그리하여 모조 거북이 수프^{mock turtle soup}가 나왔는데, 사실은 그저 송아지 대가리를 삶은 것이었다. 부유하지 않은 사람들은 이걸 먹으며 거북 먹보의 진정한 천국에 가까이 갈 수 있다고 믿었다.

이 모든 이야기를 통해 거북 먹보가 가장 고급스러운 입맛을 가진 사람들의 대명사가 된 이유를 쉽게 알 수 있다. 어쨌든 겸손한 요리인 **소밥**^{petecure}이나 '오물을 먹는다'라는 뜻의 **리포파기**^{rypophagy}보다는 낫다(그리스어로 '쓰레기'라는 뜻의 리포스^{rhypos}+'먹다' — 옮긴이). 리포파기는 사실 본뜻을 숨기고 다른 사람의 요리를 헐뜯는 데 끔찍할 만큼 쓸모 있는 낱말이다. '이렇게 푸짐한 리포파기를 대접해주셔서 감사해요. 아니, 정말로요, 일찍이 이런 수준의 음식을 먹어본 적이 없네요. 당신은 제대로 쿡 러핀입니다.'

먹고 난 다음

영어에는 '식탁에 머무르는 사람'을 의미하는 단어가 하나 있다. 바로 **밥충이**residentarian이다. 내가 알기로 1680년, 찬송가를 의미 없이 부르는 사람들에 대해 불평하던 다소 지루한 종교 소책자 저자가 단 한 번 사용한 적이 있다.

날마다 잔치를 즐기던 밥충이들은 다리가 그 죄스러운 몸뚱어리를 감당할 수 없다. 금식하느라 무릎이 약해지고 육신이 살쪄서 쇠약해졌다고 그는 노래한다. 죄와 죄악의 수렁과 구렁텅이에서 허우적대는 사탄의 포로. 그는 노래한다, 오 주여, 진실로 나는 주의 종입니다.

하지만 죄와 죄악의 수렁과 구렁텅이는 썩 편안한 곳이다. 소화에도 좋다. 트림eructation과 배변에 좋은 장소다. 점심 식사 후 약간의 휴식을 취하지 않으면 종일 **웜블크롭트**wamblecropt하게 된다.

웜블크롭트는 영어에서 가장 절묘한 단어다. 발음해보라. 각 음절은 참을 수 없을 정도로 아름답다.

웜블-크롭트('웜블'과 '크롭트', 영어로 두 음절이다—옮긴이).

웜블크롭트는 1552년의 『아베케다리움 앙글리코 라틴어 사전』에 처음 나온다. 여러분도 물론 읽으셨을 책이다. 초기의 영어-라틴어 사전이다. 로마인들이 '뒷간, 정방, 측청, 회치장siege, jacques, bogard, or draught'을 무어라 불렀는지 궁금하신지? 이 모두를 **라트리나**latrina라고 불렀다 (화장실latrine이라는 뜻—옮긴이). 이런 내용도 있다.

(영) 웜블 크롭드Wamble cropped (라) 스토마키쿠스*Stomachichus*

(영) 웜블 스토머크드Wamble stomaked to be (라) 나우세오*Nauseo*

(영) 스토머크의 웜블링Wamblyng of stomake, 토할 것 같은 성향 또는 의

지 (라) 나우세아*Nausea*

짐작하시겠지만, 좀 더 정확한(또는 덜 라틴어적인) 표현을 원한다면 『옥스퍼드 영어 사전』에 웜블wamble은 '위가 구르거나 불안한 상태'로, 웜블크롭트는 '이러한 흔들림에 시달리고 무능력한 상태'로 나온다. 웜블크롭트는 메스껍다는 말의 조금 센 말이다.

이상한 사실이 있다. 1616년에 인용된 이후 웜블크롭트란 낱말은 숨어버렸다는 점이다. 미국에서 1798년에 다시 나타났다. 「매사추세츠 스파이」에는 '나는 그녀의 지인을 제거한 일에 대해 웜블크롭트를 느낀다'라는 대사가 있다. 그리고 웜블크롭트란 말은 사실상 끝나버렸다. 여기저기서 되살아났지만, 항상 농담이나 사투리나 남을 놀리는 말로 쓰였다. 예를 들어, 익살스러운 캐나다 작가 토머스 챈들러 핼리버튼은 샘 슬릭이라는 인물이 나오는 (꽤 괜찮은) 농담 시리즈를 썼는데, 샘 슬릭은 결혼에 대해 이렇게 말했다.

> 아내와 연인의 차이는 크다. 요즘 음료 사이다와 사과술 사이다의 차이
> 만큼 크다(사이다는 청량음료와 사과술 두 가지를 의미한다 — 옮긴이). 남자는
> 한 가지를 입에 올릴 때는 지치지 않지만 다른 하나를 입에 올릴 때면
> 지긋지긋한 표정을 짓는다. 이런 생각을 하면 나는 썩 웜블크롭트하다.
> 결혼이라는 모험에 대해 두려움을 느낄 정도다.

샘 슬릭은 이 낱말을 썼지만, 작가인 핼리버튼도 그랬을까? 이 말은 구수한 사투리 가운데서도 빠르게 사라졌고, 나중에는 '지미니 때문에 나는 웜블크롭트해' 같은 엉뚱한 표현으로만 쓰이게 됐다.

바다 건너 이쪽에서(영국을 의미한다─옮긴이) 크롭트라는 말을 쓰지 않는 **웜블링**wambling이라는 말이 오래 살아남았다. 사실 19세기 후반만 해도 웜블링은 영국 사람 뱃구레에 보통 있는 일이었다. 내가 좋아하는 세 가지 예다.

(내 영혼은) 코끼리만큼이나 무거운 죄악을 조잡함 없이 소화할 수 있으며, 결코 웜블하지 않는다.
─토머스 미들턴, 「체스 시합」(1624) (코끼리만큼 큰 죄라는 말이 마음에 든다)

지하에서 거대한 불이 ……지구의 뱃속에서 웜블거린다.
─존 고드, 『천문 기상학』(1686) (지구가 소화불량이라는 아이디어가 좋다)

예, 나는 (사랑에 빠졌기에) 당신의 불꽃과 불, 끌림과 웜블함을 느꼈습니다.
─토머스 베터튼, 「복수」(1680) (아름답다)

참고로 웜블은 구르거나 비틀거린다는 뜻이고, o자를 써서 웜블 womble로 쓰기도 한다.

식대 청구서가 도착하는 일만큼 여러분을 웜블하게 만들 일이 또 있을까. 이 무시무시한 순간 여러분은 티모시 트리트올 경이 식탁에 남아 있는 좋은 밥충이기를 바랄 뿐이다. 그게 아니라면 여러분이 **분사** 紛奢,

abligurition한 것일 수도 있다. 분사한다는 건 '먹을거리와 마실 거리에 사치스럽게 돈을 쓴다'라는 뜻이다. 비용 청구와 관련해 법적으로 문제가 될 말이다. 영리한 출장자라면 인사팀 아무도 눈치채지 못하게 만 파운드의 비용을 분사했다고 자랑스럽게 말할지도 모르지만. 이 단어는 '사치품에 낭비하다'라는 뜻의 라틴어 **아블리구리레**abligurire에서 유래했다. 고대부터 쓰인 말이다.

로마 사람은 게걸스럽던 반면 고대 그리스 사람한테는 길고 호화로운 점심 식사에 돈을 낭비하는 일을 위한 단어가 없었다. 이들은 고대의 현금을 어디에 써야 좋을지 잘 알았다. **카타페페이데라스테케나이**katapepaiderastekenai라는 단어가 있었다. '아름다운 남자와의 사랑에 돈을 낭비한다'라는 뜻이다.

9장

오후 2시

일터로 돌아오다

낮잠 · 가족에게 전화한다

하느님께 감사, 현대의학에 감사. 1905년에 이르러 **에르고포비아**erg-
ophobia(일터로 돌아가는 것에 대한 병적인 두려움)가 처음 확인되고 영국 의학
저널에 보고되었다(그리스 말로 '일'+'공포'— 옮긴이). 지금까지는 알려진 치
료법이 없다. 의사들이 연구 중이니 조만간 치료법을 찾을지 모르지만.

　좋은 점심 한 끼는 치유 효과가 있다. 열심히 일하는 것이 고상하다는
착각을 치유하는 효과 말이다. 점심 한 끼 덕분에 우리는 수고하고 모색
하고 찾으려는 유혹에서, 포기하지 않으려는 유혹에서 벗어난다. 그 대
신, **누닝스콥**nooningscaup을 해야겠다고 깨닫는다. 요크셔의 농업 노동
자들이 특별히 수고로운 점심 뒤에 누렸던 휴식을 일컫는다. 정오noon
에 누닝스콥을 하겠구나, 생각하기 쉽다. 사실 그렇다. 하지만 정오란
시간이 해를 거듭하며 뒤로 밀렸다는 점을 지적해야겠다. 정오란 원래
아홉 번째 시각이었다. 옛날 영어로는 **논**non이라고 해서, 새벽 다음의

시각으로 대개 세 시였다. 정오가 왜 뒤로 밀렸는지는 모를 일이다. 아무려나 몇몇 수상쩍은 낱말을 남겼다. 그 하나가 누닝스콥인데, 아마 정오의 노래noon-song에서 나온 말 같다. 한낮은 라틴어로 여섯 번째 시각, 즉 **섹스타 호라**sexta hora고, 여기서 **시에스타**siesta라는 말이 나왔다.

세상은 늘 그렇듯 돌아간다. 겉모습은 유지돼야 한다. 여러분은 사무실에 돌아와 얼굴을 비친 후 칸막이에 들어가서 몰래 졸아야 한다. 쉽지 않은 일이다. 특히 점심시간이 **세스퀴호럴**sesquihoral이라면. '한 시간 반'이라는 뜻이다(어원은 라틴어로 '반'+'그리고'+'시간' ─옮긴이).

여러분은 일터로 돌아오지 않고 그저 떠돌 수도 있다. **던드린**doundrins을 하러 나갈 수도 있다. 오후에 술을 마신다는 뜻이다. 하지만 이렇게 자리를 비웠다가 들통이 날 수도 있다. 스코틀랜드에는 이 상황에 맞는 낱말이 있다. 적어도 옛날 빅토리아 시대 애버딘셔에서는 그랬다.

> **반노군**causey-webs. 자기 일을 소홀히 하고 길거리에 나와 시간을 보내는
> 사람을 일컬어 반노군이라 한다.

반노군이 되는 좋은 방법이 있다. **곤구즐**gongoozle하는 것이다. 곤구즐은 우스꽝스러운 단어라는 장점이 있다. 곤gone, 구즈goose, 우즈ooze가 한 낱말에 들었다. 실은 옛날 방언 두 가지의 합성어일 것이다. 곤gawn은 '호기심 있게 바라보다'라는 뜻이고, 구즈gooze는 '목적 없이 바라보다'라는 뜻이다. 이 낱말의 정확한 뜻은, 『옥스퍼드 영어 사전』에 확정된 의미로는, 운하를 바라본다는 의미다. 열정적으로 사전을 읽던 사람조차도 이런 낱말을 보면 궁금해진다. "어째서?"

곤구즐러gongoozler(발록구니)라는 낱말은 운하 용어 단어장에 처음 기록되었다.

곤구즐러. 게으르고 호기심 많은 사람, 흔치 않은 것을 오랫동안 서서 바라보는 사람. 이 낱말은 잉글랜드 레이크 지방에서 유래했다는 것 같다.

울버스턴에는 여전히 작은 운하가 있지만, 폐쇄됐다. 참된 토박이 곤구즐러의 삶이 옛날보다 지루해진 거다. 아무려나 오후를 보내는 즐거운 방법 한 가지다. 거기에는 늘 오리가 있으니까.

하지만 운하를 좋아하지 않는다면, 일터로 돌아가서 낮잠을 자면 어떨까. 최고의 방법은 책상을 **내려보는**snudge 일이다. 가끔은 누구라도 자기가 내려본다는 사실을 모르는 채로 내려본다. 네이선 베일리의 『보편적 어원 사전』(1721)에는 이렇게 나온다.

내려보다. 뚫어져라 아래를 내려다보며 걷다, 머릿속에 일 생각만 가득한 것처럼.

여러분은 방해받지 않고 내려볼 수 있다. 휴대전화라는 현대 문물을 이용하면 더 좋다. 집중력 있게 들여다보면 된다. 사실 실력 있는 내려보기꾼이라면 몇 해 동안이라도 들키지 않고 사무실에서 내려보거나 하며 퇴직금을 제법 모을 수 있다. 정확한 방법으로 미간에 주름을 잡는 법만 배우면 된다. 하지만 내려보며 너무 많이 걸으면 발에 무리가 간다. 그러니 여러분 책상으로 돌아가 **리즐**rizzle을 하면 어떨까.

리즐은 수수께끼 같은 낱말이다. 19세기 후반 미국에서 갑자기 유행하다가 사라진 말이다. 이 단어는 무시무시하게 존경받는 의학 저널 몇 몇에 등장했다. 에르고포비아라는 말만큼이나 성공을 거둔 용어다. 지금은 사라진, 좋았던 옛 시절 의사 선생님들은 참으로 문명화된 양반들이었다. 오늘날 병원 주변에 있는 재미없는 완고한 분들과 달랐다. 현대의 의사들은 여러분에게 담배를 끊으라느니 거북이를 먹지 말라느니 잔소리를 한다. 다음은 1890년 『미국 의학 회보』에서 뽑은 리즐에 대한 풀이다.

여러분은 날마다 리즐을 하시는지? 리즐 방법을 아시는지? 도시의 일류 의사 중 한 분은 리즐이야말로 완벽한 건강을 위한 훌륭한 보조 방법이라고 말한다.

"나는 저녁밥을 아주 잘게 씹어 먹고, 가족과 친구와 즐겁게 밝은 대화를 나눈다. 저녁을 먹은 후 나는 리즐을 한다. 어떻게 하는 거냐고? 나는 서재로 들어가 방을 어둡게 하고, 여송연에 불을 붙인다. 그리고 리즐을 수행한다." 그의 말이다.

"무어라고 설명해야 할까. 죽은 듯 잠드는 일과 비슷한 상태다. 아무것도 하지 않는 것이다."

"나는 눈을 감고 두뇌 활동을 그만하려고 애쓴다. 아무 생각도 하지 않는다. 연습만 조금 하면 두뇌를 억누를 수 있다."

"이 기분 좋은 상태로 나는 적어도 십 분, 때로 이십 분을 보낸다. 소화가 잘된다. 동물들도 먹으면 잔다. 살은 좀 찔지 몰라도, 하루 십 분의 리즐을 놓치기 싫다."

블라인드를 완전히 내리더라도 책상에서 여송연을 피우면 사람들이 눈치챌 것이다, 눈치채지 못한다면 아주 멋진 사무실에서 일한다는 뜻이지만. 아무려나 빅토리아 시대 후반이라면 흡연은 의학적으로 필요한 일이라고 받아들여졌을 터이다.

하지만 가끔은 리즐로 충분하지 않다. 정신을 텅 비우는 일은 명상에 열광하는 사람이나 좋아할 것이다. 낮잠은 필요한데 시가가 손에 없는 사람은? 이런 분들은 이제 **슬룸**sloom해보자.

슬룸은 아름다운 낱말이다. 설명을 듣지 않아도 뜻을 짐작할 수 있기 때문이다. 『옥스퍼드 영어 사전』에는 이 단어가 '부드러운 잠 또는 선잠'이라고 풀이되어 있다. 그러고 보니 영어에서 잠에 관한 최고의 낱말은 sl로 시작한다. 중세 영어를 사용하던 시인들도 이 점을 놓치지 않았다. 사랑스러운 시구절을 읊었다.

부드러운 잠sloumbe sleep 위로 미끄러졌네slipped.

저녁 먹은 뒤에 슬룸하라는 중세의 적절한 규칙도 있다. 14세기에는 예의범절 책이 많았다. 신경 곤두선 기사를 위한 설명 책이었다. 이 책들은 중요한 주제를 다뤘다. 예컨대 갑옷을 반짝이게 닦는 법, 용에게 말을 거는 법, 점심 먹고 낮잠 자는 법 따위다.

나이와 체질을 불문하고 모든 사람은 자연에 맞는 휴식을 취하여 밤에 자야 하느니라. 한낮에 자는 일을 피하라. 그런데도 (그리고 만약) 그래야 할 때가 있다면, 고기를 먹은 후 잠들 일이다. 찬장에 기대어 서서 잠이

들지라. 아니면 의자에 똑바로 앉아 자야 한다.

찬장에 기대 자라니 어림도 없다. 남의 눈에 띌지도 모른다. 그러니 의자에 앉아 **스트레케**streke하자. 사지를 쭉 편다는 뜻이다. 중요해 보이는 서류 뭉치를 한쪽 끝은 여러분 배에, 다른 쪽 끝은 책상 가장자리에 올리고, 턱 끝을 목에 얹고 섬세하게 슬럼을 할 때다. 꿈속에서 모험을 찾아다니는 기사라도 되어보자.

막간

기운 좀 나시는지? 좋다. 커튼을 치고 시가의 불을 끄자. 리즐도 슬럼도 끝이다. 이제 일하는 일 말고는 일이 없을지도 모른다. 할 일facienda이 무엇인지? 할 일 목록이 있으신지? 물론 한 번에 일 하나씩만 해야 한다. 무리하면 안 된다. 아무려나 할 일이 있긴 있어야 한다. 그렇지 않으면 누군가 눈치챌 것이고 여러분은 직장에서 쫓겨나 온종일 곤구즐이나 하게 된다. 곤구즐도 요즘은 재미없다. 운하를 지나다니는 배가 옛날 좋은 시절보다 확 줄었으니까.

잠깐 통화

여러분이 사적으로 해야 할 일을 살펴보자. 방금 잠을 깼으니 말이다. 친척에게 전화해 가족의 의무를 하는 건 어떨까. 친척들은 전화 받으며 반가워한다. 이유는 모르지만, 아무튼 그렇다. 지금 전화해도 좋고 아무 때나 좋다. 사람들이 언제 유언장을 쓰는지는 어차피 모르는 일. 여러분의 가족 사랑에 보탬이 될 낱말을 여기 모았다.

욱소리어스uxorious. 아내를 엄청나게 좋아하는. 엄청나다는 부분에 대해 아내는 중요하게 생각하지 않는다. 남편이 얼마나 좋아하건 부족하다는 사실을 아내는 정확히 느끼고 있다. 욱소리어스의 사촌뻘 되는 화려한 단어가 있다. 욱소릴로컬uxorilocal이다. '남편이 아내의 친척 집 근처에 사는'이라는 뜻이다. 좋은 일인지 나쁜 일인지는 모르겠지만.

마리토리어스maritorious. 남편을 엄청나게 좋아하는. 어떤 이유인지, 이 낱말은 욱소리어스에 견주어 거의 쓰이지 않는다. 들어본 사람도 거의 없다. 영문학에서 이 낱말의 주목할 만한 용례가 이 짤막한 문장 하나뿐이라서 그럴지도. '마리토리어스한 부인은 칭찬받을 미덕이 없다(욱소르 uxor와 마리투스maritus는 라틴어로 각각 아내와 남편을 뜻한다 — 옮긴이).'

필라델피언philadelphian. 형제를 사랑하는. 그 뜻이 아니라면, 도시 필라델피아의. 형제의(아델피안) 사랑(필로스)에서 나온 말이다(그리스 말이다 — 옮긴이). 필로델피언philodelphian과 헷갈리면 곤란하다. 이쪽은 돌고래를 사랑한다는 뜻.
'누이를 사랑하는'이라는 말을 나는 찾지 못했다. 의미심장하다.

마트리어틱matriotic. 어머니에 대한 사랑을 뜻하는 추상적이고 쓸모 있는 낱말이다. 오래전 다닌 학교나 대학을 그리워한다는 뜻이기도 하다. 어머니를 사랑하는 다른 낱말들도 있긴 있는데, 대개 오이디푸스라는 기묘한 친구랑 엮인 단어들이다. 운이 없었고 지금은 죽어버린 그 친구 말이다.

필로파테르philopater. 아버지 또는 조국을 사랑하는 사람. 진정한 필로파테르는 눈에 띄게 파트리제이트patrizate한다. 자기 아버지를 닮거나 모방한다는 뜻이다(다시 말하지만, 그 불효자 오이디푸스와는 다르다).

필로프로제니티브philoprogenitive. 자식을 사랑하는. 원래 골상학 용어다. 두개골에 필로프로제니티브 융기가 있다고 했다.

매터터럴materteral. 이모와 관계있는 단어. 놀랍게도 P. G. 우드하우스의 작품에는 등장한 적이 없다.

어벙큘러avuncular. 삼촌과 관계있는 낱말. 구체적으로 말해 외삼촌에 관한 말이다. 훨씬 더 호기심 가고 쓸모없는 낱말이 있다. 디 어벙큘리트the avunculate. 외삼촌들을 하나의 그룹으로 묶어 일컫는 말.●

● 혹시 여러분께 필요할지도 모르니, 이 사람들 모두를 죽이는 낱말을 여기 적는다. 아내 살해 uxorcide, 남편 살해mariticide, 형제 살해fratricide, 누이 살해sororicide, 모친 살해matricide, 부친 살해patricide, 자녀 살해filicide.

사랑하는 사람에게 건 별것 아닌 전화 한 통이 대단한 결과를 불러올 수 있다. 리어왕은 큰 고통을 피할 수 있었을 터이다. 말라죽은 히스 덤불에서 코델리어에게 전화 한 통 걸었다면 말이다. 오디세우스가 페넬로페에게 "나 늦을 거 같아"라고 문자 한 통 보냈더라면. 로미오가 전화를 받아 "자기야, 여기 지하 묘지야"라는 아내의 달콤한 목소리를 들었더라면.

알렉산더 그레이엄 벨은 자기 발명품을 **블로워**blower라고 불렀다. 이 물건을 사용하려면 여러분도 예의를 갖추시라. 그가 원했던 대로 사용해야 한다. 벨 박사는 모든 전화 통화가 "어호이ahoy"로 시작해야 한다고 주장했다. 왜 이런 주장을 했는지는 모를 일이다. 해군과 아무 관계도 없는 사람이 말이다('어호이'는 해적 등 뱃사람이 쓰는 인사말이다―옮긴이). 아무려나 그는 자기주장대로 전화 통화를 시작할 때마다 이렇게 말했지만, 남들은 벨의 맞수인 에디슨이 제안한 대로 "여보세요hello"라고 말하게 되었다. 억울한 노릇이다.

전화는 20세기에 소리의 재생이라는 측면에서 크게 나아졌다. 옛날에는 찌그러지고 멀리 들리던 목소리가 이제는 선명하고 친근하게 울린다. 이렇게 나아진 상황 덕분에 우리는 새로운 도전을 해보기로 마음먹었다. 그래서 휴대전화를 만들었다. 그 덕에 옛날 감성이 돌아왔다. 지직거리는 소리가 나고 연결이 끊기고 신호도 안 잡힌다.

이렇듯 불안정한 연결 상태와 여러 해 동안 씨름해온 군인과 조종사들은 짜증이 나는 상황에 대처하는 통화 절차를 마련해두었다. 예를 들어, 여러분이 해안 경비대원이고 침몰하는 배의 선장과 무전을 하고 있다면, 이딴 대화를 하느라 십 분이나 시간을 버리고 싶진 않을 터다. "내

말 들려요?" "난 들려요. 내 말 들려요?" "나는 안 들려요. 내 말이 들린다고 했어요?" 백 명이나 되는 사람을 성난 파도가 덮칠 거라는 사실도 문제지만, 이걸 다 떠나 짜증이 나는 상황이다. 그래서 해안 경비대원은 "정말 미안하네요, 잘 안 들려요. 한 번 더 말씀해주시겠어요?"라고 말하지 않는다. 그 대신 "다시 말하라"라고 한다. 오늘날 휴대전화 통신에서 형편없는 회선이 걸려도 먹힐 방법이다. 알아둬야 할 것들을 적어본다.

로저roger는 '말씀하시는 거 아주 잘 들려요, 할머니'라는 뜻이다. 왜냐하면 '로저'나 '수신됨received'이나 R로 시작하기 때문이다. 우연하게도 로저에는 '성관계를 갖다'라는 뜻도 있다. 그 덕분에 로저 댓과 로저 소 파roger so far라는 용어가 재밌다(로저에는 '옥스퍼드 또는 케임브리지 출신의 가난한 학자인 척하는 떠돌이 거지'라는 뜻도 있다. 왜인지는 모른다).

윌코wilco(수락하겠다will comply의 줄임말)는 '알겠어요, 할머니, 따뜻하게 입을게요'라는 뜻.

카피copy는 '네, 방금 하신 말씀 들었어요, 반복 안 하셔도 돼요'라는 뜻.

리딩 유 파이브reading you five. '네, 제 쪽에서는 완벽하게 잘 터져요.'

웨이트 아웃wait out은 '잘 모르겠네요, 나중에 다시 연락드려도 될까요?'라는 의미.

그리고 잊지 마시라, 날씨에 대해서나 오늘 밤 술집에 가는 버스 안 내에 대해 수다를 떨 때는 앞에는 **보안**Securité!이라고 말해야 한다. '중 요한 기상정보 또는 경로 안내 또는 안전에 관한 정보가 있습니다'라는 뜻이다.

모두 이해하셨는지? 좋다. 사랑하는 늙은 어머님께 전화를 드려 일 상 대화를 나눠보자.

"어호이, 어호이! 마트리어틱이 느껴져 전화를 드리기로 했어요."

"아가야, 기꺼이 카피 댓!"

"로저 댓. 어떻게 지내요?"

"보안! 보안! 아침 날씨가 너무 좋아서 정원에 나갔는데, 보안! 보안! 이 슬비가 내리기 시작해서 안으로 들어왔지. 그래, 언제 집에 올래?"

"웨이트 아웃이요."

"오 년이나 지났는데."

딸깍. 통화는 끝났다. 가족의 의무도 자녀 된 도리도 완수했노라. 십 계명에도 나와 있다. "너희는 부모를 공경하여라. 그래야 너희는 너희 하느님 야훼께서 주신 땅에서 오래 살 것이다."(「신명기」5장 16절 ─옮긴 이) 어떻게 보상하겠다는 약속이 붙은 유일한 계명이다.

10장

오후 3시

다른 사람을 일 시키려고 애쓴다

다른 사람을 찾는다 · 다른 사람에게 호통친다

학문을 행하면 날로 더해지고, 도를 행하면 날로 덜어진다.
덜어지고 또 덜어져 무위無爲에 이르니, 무위하면 하지 못 하는 것이 없다.
—노자, 『도덕경』, 기원전 5세기. (『노자 도덕경』 48장, 김원중 옮김, 휴머니스트,
2018 — 옮긴이)

지금껏 나는 여러분이 부하직원인 셈 쳤다. 종살이하는 이스라엘 사람
이 가혹한 상사 때문에 땀 흘리는 꼴이라고 생각했다. 그래서 여러분한
테 일하기 싫어 농땡이 부리는 낱말들을 소개했다. 그런데 내가 여러분
을 낮봤을지도 모른다. 공정치 못한 일이다. 여러분은 어쩌면 산업계의
캡틴이며, 타이쿤이며, 거물이며, 예스러운 가발을 쓰는 중요 인물buzz-
wig이며, 월척king-fish이며, 몹마스터mob-master며, 페르시아 총독satrapon
이며, 천상계 분celestial이시며, 최고 모자top-hatter시며, 큰 옷장tall boy이

시며, 『토마스와 친구들』에 나오는 사장님일 수도 있다. 여러분이 이 가운데 하나거나 전부 다라면, 땡땡이치는 일을 정반대로 짚어야 한다. 여러분은 비즈니스 제국을 돌아다니며 업무를 떠넘길 사람을 찾아내야 하고, 여기에 맞는 낱말들이 필요하다.

여러분은 게으른 **간국다리**lolpoop와 **느렁광이**looby— 제대로 작동하지 않는 생산의 인적 자원—를 찾아내고 이 사람들한테 "**임시**imshi!"라고 호통을 쳐야 한다. 제2차세계대전 때 표현으로 "일하러 가라"는 뜻이다.

다른 사람을 찾는다

아무려나 먼저 여러분은 그 사람들을 찾아야 한다. 여러분 직원이 **개름뱅이**micher라면 문제다. 존슨 박사의 사전에 따르면 개름뱅이란 '게으르게 돌아다니는 사람, 구석과 길목에 눈에 안 띄게 숨어 있다. **경계 넝쿨**hedge creeper'이다. 경계 넝쿨이란 물론 '경계 도둑hedge-thief, 울타리 밑에 몰래 숨어 있는 자, 불쌍한 악당'이다. 파머의 『은어 비슷한 말』에 따르면 그렇다는 것이다.

가장 먼저 할 일은 사무실의 모든 경계hedge를 확인하는 일이다. 여러분 업무가 헤지 펀드hedge fund가 아닌 이상, 수색은 오래 걸리지 않을 것이다. 경계 넝쿨을 처리한 다음에는 **짱박히는**latibulate 행동을 하는 자를 주목하자. 짱박히다란 '구석에 숨어 있다'라는 뜻이다. 사실 사무실 구석마다 크고 빨간 글씨로 '짱박힘 금지'라고 써 붙이기만 해도 시간을 아낄 수 있다. 그런다고 문제가 해결되지는 않겠지만 말이다. 상습

적인 짱박힘꾼들은 구석을 떠나 **청측 숨막질**incloacate할 터. 화장실에 숨어버린다는 뜻이다. 보통은 청측 숨막질까지는 하지 않지만, 17세기 기소장을 보면 무법자가 '은밀하게 청측 숨막질했다'라고 적힌 일이 있다. 청측 숨막질꾼은 게름뱅이 중에도 까다로운 자들. 이들을 화장실에서 쓸어내릴 좋은 방법이 있다. 화장실을 끔찍한 장소로 만드는 것이다. 쉽고 섬세한 방법이 있다. 화장실 공간에 **메르캅탄**mercaptan을 뿌리면 된다. 악취가 나는 황화합물의 이름이다. 쉽게 말해, 응가 냄새 나는 물질.

호통을 친다

캐스모필chasmophile(그리스 말로 '틈'+'사랑'—옮긴이), 즉 구석과 틈새를 사랑하는 자들을 모두 잡아와 책상과 아늑한 곳에 앉힌 다음, 여러분은 한 소리를 해야 한다. 아무려나 경영자답게 품격 있는 질책을 할 일이다. 엄격해도 좋고 부드러워도 좋다. 여러분의 폭죽을 그 사람들 기억 속에 심을 수만 있다면 말이다. 이렇게 하면 일주일에 한 번 정도만 꾸지람하면 된다. 17세기 옥스퍼드 대학에 어떤 대단한 인물이 있었는데, 이 사람의 욕설 솜씨는 너무나 절묘하여, 오브리가 쓴 매우 짧은『짧은 전기』에 한 단락이나 할애되어 있다. 이름은 랄프 케털 박사였으며,

……습관은 대학을 오르락내리락하며 열쇠 구멍으로 들여다보는 것이었다. 학생들이 책에 나오는 대로 하는지 아닌지 엿보았다. ……대학에

서 태만한 어린 학생들을 꾸짖을 때, 그는 다음과 같은 욕설을 사용했다. **똥덩어리**turd, **타라라그**tarrarag(최악의 유형으로, 버릇없는 불한당이란 뜻), **라스칼잭**rascal-jack, **블라인드싱크**blindcinque, **스코버로처**scobberlotcher. 이들은 상처받았다기보다 착 가라앉았다. 주머니에 손을 꽂은 채 숲에 가서 서성대며 나무들에 말을 걸거나 했다.

이것으로 충분했을지? 그렇지 않다. 오브리는 이렇게 덧붙인다.

트리니티 칼리지에서 일요일에 그는 대개 설교했다. 다른 기숙사의 학자들이 설교를 들으러 오곤 했다. 그의 말을 듣고 웃기 위해서였다.

그러니 여러분이 꾸짖을 때는 케털 박사보다 한술 더 뜨는 말을 써야 한다. 존 플로리오가 1598년에 낸 『세계의 말』을 참고하면 어떨까.

똥 누더기shite-rags. 게으르고 나태하고 농땡이 부리는 녀석.

아무려나 이러다가 곤란해질 수도 있다. 솔직히 말하면 개름뱅이, 농땡이꾼, 느림보, 둔한 사람lurdan을 부르는 낱말은 많다. 시간을 아끼고 싶다면 이들 모두를 한꺼번에 말할 단어를 찾아야 할 터이다. 게으름 피우는 사람을 그룹 명사로 부르는 올바른 낱말 말이다. 그러는 대신, 철학적 판돈을 높이는 방법이 낫다. **드로굴러스**drogulus라는 말을 사용해보자.

드로굴러스는 순전히 이론적인 개념이다. 영국 철학자 A. J. 에이어가 발명했다. 에이어는 모든 사람이 시간 들여 존경을 바칠 양반이다. 그의 사상 때문만이 아니다. 에이어는 나이 일흔일곱에 마이크 타이슨이 젊은 모델 나오미 캠벨을 공격하려는 것을 막았다. 뉴욕에서 열린 파티였다. 마이크 타이슨은 말했다. "내가 누군지 아쇼? 난 헤비급 세계 챔피언이야!" 에이어는 대답했다. "나는 전에 위컴의 논리학과 교수였습니다. 우리 둘 다 자기 분야에서 탁월하죠. 이성적으로 대화하자고 나는 제안합니다." 이러는 사이 캠벨은 자리를 피했다.

다시 드로굴러스로 돌아가자. 이 매혹적이고 작고 사변적인 피조물은 1949년의 덜 화려한 논쟁 중에 발명되었다. 에이어와 한 사제가 의미 있는 진술과 의미 없는 진술에 대해 논쟁을 벌였다. 에이어는 어떤 진술이 참인지 거짓인지 증명할 수 있는 것을 말할 때만 그 진술이 의미가 있다고 주장했다. 그러므로 "신은 존재한다"라는 진술이 의미가 있으려면, 그 진술을 믿거나 믿지 않는 결정적인 근거를 여러분이 말할 수 있어야만 한다. 에이어는 드로굴러스라는 개념을 고안했다. 드로굴러스는 세상 어떤 것에도 식별할 수 있는 영향을 미치지 않는다.

여러분은 말하리라. "그게 있는지 없는지 내가 어떻게 말할 수 있죠?" 그러면 나는 말한다. "말할 방법이 없죠. 그게 있거나 없거나 모든 일이 똑같습니다. 하지만 분명한 사실은 그것이 존재한다는 것입니다."

드로굴러스는 사변적인 인식론의 철학 용어로 남아 있지만, 경영 현장의 레퍼토리로 끌어다 쓸 수도 있겠다. 게으른 직원을 보고 '이 드로굴러스야!'라고 말하면 좋다. 도그dog처럼 들리기도 하고 쓸모없는 말

같기도 하거니와, 설령 여러분의 부하직원이 울면서 법원에 간대도, 그 사람들은 오히려 여러분의 학식에 감명을 받고 A. J. 에이어 편에 서서 말할 것이다. "당신이 있거나 없거나 모든 일이 똑같습니다. 하지만 분명한 사실은 당신이 존재한다는 것입니다."

이 모든 일은, 당연한 이야기지만, 무언가 할 일이 존재한다는 사실을 전제로 한다. 설령 해야 할 일이 존재하지 않는다고 해도, 관리자는 그 사실을 은폐해야 한다. 리더십이라는 것이 시작된 이후로 이것이야말로 리더십의 핵심이었다. 갖은 술책과 창의적인 조작술이 있다. 예를 들어 4월 1일이면 '비둘기 젖pigeon milk을 사 오라'라며 상사는 신입 직원들을 내보낸다. 상점 주인들은 '저 모퉁이만 돌면 살 수 있다'라고 하며 길을 알려줬고, 이 친구들은 실속 없는 잔심부름sleeveless errand을 하느라 종일 동네를 돌아다녔다.

같은 이유로 오늘날 영국군 지휘관들이 신병을 굴린다. 탱크 실내 주차장 열쇠Key to the indoor tank park를 얻어오라고 말이다. 사실 전쟁은 의미 없고 기초 훈련도 의미 없다. 오래된 원칙은 이거다. 움직이지 않는 것에는 칠을 해야 하고, 움직이는 것에는 경례를 붙여야 한다는 것이다.

여러분이 직원들에게 비둘기 젖을 짜게 만든 다음에는, 매의 눈으로 이 친구들을 지켜봐야 한다. 이 사람들이 **눈 일꾼**eye-servant인지 **입 노동자**lip-labourer인지 알아야 한다.

눈 일꾼. 명사. (눈+하인) 지켜보는 동안에만 일하는 하인.
남의 종이 된 사람들은 어떤 일이나 주인에 복종하십시오. 남에게 잘 보이려고 눈 일꾼이 되지 말고 주님을 두려워하면서 충성을 다하십시오.

입 노동. 명사. (입술+노동) 마음은 그대로고 입술만 움직이는 일. 감정이 없는 말.

그리스도는 너의 많은 시간 게으름과 위선과 숱한 수다와 입 노동을 꾸짖으신다.

—베일, 『예트 어 코스 등』(1543)

눈 일꾼은 고약하다. 차라리 아까 말한, 청측 숨막질하는 캐스모필이 낫겠다. 눈 일꾼이 일하고 있다고 여러분이 생각하는 동안, 실제로 그들은 낮잠 자고 친구한테 전화하고 트위터하고 문자 보내고 페이스북하고 인터넷으로 **오니오마니아**oniomania(쇼핑 중독이라는 뜻) 짓을 하고, 일하지 않는데도 일하는 척하며 **월급 도둑질**ploitering을 하기 때문이다. 이 사람들은 회사의 건강한 사지에 달라붙은 거머리들이다. 소금을 뿌려 마땅하다.

꾸지람한다

이. 지점에서, 그들을 불러 **커피 없는 회의**meeting without coffee를 열라고 여러분은 요청받을 수 있다. 이 말은 영국 국방부에서 만든 몹시 유용한 표현이다. 온화하고 미묘하면서도 악의적인 위협이 느껴진다. 국제무대에서 국방부는 협박하고 싶은 골칫거리 나라 바로 옆에서 해군

기동 훈련이나 미사일 실험을 한다. 국내에서 똑같은 효과를 거두는 방법이 바로 커피 없는 회의를 언급하는 일이다. 일은 이렇게 돌아간다. 높은 사람의 비서가 아랫사람에게 전화를 걸어 회의를 잡는다. 아랫사람은 이렇게 말하리라. "아, 정말 근사하네요. 저는 영국군 탱크*에 차 끓이는 기계를 설치하는 새 계획이 매우 기대되거든요. 그 문제에 관해 이야기하고 싶……" 그러나 비서는 무시무시한 말로 대화를 끊는다. "사실 이번 회의는 커피 없는 회의입니다."

비서로서는 하기 쉬운 말이다. 하지만 아랫사람은 그 뜻을 알게 된다. 그들한테 의견을 묻지 않을 것이다. 미소를 보이지 않을 것이다. 자리에 앉아 갈색 액체가 든 컵을 홀짝일 수도 없을 것이다. 발이 아플 때까지 세워놓고 귀청이 떨어질 때까지tintinnabulate 호통을 칠 것이다. 적절한 융단 공격이다. 이 회의의 아름다운 효용이란 아랫사람 쪽에서 느낄 두려움이다. 회의할 일을 온순하게 다이어리에 적고, 전날 밤에 잠도 못 자고, 아침 내내 초조해하고 변명을 연습하고, 이 두려움이 진짜 처벌이다. 심리적 참호전이다.

그런데 이렇게까지 잔인해야 할까? 차라리 모두가 존중받는다고 느끼는, 서로 아껴주고 공유하는 사무실 환경을 만드는 편이 낫지 않을까? 아니, 그렇지 않다. 나는 마키아벨리를 여러분께 추천한다.

여기에서 다음과 같은 논쟁이 발생합니다. 사랑받는 것이 두려움의 대상이 되는 것보다 더 나은가 아니면 그 반대인가. 둘 다 바람직하지만 동시

● 내가 지어낸 이야기다. 영국군 탱크는 모두 차 끓이는 기계를 갖추고 있다. 진짜다.

에 그러기는 어렵습니다. 따라서 둘 중 하나가 없어야 한다면 사랑받는 것보다 두려움의 대상이 되는 것이 훨씬 안전합니다. 왜냐하면 사람들은 대체로 감사할 줄 모르고, 변덕스러우며, 위선적인 데다 위험을 피하려 하고, 탐욕스럽게 이익을 얻으려 하기 때문입니다. 그래서 당신이 혜택을 주는 동안에는 그들 모두 당신 편을 듭니다. 앞에서 말씀드린 것처럼 그럴 필요가 없을 때는 당신을 위해 피를 흘리며 당신에게 재산과 생명과 자식을 바치겠다고 말하지만, 막상 일이 닥치면 등을 돌립니다.

(니콜로 마키아벨리, 『군주론』 제17장, 김운찬 옮김, 현대지성, 2021 — 옮긴이)

혹시 질문 있는지? 좋다. 이제 눈 일꾼 드로굴러스를 커피 없는 회의에 불렀으니, 다음 단계는 여러분이 정확히 무어라 말할지 생각하는 일이다. 귀에 쏙쏙 들어오는 내용으로 시작하는 게 좋겠다. 경제경영서나 자기계발서가 제안하는 것처럼, 역사상 가장 위대한 경영자에게 배워보자. 칭기즈칸이 부하라를 점령했을 때의 일이다. 그는 도시의 모든 저명한 시민을 모아 무릎을 꿇리고는 이렇게 말했다.

나는 신이 내린 천벌이다. 너희가 큰 죄를 짓지 않았다면, 신은 너희에게 나와 같은 벌을 내리지 않았을 것이다.

'천벌'을 '직속 상사'로 바꾸어 여러분의 연설을 시작해보자. 칭기즈가 **시어머니**theomeny라는 낱말을 사용했다면 시간을 많이 절약했을 테지만 말이다. 이 말은 신의 진노라는 뜻이거니와, 이 문제는 넘어가자 (여기서 시어머니는 신을 뜻하는 그리스말 테오스theos와 진노를 뜻하는 메니스

menis를 합한 말이다. 옮긴이의 말장난이 아니니 오해 마시길 — 옮긴이). 이제 상대방을 부드럽게 다독이고 회의 분위기를 조성했다. 커피포트도 잘 숨겨 두었겠다, 무서운 말을 외쳐 홈 어드밴티지를 살릴 때다. "여러분은 **자줏빛 단봉낙타**purple dromedary다!"

잠시 멈추어 이 사실을 곱새길 시간을 갖게끔 하자. 자기가 자줏빛 단봉낙타라는 사실을 알게 된다니 무시무시한 일이다. 『옛날과 오늘날의 거드름쟁이에 대한 새 사전』을 읽지 않았을 경우, 그 고통은 특히 끔찍하다. 사전에는 이렇게 풀이되어 있다.

너는 자줏빛 단봉낙타다. 너는 실수투성이Bungler 또는 둔한 녀석이다.

두운을 맞추고 싶다면 단봉낙타dromedary에 **드럼블도어**drumble-dore를 덧붙이면 좋다. 볼썽사나운 곤충을 뜻하지만, 볼썽사납고 능력 없는 사람에도 쓸 수 있는 말이다.

그들이 단봉낙타 같다는 사실을 폭로했으니, 다른 말로도 그들을 꾸짖을 때다. 구제 불능의 무능력자들을 일컫는 영어 낱말들 말이다. **마플라드**maflard, **퍼즐페이트**puzzle-pate, **샤플스**shaffles, **푸즐러**foozler, **저플러**juffler, **블렁커킨**blunkerkin, **배티범**batie-bum 등이 있다. 낱말 따위를 고르는 작업이 여러분 같은 높은 사람에게 걸맞지 않다고 느끼신다면, 셰익스피어를 베껴 써도 좋다. 오려내 외우기 편리한 구절이 『리어왕』에 있다. 켄트는 오스왈드를 이렇게 부른다.

악당, 왈패, 남은 음식이나 먹는 잡놈, 비천하고, 교만하고, 얍삽하고, 거지 같고, 일 년에 옷 세 벌밖에 못 받는 하인 놈 주제에 백 파운드씩이나 받아 처먹고, 더러운 모직 양말을 신는 놈. 겁쟁이라서 싸움보다는 액션레이킹action-taking하려 들고, 거울이나 붙잡고 살고, 수퍼서비서블하고super-serviceable, 피니컬한finical 악당. 가진 거라고는 가방 한 개분밖에 안 되는 놈. 주인 눈에 들기 위해서라면 뚜쟁이 짓도 마다하지 않을 놈. 악당에, 거지에, 겁쟁이에, 포주를 다 합해놓은 놈. 잡종 암캐 아들이자 상속자the son and heir of a mongrel bitch. 네놈이 내가 붙인 이름 중 하나라도 부인한다면 네놈이 요란스레 울어 댈 때까지 두들겨 패줄 테다.

(『리어왕·맥베스』, 이미영 옮김, 을유문화사, 2008에 기초 — 옮긴이)

셰익스피어는 알고 있었다. 인신공격을 그저 쌓아 올리기만 해도, 영리한 척 수를 쓰는 것보다 효과가 좋다는 사실을 말이다. 혹시 궁금해하실까 봐 정리하면,

피니컬한＝까다롭게 구는
수퍼서비서블하고＝아첨을 일삼고
액션레이킹하는＝툭하면 소송 거는

말이 났으니 말인데, 『옥스퍼드 영어 사전』은 '개자식son of a bitch'에 대한 첫 번째 용례로 이 인용문을 등재했다. 우리는 이 위대한 시인에게 얼마나 큰 빚을 지고 있는가.

여러분의 직원은 지금쯤 흐느끼고 몸을 떨며 자비를 베풀어달라고 청하고 있을 터. 그러나 봐주지 말자. 그들이 애원하고 간청한대도, 여

러분은 깊고 악의에 찬 목소리로 **"가보스**gabos"라고 말하고 그저 고개를 저으시라.

가보스(G.A.B.O.S.라고도 쓴다)는 '게임에 동정은 없다Game Ain't Based On Sympathy'의 약자다. 문제의 게임이란 마이애미의 흥겨운 조폭 세계에서 일어나는 일을 말한다. 사랑스럽게 영역에 집착하고 열정에 넘치는 이곳의 마약팔이narcotraficante들은, 자기들 목숨과 행동 규범과 사업 활동과 때때로 일어나는 티격태격을 '게임'이라고 일컫는다. 크리켓 경기와는 달리, 이 게임에는 중앙위원회도 규칙집도 프로 심판도 『위스덴 연감』 같은 것도 없다. 사실 이 게임에 있는 게 무언지도 사람들은 잘 모른다. 아무려나 모든 사람이 동의하는 바는, 이 게임에 동정은 없다는 사실이다. 갱스터가 주저앉았을 때 발로 걷어차는 일도 엎어졌을 때 엉덩이에 모자를 박아넣는 일도 규칙에 맞는다. 이 용어는 긴 제거 과정의 시작일 뿐이다. 제거 과정을 통해 이 게임에 무엇이 있는지 밝혀내고 모든 혼란은 해소될 것이다.

용기 있는 언더독이 동정을 받지 못한다는 뜻이다. 가보스라는 말은 이번 세기 초 언젠가부터 줄임말이 되어 래퍼와 다큐멘터리를 통해 널리 알려졌다. 그래서 이 말은 더는 마이애미에서만 쓰이지 않는다. 내가 듣기로는 이제 영국 하원에서도 쓰이는 말이라나. 가보스라는 말을 사무실에서 쓰게 되면 여러분은 갱스터 같고 멋쟁이 같아 보일 것이다. 겁에 질린 부하직원들의 생산성을 높일 것이다. 부하직원들을 이제 '제군들'이라고 불러도 될 것이다.

여러분의 융단 공격을 마무리할 때다. 직원을 **인력 관리하겠다**right-size고 해보자. 인력 관리한다는 말은 조직 축소downsizing를 에둘러 말하는 표현이다. 조직 축소란 정리 해고streamlining를 에둘러 말한 것이며, 이것은 이 가여운 사람들 전부를 어제라도 색sack하겠다는 사실을 에둘러 말하는 것이다. 혼란을 피하려고 다음 풀이를 보자. 색이라는 동사는 사전에 몇 가지 다른 뜻이 있기 때문이다(이를테면 '약탈한다'는 뜻도 있다―옮긴이).

색. (사람을) 자루에 넣어 물에 빠트려 죽이다.
백작이 그 사람을 즉시 자루에 넣어 템스강에 빠트려 죽였다고 그대가 말했다. (1425년 의회 문서, IV. 298/2)

아, 라인 관리의 힘겨운 나날이여. 모두를 책상에 몰아 앉히고, 몇몇 사람에게 호통을 치고, 자줏빛 단봉낙타에게 천벌과 해고의 두려움을 내리고 나면, 여러분은 경영자의 도리를 다했다. 이제 골프나 치고 월급이나 받자. 아무려나 지금은 차 마실 시간이니까.

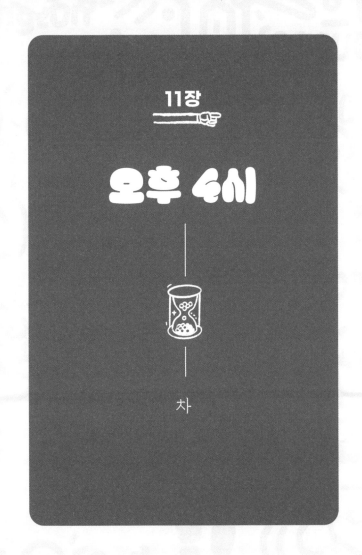

11장

오후 4시

차

이상한 일이다. 영국의 높으신 분은 티^{tea}를 마시지만, 노동계급은 차^{cha}를 마신다. 차를 마시는 쪽이 옳다. 카멜리아 시넨시스의 추출물을 부르는 원래의 고상한 중국 이름이 차란다. 티는 이 물건을 유럽으로 내오려고 배에 싣던 해안 지방인 푸저우에서만 쓰던 말이다. 그러니 여러분이 고급스럽다면 차를 마시고, 저속하거나 '노스탈주 드 라 부 nostalgie de la boue'●로 가득하다면 티를 마시라.

차에 대한 첫 번째 위대한 논문은 8세기 작가 육우陸羽, Lu Yu에 의해 쓰였으며 「차경茶經, Cha Ching」, 즉 '차의 고전'이라 불렸다. '차'라는 이름과 차나무가 함께 일본으로 넘어갔다. 좋은 차 한 잔을 아끼는 사람

● '진흙을 그리워한다'라는 뜻의 프랑스 말이다. 상류층이 하류층의 지독한 고통을 동경하는 일을 이른다.

은 차 애호가뿐만 아니라 차도茶道, chado를 닦는 사람이다. 도는 '길'이라는 뜻이다.

차도는 영적 깨달음을 얻기 위해 차를 마시는 신비롭고 마법 같은 수행법이다. 곡기를 끊거나 자기 등을 채찍질하는 일보다는 훨씬 재미있다. 차도에는 예를 들어 차노유茶の湯, chanoyu 같은 게 있다. 문자 그대로 번역하면 '차의 뜨거운 물'이라는 뜻이다. 아무려나 근본 없는 서양 사람은 차도를 이해하기 어렵다. 동양의 모호한 차의 비밀을 감상할 때도 티백과 전기 주전자가 주는 값싼 만족감만 가득하다.

'선禪과 차는 하나'라는 것은 일본에서 흔히 볼 수 있는 지혜다. 여러분은 로지리Rosie Lea 한 잔을 마시는 것만으로 선 수행을 할 수 있다고 생각할지 모른다. 아니다. 위대한 차의 대가 주코村田珠光, Shuko는 가르쳤다. 마음을 완전히 비우지 않으면 차를 마실 수 없다고 말이다. 내가 해보니 꼭 그렇지는 않은 것 같지만 말이다.

차도의 가장 위대한 스승은 16세기 리큐千利休, Rikyu였다. 리큐는 찻주전자를 다루는 솜씨가 너무 뛰어나 주군의 질투를 샀다. 주군(우리도 잘 아는 도요토미 히데요시다—옮긴이)은 리큐에게 할복자살을 명했다. 리큐는 역사상 가장 끝내주는 차 한 잔을 만든 후 찻잔을 깨고 명령에 순종해 칼 위로 쓰러졌다.

영어에도 차도에 상응하는 말이 있다. 시인 퍼시 비시 셸리는 옥스퍼드에서 퇴학당했다. '아테이즘atheism(무신론)의 필요성'이라는 소책자를 썼고, '증거의 결핍, 아테이스트(무신론자)'라 서명했다. 하지만 사석에서 그는 **테이스트**theist라는 것을 인정했다. 그 종교란 그가 차에 중독되었다는 것(프랑스어 테thé). 테이즘은 영국에서 인기 있는 종교가 됐다(지은이가 영어 테이즘(유신론)theism과 프랑스어 테thé로 말장난을 하는 것 — 옮긴이). 1886년 『랜싯』에 이런 기사가 실렸다.

미국과 영국은 과도한 차 섭취로 인한 질병으로 가장 고통받는 두 나라다. 여러 가지 고통을 개인이 겪는다. 급성, 아급성, 만성 '테이즘'이 있다. 신학theological과는 관계없는 이름이다. 직업적 테이즘이거나 열정적 테이즘을 겪을 수 있다. ……차가 원인이라고 보기 어려운 병적 증상은 거의 없다.

차에 대한 사랑이 종교적 의식이자 마약이라는 점을 생각하면 놀랍지도 않지만, 모든 종류의 끔찍한 이름이 잘못 만들어진 차를 위해 발명됐다. 예를 들어 너무 약한 차는 **고양이 무릎**cat-lap, **남편 차**husband's tea, **소녀 오줌**maiden's pee, **진흙 철벅**blash 따위 이름으로 저주받는다. 차를 너무 밍밍하게 내린 사람을 두고는, 이유 모를 까닭으로 **방아꾼을 익사시켰다**drowned the miller고 말한다.

이런 말도 안 되는 맹물 같은 것의 반대는 강한 차, 여러분의 마음을 날려버리고 여러분을 깨울 차다. 제2차세계대전 당시 영국 군인들은 좋은 진한 차를 **포격**gunfire이라고 불렀다. 적의 공격을 받는 거나 마찬가지 효과를 낸다고 믿었다.

카페인주의는 최근 현상도 아니다. 믿음이 가는 동양의 전설에 따르면, 스님 보리달마는 구 년이나 면벽 수행을 했다(달마 대사로 익숙하다 — 옮긴이). 왜 이랬는지는 기록되어 있지 않지만, 아무려나 퍽 거룩한 일로 여겨졌다. 시간 낭비라고 말해준 사람이 없었나 보다. 불과 오

년 만에 그는 지쳐서 졸았다고 한다. 깨어났을 때 벽은 여전히 그 자리에 있었지만, 보리달마는 안타까웠다. 다시는 그런 일이 없어야 했다. 그는 눈꺼풀을 뜯어 땅에 던졌다. 눈꺼풀에서 싹이 터 최초의 차나무가 자랐다. 보리달마는 그 잎으로 차를 내렸다(아마도 벽에서 눈을 떼지 않은 채로 말이다―어떻게 했는지 나는 잘 모르겠지만). 차에 든 카페인 덕분에 그 뒤로 사 년 동안 달마는 잠들지 않았다.

이제 차를 만들자. 주전자가 달가닥거릴 동안 무슨 차를 마실지 고르시라. 다양한 차 이름의 어원을 보자.

제2대 그레이 백작Earl Grey(얼그레이)인 찰스 그레이는 대단한 사람이었다. 그는 22세에 하원의원이 됐고 데본셔 공작부인을 유혹했고 1830년부터 1844년까지 영국 총리를 역임했고 대개혁법과 노예제 폐지를 통과시켰다. 하지만 사람들은 그를 베르가못 오일로 맛을 낸 차를 좋아했던 사람으로 기억한다. 차 장사꾼들은 베르가못 오일이 들어간 차를 좋아했고 이 양반과 자기네 상품을 연관시켰다. 레이디 그레이Lady Grey는 차 상인의 카페인에 젖은 상상력의 산물이다. 물론 진짜 레이디 그레이가 있었는데, 그녀는 자녀 열여섯을 키우느라 베르가못을 즐길 겨를이 없었다.

입산소종立山小種, Lapsang Souchong(라푸샨 시아오중)은 '입산에 나는 작은 식물'이라는 뜻. 별로 믿음이 안 가는 이야기에 따르면 군대가 도착하여 차를 원했지만, 작물이 아직 축축했기 때문에 축축한 상태에서 소나무로 만든 불로 빠르게 말렸다나. 이 차에 풍미가 가득한 이유이다.

실론Sinhala(Ceylon)은 스리랑카섬의 옛 이름. '사자의 피'라는 뜻의 산

스크리트어 신할라어에서 유래했다. 이상한 일이다. 스리랑카에는 사기가 없다.

아쌈Assam은 '평평하지 않은' 또는 '평등하지 않은'이라는 뜻이다. 어원이 전자라면 북동부의 산악 지형 때문일 거다. 후자라면 이 지역의 고대 통치자들이 스스로 타의 추종을 불허한다고 생각했기 때문이리라.

다즐링Darjeeling은 티베트어 도즐링에서 유래한 말로 '다이아몬드 섬'이라는 뜻. 티벳 밀교와 관련이 있다. 밀교를 금강승金剛乘, diamond vehicle이라고도 한다. 금강金剛은 다이아몬드라는 뜻이다. 한편 다른 이야기도 있다. 사람들이 가십을 나누려고 모일 때 특별한 돌을 이용했는데, 그 돌 이름이 그 나라 말로 타지룽Taji-lung이라고 했다. 차를 마실 때면 늘 수다를 떨며 가십 이야기를 나누기 때문에 이 어원도 꽤 그럴싸하다. 영어에서도 차를 **수다 국물**chatter broth이나 **스캔들 국물**scandal broth이라고 하는 표현이 있다. 1801년에 어느 경건한 농부가 한탄하기를,

……우리는 일요일에만 차를 마신다. 열심히 일하는 가족이니까. 많은 이웃이 차를 스캔들 국물이라고 부른다.

빅토리아 시대 사람이 그들답지 않게 딱 잘라 정의했다.

악녀bitch. 차, '악녀 파티', 차 마시기.

아무려나 주전자의 물은 이미 끓었을 터이다. 찻잎을 건져내야 한다. 오래 놔두어서는 안 된다. 차가 너무 진해지고 포티potty해진다 — 이 말

인즉, 찻주전자 맛이 난다는 뜻이다. 찻주전자의 손잡이를 잡고(불boul 이라고 한다. 가위에서 새끼손가락 구멍의 이름이기도 하다) 악녀를 찻잔에 따르시라.

스큐어모프

찻잔 손잡이는 **스큐어모프**skeuomorph의 고전적 사례다. 보통 찻잔이건 정원의 찻잔이건 말이다. 19세기 사진 기술은 아직 기저귀를 찬 어린아이 수준이었다. 이때는 노출 시간이 너무 길어 걸어가는 사람이 번져 보였다. 이 사람들 뒤로 유령이 흘러나오는 듯했다. 그림 그리는 사람들이 움직이는 물체 뒤에 날아가는 선을 그려 움직임을 표현하게 된 계기다. 사진 때문에 우리가 보는 방법이 바뀌었다. 다른 매체의 재현 방식도 바뀌었다. 번져 보이는 그림을 보는 사람은 생각한다. '아하, 이 친구가 달리고 있구나. 이것이 사진의 기술적 결함 때문이라는 사실을 나는 알지.' 생각해보시라. 달리는 사람 등 뒤로 정말로 선이 흘러나오는 걸 본 일이 있으신지?

전문 용어가 있다. 바로 **스큐어모픽**이다. 기술이 발달해서 더는 존재하지 않는 기술적 한계를 일부러 재현하는 것이 스큐어모프다. 내 디지털카메라는 내가 사진을 찍을 때면 찰칵 소리를 크게 낸다. 옛날 기계식 카메라가 내던 소리를 일부러 재현한 거다.

옛날 옛적 찻잔에는 손가락이 들어갈 손잡이가 있었다. 이 손잡이로 여러분이 찻잔을 다룰 수 있도록 말이다. 지금의 찻잔 손잡이는 단순히

스큐어모프다. 유용함의 추억일 뿐이다.

이제 차가 준비되고 뜨끈뜨끈해졌으니 이제 **테르모포테스**thermopot-
es(뜨거운 음료를 마시는 사람) 동료들을 소환할 차례다(그리스 말로 '열'+'마
시는 사람'—옮긴이). '차 다 됐어요'라는 뻔한 말로 부를 수도 있지만, 잠
시나마 열대의 매력을 느끼려면 18세기 사전의 이 항목은 어떨까.

콩고Congo. 저와 함께 콩고를 돌아보시려오? (뜻) 나랑 차 한잔해요.

소젖moo juice을 넣어도 좋겠지만, 필딩의 말에 따르면 '사랑과 스캔
들이야말로 차에 넣을 가장 좋은 감미료'란다.

앞일을 점친다

하루의 가십이 끝나고 차가 모두 사라진 후에는 찻잎을 보고 미래를
확인하는 일만 남는다. 찻잎을 읽는 것을 **타세오그라피**tasseography라고
하는데, 이 주제에 관한 주요 연구는 내가 알기로 단 하나다. '하이랜드
예언자'가 쓴『찻잔 읽기와 찻잎으로 보는 운세』(1920)란 책이다. 이 책
에는 사전 또는 '상징과 의미'의 표가 들어있다. 찻잔에 남은 찻잎 모양
으로 보고 찾아보시라. 내가 추린 내용은 이렇다.

나귀, 오랫동안 기다려온 유산.
대포, 행운.

메뚜기, 좋은 친구가 군인이 된다.

앵무새, 오랫동안 고향을 떠나 있을 징조.

얼룩말, 외국 땅에서 여행하고 모험할 것.

오소리, 총각으로서의 장수와 번영.

우산, 성가심과 문제.

자동차 및 마차, 재물운, 친구의 방문

주목yew-tree, 노인이 재산을 변호사에게 남기고 돌아가신다는 뜻이다.

주전자, 죽음.

캥거루, 사업 또는 사랑의 라이벌.

항공기, 실패한 프로젝트.

12장

오후 5시

조금이나마 진짜 일을 해보자

패닉에 빠진다 · 마감 시간 · 다 그만둔다 ·
월급 도둑질 · 퇴근한다

일터의 하루가 끝나간다. 이 끔찍한 말을 하고 싶진 않았지만, 이제 우쭐우쭐도 월급 도둑질도 그만두고 조금이나마 진짜 일을 할 때다.

다섯 시 정각이 다가올 때 여러분은 생카세트^{cinqasept}를 놓치고 있다고 생각할지도 모른다. 이 프랑스어 단어 덕분에 우리는 비록 멀리에 있지만, 프랑스 사람들과 그들의 일하는 습관에 대해 곰곰 생각해볼 수 있다. 생카세트는 말 그대로 '다섯 시부터 일곱 시까지'를 뜻하지만 실제 뜻은,

연인이나 성매매업소를 방문하는 일을 말한다. 이 일이 전통적으로 오후 다섯 시에서 일곱 시 사이에 이루어졌기 때문이다.

'전통적으로'라는 한마디가 갈리아 사람의 도덕에 대해 많은 것을 알

려준다. 아, 프랑스 사람이 되고 싶어! 하지만 지금은 늦었다. 여러분 퇴근 시간이 한 시간밖에 남지 않았다. 내 기억으로 여러분은 해놓은 일이 거의 없다. 여러분은 **하루치기**^{dieta}(하루치 할 일)를 채우려고 애써야 한다. 한 시간 동안 헛소리처럼 많은 일을 미친 듯이 말이다. 종말의 때가 가깝도다.

신학 이야기를 해볼까. 우리는 일의 **종말**^{eschaton}에 있다. 정확히 이 용어는 세상이 끝나기 직전 일어나는 혼란을 뜻한다. 엄밀히 말하면 묵시록^{apocalypse}이란 세상의 끝이 아니다. 종말에 대한 환상일 뿐이다. 「요한 묵시록」을 「계시록」이라고도 하는 게 그래서다. 계시건 묵시건, 시간이 됐다고 신이 말할 때, 우리가 존재라고 부르는 이 안타까운 덩어리들에 일어날 일을 보여준다. 그러니 엄격히 언어만 놓고 따졌을 때, 「지옥의 묵시록^{Apocalypse Now}」이란 제목은 그렇게 나쁘지는 않다.

아무려나 일하러 가자. 시간은 째깍째깍 지나간다. 뭐라도 해내려면, 생카세트나 계시록 따위는 잊어버리자. 적재적소에 똘똘한 사람을 두어야 한다. 전하는 바에 따르면, 갑자기 일복이 터진다^{a sudden burst of activity}라는 말을 월터 스코트 경의 하녀들이 썼다고 한다.

러시아에는 이런 상황에 대한 특별히 근사한 낱말이 있다. 러시아 사람들은 **시투르몹시치나**^{shturmovshchina}라는 말을 쓴다. 어찌나 유용한 단어인지, 이 힘든 철자를 굳이 기억할 가치가 있다. 이 말은 마감 직전에 미친 듯이 일하는 관행을 뜻한다. 지난달에는 아무 일을 안 했더라도 말이다. 이 단어 앞부분은 '폭풍' 또는 '습격'을 뜻하고, 뒷부분은 얕잡아 부르는 뜻의 접미사다.

시투르몹시치나는 소련 때 나온 말이다. 공장마다 나라에서 목표와

할당량을 받았다. 각종 부정부패도 넘겨받았다. 아무려나 원자재는 받지 못했다. 그래서 그들은 필요한 물품이 도착할 때까지 손 놓고 앉아 있었다. 그러다가 마감일이 문을 두드리고 강제수용소가 손짓할 무렵에야 패닉에 빠져서는, 손에 잡히는 뭐든 집어 들어 조잡하고 볼품없는 작업물, 즉 시투르몹시치나를 만들었다. 끝내주는 단어인 데다 써먹기도 쉽다. 이력서를 잘 쓰려면 이 말쯤은 특수 기술 항목에 의당 적어야겠다.

헤르만 인클루수스(인클루수스inclusus는 라틴어로 '안에 갇혔'다는 뜻 —옮긴이), 은둔자 헤르만. 사탄의 시투르몹시치나에 연루된 사람이었달까. 헤르만은 13세기 중반에 보헤미아 땅 포들라지체에 살았다(지금은 대략 체코 공화국 땅이겠다). 그런데 헤르만은 다른 수도사들처럼 기도하고 금식하고 고결한 동정을 지키며 살지 못했다. 헤르만은 미덕에는 관심도 없었다. 은둔자 헤르만은 사악한 수도사였다.

헤르만이 얼마나 악한 사람이었는지, 어떤 악행이 그의 전문 분야였는지는 모를 일이다. 아무려나 수도원의 다른 수사들이 알아차릴 만큼 충분하게 사악했다. 보통 사람처럼 속죄하고 처벌받기에는 헤르만이 이미 선을 넘었다고 수사들은 판단했다. 그래서 헤르만을 벽 안에 가둬 버리기로 했다immure. 이 말인즉, 헤르만을 방에 집어넣은 다음, 문이 있던 자리에 벽을 발랐다는 뜻이다. 이 일을 마치고 나서, 수사들은 착한 그리스도인답게, 헤르만이 굶어 죽기를 기다렸다.

당연한 말이지만, 헤르만 인클루수스는 죽고 싶지 않았다. 온갖 악행을 더 저지르고 싶었으며, 죄악이 한창일 때 경력이 단절될까 염려했다. 그래서 그는 거래했다. 자기 죄를 씻기 위해 책을 쓰기로 한 것이다.

누구와 어떻게 거래했다는 건지는 확실치 않지만.

글쓰기가 곧 회개, 그때는 별로 이상하지 않은 생각이었다. 지금 보면 이상하지만 말이다. 주님 앞에서의 속죄라는 개념은 좋아 보이기는 하지만, 오늘날의 출판 계약에는 포함되어 있지 않다. 그러나 중세 시대에는 인세에 자동으로 포함되는 개념이었다. 예를 들어, 오데릭 비탈리스(1075~1142)는 『교회사』 책에 어떤 수도사 이야기를 썼다. 이 수사는 깜짝 놀랄 정도로 많은 죄를 지었는데, 다른 한편 필경사 일은 열심히 했다. 그가 죽자 사람들이 그가 적은 모든 단어를 셈했더니, 그가 저지른 모든 죄의 총합보다 숫자 하나가 많더란다. 그래서 그는 천국에 갔다는 이야기.

이런 사연으로, 은둔자 헤르만은 거래를 성사시켰다. 하룻밤 안에 세상에서 가장 큰 책을 써서 그의 죄를 씻기로 말이다. 그는 일을 시작했다. 많은 작가가 그렇듯 계약서에 서명할 때는 쉬울 거로 생각했다. 하지만 마감 시간이 코끼리 무리처럼 자신을 향해 돌진하고 있다는 사실을 알아차렸다. 그래서 그는 두 번째 계약을 체결했는데, 이번에는 악마와의 계약이었다(은둔자 헤르만이 사악한 수도사라고 나는 알려드렸다). 악마는 그가 책을 쓰는 일을 돕기로 동의했다. 대신 헤르만의 영혼을 받아가기로 했다. 거래 완료. 책은 하룻밤 만에 완성되었다. 이다음에 헤르만은 세 번째 거래를 시도한다. 이번 거래는 성모 마리아와. 헤르만은 용서와 구원을 받기로 했다. 그러나 헤르만은 서명란에 서명하기 직전 죽음을 맞았고, 결국 지옥에 갔다.

어떤 역사가와 냉소주의자들은 이 이야기의 정확성과 진실성에 의문을 던진다. 하지만 마감 기한에 맞춰 작업해본 적 있는 작가라면, 이 이야기를 한마디도 의심하지 않을 것이다.

어쨌든 이 책은 오늘날까지 남아 있다. 이름은 『코덱스 기가스』, 스웨덴 국립 도서관에 있다. 높이가 1미터 조금 안 되고, 너비는 0.5미터, 두께는 20센티미터다. 무게는 나보다 살짝 더 나간다. 전하는 말로는 이 책의 양피지를 대느라 160마리의 당나귀 가죽이 들어갔다나. 마지막 순간까지 포기하지 않고 고약하게 일하면 이런 책도 만들 수 있다.

시투르몹시치나라는 말은 영어 사전에 등재된 일이 없다. 정당하지 않다. 샤레트charette라는 말은 사전에 있다. 19세기 파리 건축과 학생들한테서 나온 말이다. 다른 대학생들과 달리, 건축학도들은 아주 큰 종잇조각으로 작은 건물 모형을 만들곤 했다. 어렵고 시간이 오래 걸리는 일이었다. 만들어놓은 작품은 무겁고 덩치가 커서 제출하기도 아주 고약했다.

그 결과, 작품을 제출하는 날, 파리의 건축과 학생들은 짐마차를 빌려야 했다. 모든 설계도와 모형을 파리를 가로질러 시험관에게 운반했다. 건축학도들 역시 다른 과 학생들과 다르지 않았다. 마지막 순간까지 자기 작품을 붙들고 있었다. 차이가 있다면, 마지막 순간까지 이들은 짐마차 안에 있었다는 점이다. 한 해에 한 번, 장차 오스만이 되고 싶다는 사람들이 짐마차를 타고 파리를 행진하며 건축 모형에 작은 디테일을 더하고 수선하는 모습이 장관을 이뤘다. '짐마차 안에서', 즉 프랑스 말로 앙 샤레트en charette라는 말이 여기서 나왔다. 어찌 된 일인지 샤레트라는 말은 대서양을 건너갔고 『옥스퍼드 영어 사전』에 올랐다(오스만 남작은 19세기 후반에 파리를 뜯어고친 시장이다. '파리의 심시티 시장'이라고 이해할 수도 있겠다─옮긴이).

열심히 (집단) 작업을 하는 기간, 특히 마감 시간 닥쳐 일하는 경우를 말한다.

어찌 됐건 마음 놓이는 일이다. 보헤미아에서 벽에 갇히건, 소비에트 러시아건, 벨에포크 시대 파리건, 오늘날 미국이건, 마감일이 닥칠 때까지 모든 사람이 일을 미룬다는 사실이 말이다. 심지어 제2차세계대전 때 영국에서도, 나치 침략이 다가오고 자유와 문명이 위태로운 상황인데도 군인들은 **패닉 파티**panic party라 알려진 상태에서 일했다. 한 시간 동안 업무를 해치우고 일주일 동안 휴식하려고 한 것.

패닉 파티는 군인들의 시투르몹시치나였는데, 『시드니 선』(1942)에 뜻 하나가 더 나온다.

도보 행군은 줄 맞춰 **외는**shemozzle 일이고, 급히 몰려가면 패닉 파티다.

혹시 궁금하실까 봐 말씀드리자면, 외다는 『병사와 선원 은어』(1925)에 실린 말이다.

외다. 달아나다, 비켜서다. (예) "우리는 헌병이 오는 것을 보아서 외었다."

시투르몹시치나와 샤레트와 패닉 파티 사이에서, 여러분은 다리 하나인 탭댄서처럼 바쁘게 움직여야 한다. 18세기 영국 시골 표현대로 무척이나 **혼잡할**throng 것이다. 여러분은 체면도 자제력도 잃고 **가리산지**

리산할fisk 것이다. 가리산지리산한다는 것은 '어찌할 줄 모르고 이리저리 헤맨다'라는 뜻이다. 제대로 가리산지리산하려면 서류 뭉치를 양손에 들고 휴대전화는 머리와 어깨 사이에 끼워야 한다. 이 시간은 심장마비가 잘 오는 시간대이기도 하다. 심장마비가 오지 않더라도 그런 척하여 사무실 분위기를 띄울 수도 있다. 그로스의 『상말 사전』에는 다음과 같은 사랑스럽고 짧은 항목이 있다.

> **무덤 파는 사람**grave digger. 무덤 파는 사람처럼. 멍X이가 일을 하는데, 어느 쪽으로 방향을 틀지 알 수 없다.

여러분은 모든 전망을 잃고 **일곱 종을 칠지도**seven beller 모른다. 이 말은 근무가 끝나기 정확히 30분 전에 마시는 차 한 잔을 가리키는 해군 용어다. 영국 해군은 시계로 네 시간 동안 일했고, 삼십 분마다 종을 쳤다. 여덟 번 종을 치면 일을 마쳤다는 뜻이었고, 일곱 번 치면 일이 거의 끝나 차 한 잔을 마신다는 뜻이었다.

말이 나서 말인데, 주먹다짐하다 상대를 일곱 종을 친다seven bells out of라는 말도 여기서 나왔다. 동료 선원을 여덟 종을 친다는 말은, 상대방을 죽였다는 뜻이다. 이 물 덮인 땅에서 그들의 시간이 끝나버렸다. 그나마 일곱 종을 친다는 말은 완전히 죽이지는 않았다는 말이다. 차 한 잔을 즐겁게 마신다는 뜻일 수도 있다. 여러분의 폭력성에 따라 다르겠지만.

그러나 여섯 시를 칠 때까지 모든 일을 마치려고 **분망한**festinating(서두르는) 사람은 근사한 일곱 종 차 한 잔을 마실 여유가 없다. 무어든

두루뭉술하게frobly(이도저도 아니게) 마치라고 강요당할 수 있다. 아무려나 할 일은 잘하면 좋다. 이에 관한 언론계 용어가 **만듦새**the quality of doneness다. 2005년 미국 잡지 『위클리 스탠더드』 편집 회의에서 나온 말이다. 품질이 완전하지는 않은 기사가 있었다. 편집자끼리 이 기사를 실을지 논의했다. 더 잘 쓸 수 있던 기사라고 다들 생각했는데, 편집장이 한마디 했다. 최고 수준 기사는 아닐지라도 이 글에는 중요한 특질이 있다고 말이다. 그게 바로 만듦새였다.

만듦새만 있다면, 설핏하고half-arsed 살핏하고crawly-mawly 두루뭉술하더라도frobly-mobly 괜찮다. 이 일은 곱게 마무르고 아무리고 매조짓고 마감하여 끝마친 거다.

그렇지 않더라도, 다음날로 미루면 된다. 이게 바로 **내일로 미루다**procrastinate라는 말의 정확한 의미다(라틴어로 '앞'+'내일' ─옮긴이). 게다가, 내일로 미룰 수 있다면 모레로 미뤄도 안 될 게 없다. 그래서 **모레로 미루다**perendinate라는 표현이 있다. 말은 드물게 쓰지만, 행동은 흔하다.

이 늦은 시간에 여러분은 아마도 **엘레우테로마니아**eleutheromania에 사로잡힐 거다. 즉 '자유를 향한 광적인 열망'을 뜻한다(그리스 말 '자유'+'마니아' ─옮긴이). 토머스 칼라일이 『프랑스 혁명사』에서 언급한 말이지만, 이후로는 찾기 어려운 낱말이 됐다. 울음이 터질 정도로 안타깝다. 이 말은 어떤 상황에나 잘 맞기 때문이다. 여러분이 참석하는 지리멸렬한 사회생활 행사에서 주최자에게 이렇게 말씀해보라. 여러분은 더 머무르고 싶지만 엘레우테로마니아 발작이 일어나 자리를 비우게 되니 양해해 달라고 말이다. 엘레우테로마니아는 하루치기 일이 거의 끝나갈 때 가장 강력하게 나타난다.

모든 일을 가지런히 모레로 미루고, 포기하고 떠나면 된다. 다만 사무실을 떠나기 전에 **필요물 취득권**estovers을 요구하시라. 필요물 취득권이란 여러분의 주군이 가진 영지 일부를 충실한 농노인 여러분이 요구할 수 있다는 권리다. 여러분은 주군의 숲에서 여러분 오두막을 수선할 목재를 벌채하거나, 주인의 우물에서 물을 뜰 수 있다. 주군의 냉장고에서 우유를 꺼내 마시거나, 군주의 문구 보관함에서 볼펜을 집어오거나, 군주의 화장실에서 휴지를 뽑아올 수 있다. 아무도 뭐라고 안 한다, 아무도 모른다면 말이다. 누가 **서릿감**niffle을 주목하랴? 서릿감은 대수롭지 않은 사소한 물건을 나타내는 요크셔 말이다. 동사로 **서리한다**niffling는 건 '아주 많지는 않게' 즉 '한 번에 조금씩 훔친다'라는 뜻이다. 여기서 서리하고 저기서 서리하여 여러분은 제법 많은 볼펜을 모을 수 있다.

법적으로 큰 문제 없고 자연에 딱 들어맞는다. 생물학에 **레스토비오시스**lestobiosis라는 용어도 있다. 그리스어 레스토스lestos는 도둑이고 비오시스biosis는 생활방식이다. 『옥스퍼드 영어 사전』에 이렇게 나온다.

특정 사회적 곤충들 사이에서 발견되는 공생의 형태로, 작은 종이 더 큰 종의 둥지에 서식하고 거기에 저장된 식품이나 더 큰 종의 유충을 먹고 사는 경우.

시시한 개미도 누리는 특권인데 사무직 노동자가 못할 건 뭔가. 그러니 볼펜 한 줌에다 의자 두엇까지 들고 **보미토리아**vomitoria로 향하시라. 보미토리움vomitorium은 구토실이 아니다. 고대 로마 사람은 잔치 중간에 다음 요리를 더 먹기 위해 배를 비운답시고 먹은 걸 게워내지는 않았다. 그건 신화다. 보미토리움은 단지 극장 따위 건물을 나가는 통로였을 뿐이다. 이 낱말은 어느 건물에나 적용될 수 있다. 사무실 건물들이 저녁 하늘 아래 즐거운 노동자들을 토해내고 있다니, 시처럼 아름다운 상상이 아닌가(영어 보미트vomit와 라틴어 보미타레vomitare는 '토한다'라는 뜻―옮긴이).

13장

오후 6시

일을 마치고

어슬렁어슬렁 • 저녁을 맞는다

보랏빛 시간이다. 아슴푸레한crepuscular 황혼녘 때다(보통은 그럴 시간
이다). 서쪽으로 해가 지고 밤이 온다. 여러분이 북극권 한여름에 이 글
을 읽는다면 양해 바란다. 보통이 그렇다고 나는 말씀드렸다(북극권은
한여름에 해가 지지 않는다 — 옮긴이).

이 시간대를 **코크셔트**cockshut라고 한다. 가금류가 닭장으로 돌아가
는 시간이라 그렇다. 하늘이 **어둑어둑해진다**obnubilate(컴컴해진다는 뜻이
다). 베스페르vesper-로 시작하는 낱말들이 어스름할 때 자기 몫을 한다.

저물녘에 빛나는 금성을 헤스페로스Hesperus(개밥바라기)라고 한다.
ㅎ를 ㅂ로 발음하면 '교회의 저녁 예배'라는 뜻의 **베스페르스**vespers가
된다. 이 낱말에서 다음과 같은 말들이 나왔다. 베스퍼틴vespertine(저녁
에 관한), 애드베스퍼레이트advesperate(밤이 되다), 베스퍼럴vesperal(저녁에
부르는 기도 노래), 베스퍼틸리어나이즈vespertilionize(박쥐로 변하다). 마지막

단어가 뱀파이어를 믿지 않는 사람한테도 쓸모 있는 말이려나 모르겠다. 믿는 사람한테는 소중한 낱말이겠지만(박쥐의 한 종류인 애기박쥐를 라틴 말로 베스페르틸리오Vespertilio라고 한다—옮긴이).

베스페르로 시작하는 가장 근사한 단어는 **베스페리**vespery다. 베스페리란 파리 소르본 대학에서 학자들이 저녁마다 훈련하고 논쟁하는 일이었다. 17세기에 영어 사전 두어 종에 나타난 단어지만, 그 뒤로는 거의 쓰이지 않는다. 안타까운 일이다. 하루치기 노동 후에 하는 모든 활동을 가리키기 좋은 말인데 말이다. 여러분의 베스페리는 체육관을 찾는 일일 수 있고(여러분이 몸 좀 쓰는exergastic 사람이라면 즉 '운동을 잘하는' 사람이라면 말이지만), 슈퍼마켓에 물건을 사러 가는 일일 수도, 가까운 술집을 향한 산책과 달리기일 수도 있다. 이 모두가 베스페리다. 각자 자기 좋은 일을 택하면 된다.

여러분이 체육관에 간다면, **쳇바퀴 돌릴**tread-wheeled 수도 있다.『옥스퍼드 영어 사전』에 따르면 '(누군가를) 트레드밀 위에 올려 벌을 주다'라는 뜻이다. 당연한 일이지만, 빅토리아 시대에 트레드밀은 죄수를 벌줄때 쓰였다. 이 시절 사람들조차 이를 야만적인 일•로 여겼으며 1898년에 폐지했다. 그러더니 참혹한 19세기 감옥 체험을 원하는 20세기 사람을 위해 트레드밀은 슬며시 되살아났다. 범죄를 저지르지 않은 사람

• 헬스장 문화를 옹호하는 사람들에게 1824년에 쓰인 감방 개혁에 대한 청원을 소개한다. "트레드밀 노동은 귀찮고 지루하며 단조롭고 극도로 비위 상하는 일이다. 자기가 하는 일을 보지 못하며 자기가 무엇을 하는지 어떤 진전을 이루는지 사람이 알 수 없어서다. 예술이니 발명이니 창의성이니 뛰어난 기술이 들어갈 틈이 없다-이것들이야말로 인간 노동에서 즐거운 점인데 말이다."

을 처벌한다.

19세기 프랑스에 어스름 시간을 보내는 나은 방법이 있었다. 바로 플라네리flânerie다.

플라네리

프랑스 낱말 플라네리에 해당하는 영어 낱말이 없다고들 한다. 거닐다, 배회하다, 서성대다, 산책하다 따위 말로는 플라네리를 풀이할 수 없다는 사람들이 있다. 이 사람들은 『옥스퍼드 영어 사전』을 찾아보지 않은 것이다. 우리는 이 단어를 번역할 필요가 없다. 이 낱말을 통으로 들고 왔기 때문이다. 동사 플라네flâner와 플라네리하는 사람이라는 명사 플라뇌르flâneur도 가져왔다.

영어로 납치해온 단어지만, 이 낱말을 정의하는 일은 여전히 어렵다. 『옥스퍼드 영어 사전』은 '배회자, 산보자, "도시에서" 서성이는 발록구니'라고 풀이하지만, 이 말의 깊은 뜻에 다다를 수 없다. 원하지 않았지만, 프랑스 사람한테 돌아가 봐야겠다.

간단히 말해, 플라뇌르는 보통 프랑스 사람이 영적으로 고양된 것이다. 이 사람은 방황한다. 남과 대화도 하지 않고 별로 하는 일도 없다. 『옥스퍼드 영어 사전』이 무슨 이야기를 하고 싶은지는 알겠는데, 플라네리란 그 이상의 일이다. 샤를 보들레르가 잘 정리했다.

새가 공중에서 날아다니고, 물고기가 물속에서 노는 것처럼 그의 활동

영역은 군중이다. 그의 정열, 그리고 그의 직업은 군중과 결혼하는 것이다. 완벽한 산보자(플라뇌르), 정열적인 관찰자에게 있어서, 숫자와 물결침, 움직임 그리고 사라짐과 무한 속에 자신이 거주할 집을 결정하는 것은 커다란 기쁨이다. 자신의 집 밖에 있으면서 어디서든지 자신의 집처럼 느끼는 것, 세계를 바라보고 세계 중심에 있으면서도 세계로부터 숨어 있는 것, 이런 것들이 언어가 어색하게밖에는 정의할 수 없는, 독립적이고 정열적이며 공정한 정신의 소유자들이 느끼는 최소한의 몇 가지 쾌락들이다. (샤를 보들레르, 『보들레르의 현대 생활의 화가』, 박기현 옮김, 인문서재, 2013 — 옮긴이)

플라네리는 19세기와 20세기 초기를 통해 확장되고 정제된 개념이다. 혼자 카페에서 앉아 세상이 서둘러 지나가는 것을 관찰하고 사람들 얼굴에 담긴 인생을 읽으려는 일이다. 좁은 거리를 걸어가며 발코니의 사람들이나 학교 끝나고 집으로 서둘러 가는 어린이들을 보는 일이다. 분위기에 젖어 줄담배를 피우면서 도시를 **스카만드로스**scamander 하는 일이다.

스카만드로스는 **메이안드로스**meander 의 자매뻘 되는 동사다. 메이안드로스강은 튀르키예 이즈미르를 통해 구불구불 휘둘러 흘러간다. 고대 그리스 사람들은 메이안드로스강의 굽이치는 흐름을 좋아했다. 그리스의 지리학자 스트라보는 '그 강은 참으로 구불구불하다, 그래서 구불구불한 것이면 무어라도 메이안드로스라고 부른다'라고 썼다. 물론 그는 그리스어로 썼지만 아무려나 이 단어는 영어로 전해졌다. 그래서 우리 같은 요즘 사람도 우리 가고 싶은 곳으로 메이안드로스할 수 있다. 메이안드로스강이 마음에 들지 않는다면, 여러분은 튀르키예의 다른 강이 스카만드로스를 고를 수 있다. 오늘날 이름은 카라멘데레스지만 말이다. 스카만드로스는 트로이아의 성벽 앞 평원을 휘도는 강이다. 아킬레우스가 여기서 엄청 많은 이를 죽였다.[●] 스카만드로스는 짧은 시절 동안 메이안드로스를 대신해 쓰일 뻔했다. 빅토리아 시대 런던 길거리 은어 사전에 '목적도 없이 어슬렁거리다'라는 뜻으로 실렸다.

단어들끼리 다툴 필요는 없다. 운韻이 아주 잘 맞기 때문에 한 문장 안에 기꺼이 메이안드로스와 스카만드로스를 사용해도 된다. 북부 지방의 **게식**憩息, scoperloit이라는 오래된 낱말을 덧붙여도 좋다. 이 말은 '빈 둥거리는 시간'을 뜻한다. 피곤한 노동자들이 저물녘 핀들거리며 **목음** 木蔭, mogshade이라 부르던 저녁녘 나무vespertine tree에서 휴식하던 시간을 가리킨다. 시골 사람답게 **으실으실**sauntry하며 즐길 수도 있다. 어슬렁거린다saunter는 뜻의 시골말이며, 플라네리와 가까운 말이다.

저녁 맞이

저녁이 어둑어둑 찾아오고 하늘이 어둑신할 때면 오늘 저녁에 무얼 할지 마음을 먹어야 한다. 여러분은 밤 내내 텔레비전goggebox을 보기도 한다. 내가 말릴 수는 없지만, 걱정은 된다. 여러분이 눈을 빛내며 채널을 경중경중 건너뜀 동안 내가 제공해드릴 알쏭달쏭한 중세 어휘가

● 3장에 나온, 초자연적인 아침 식사 직후에 그가 벌인 일이다.

많지 않아서다. 대신 나는 여러분이 친구와 함께 도시를 누비며 저녁을 보내리라고 내 맘대로 가정하겠다. 여러분이 집에 머무른다면 이 참고 서적은 도움이 안 될 거다.

아무려나 즐거운 저녁 회합compotation과 사교 행사commensation를 계획하는 것은 항상 어려운 과제다. 모든 사회는 어느 정도는 **커멘설**commensal하다. 누구와 식사를 할 수 있고 할 수 없는지에 대한 규칙을 의미하는 인류학 용어다. 고대 중동 지역에서는 커멘설한 것을 엄청 중요하게 여겼다. 예를 들어 죄인과 함께 저녁을 즐겁게 먹으면 여러분도 죄인이 된다는 식이었다. 이렇게 엄격한 코멘샐러티commensality(콤 com은 '함께', 멘사mensa는 '식탁'이라는 뜻) 때문에 예수가 술 마시는 사람이나 세리와 겸상한다는 사실이 복음서에 실린 논쟁거리였다. 누구와 겸상하느냐에 따라 그 사람이 판단되곤 했다(영어로 커멘설은 '공생하는'과 '겸상하는'이라는 뜻 두 가지가 있다 ─옮긴이).

메시아마저도 널판에 못 박히기 전, 식탁을 마련하기 위해 온갖 **말치레**shenanigan를 겪어야 했다.

예수께서는 베드로와 요한을 보내시며 "가서 우리가 먹을 유월절 음식을 준비하여라" 하고 이르셨다. 그들이 "어디에다 차리면 좋겠습니까?" 하고 묻자 예수께서 이렇게 지시하였다. "너희가 성안에 들어가면 물동이를 메고 가는 사람을 만날 것이다. 그 사람이 들어가는 집으로 따라 들어가서 그 집 주인을 보고 내가 제자들과 함께 유월절 음식을 먹을 방이 어디 있느냐고 묻더라고 하여라. 그러면 그 집 주인이 이 층의 큰 방 하나를 보여줄 것이다. 그 방에 자리가 다 마련되어 있을 터이니 거기에

다가 준비를 하여라."(「루가의 복음서」22장 8~12절 — 옮긴이)

송별 파티에 참석할 손님을 고르는 문제는 예수도 어려웠다. 친구 열한 명과 문제적 인간 한 명을 골랐던 것 같다. 언제나 불편한 사람이 있다. 제2차세계대전 때 휴가 나온 영국 병사는 **순경**^{constable}이라는 말을 썼다.

순경. 다른 사람한테 붙어다니는 사람을 말한다. 그는 요령도 통하지 않는다.

제2차세계대전 은어 사전을 보면 순경에 해당하는 미국 군인의 말이 나온다.

뒤축^{heel}. 들러붙는 사람을 뜻하는 미국식 표현. 공짜 음료를 얻어 마시기 위해 동료를 쫓아다닌다. 뒤축 물다^{heeling}, 뒤축에 마실 것을 사주다.

내가 보기에는 순경이 쓸모 있는 표현 같다. "안녕하세요, 순경 아저씨"라고 웃으며 인사할 수 있고, 상대는 이 말을 존경의 표시로 받아들일 터이다. 남들한테 이 사람이 오늘 저녁의 순경이라고 소개해도 좋다. 이 사람이 등을 돌릴 때 창문으로 튀어나와 거리를 내달리면 된다. 반면 이스가리옷 유다^{Judas Iscariot}는 들러붙기가 뒤축 쪽이었다.

원치 않는 친구들을 피하는 방법은 수 세기 동안 영어 사용자들을 괴롭히는 문제 중 하나다. 18세기 후반 케임브리지 대학교에는 거리에서 옛 친구를 피하는 방법이 네 가지 있었다.

끊다to cut: (케임브리지) 누군가와의 교제를 포기하는 것을 '끊는다'라고 한다. 끊기에는 몇 가지 종류가 있다.

바른모 끊기cut direct는 불쾌한 사람이 다가올 때 거리 반대편으로 가로질러 건너는 것.

안바른모 끊기cut indirect는 다른 방향을 바라보며 그에게 눈길 주지 않는 것.

숭고한 끊기cut sublime는 그가 눈에 띄지 않을 때까지 킹스 칼리지 성당의 정상이나 지나가는 구름의 아름다움을 바라보는 일.

지옥 끊기cut infernal는 위와 같은 목적으로 신발 끈의 배열을 분석하는 것.

지옥 끊기가 효과가 제일 좋다. 여러분 신발 끈 끝에 있는 작은 플라스틱 조각이 보이시는지? 에글릿aglet이라는 이름이 있다. 예수님은 숭고한 끊기를 연습했어야 했다. 그랬다면 신학의 역사가 얼마나 달라졌을까. 겟세마네 동산에서 유다가 **유다스럽게**judasly(그렇다. 정말 있는 영어 단어다) 입을 맞추었을 때, 알아차리지 못한 척하고 성전산을 계속 바라보았다면 말이다.

예수는 잘 알려지지 않은 두 표현에서 도움을 받을 수도 있었다. 누군가를 알아본다recognise라는 말은 그 사람을 다시re 알아차린다cognise라는 말이다. 어떤 사람을 알아보는 일을 그만두려면, 그 사람을 **알아 안 보면**decognise 된다. 공정하게 밝혀두자면, 사실 드물게 사용된 단어다. 내가 알아본 바로는 찰스 2세의 지위에 대한 의회 토론 중에 한 번 쓰였다고 한다.• 그래도 이런 말을 할 때 쓸모 있을 것 같다. "미안하군, 오랜 친구, 내가 자네를 알아 안 봤어." 여러분은 정말 싫은 사람을 공식적으로 **안 초대**devitation할 수도 있다. 잘 안 쓰고 불분명한 말이지만, 초대invitation의 반대말이다. 당신 이름으로 안 초대장을 보낼 수 있다. "아무개님을 안 모시게 되어 기쁩니다"라고 적어서 말이다.

어깨가 맞을 필요가 없을 때 어깨를 치러 나타나는 사람이 있다(**어깨 치는 사람**shoulderclapper은 쓸데없이 친한 척하는 사람이란 뜻이다). 한참 전에 주소록의 휴지통에 넣었다고 생각한 지인이 라스푸틴처럼 끈질기게 나타난다. 이런 사람을 **되강오리**didapper라고 부른다. 원래 되강오리는 논병아리나 오디켑스 미노르odiceps minor라고 불리는 물새다. 먹이를 잡기 위해 물속으로 뛰어드는데, 여러분이 이 새가 꼬치고기에게 잡아먹혔을 것으로 생각할 때쯤, 배부른 모습으로 연못 저편에 '짠' 하고 나타나는 것이다. 영국의 자유사상가 찰스 콜튼은 '모방은 가장 진지한 아첨'이라는 문구로 유명해진 책에서, 존 윌크스에 대해 이렇게 썼다.

운이 넘치는 사람이 있다. 이런 사람은 떨어져도 고양이처럼 다리 위로

• 넬 그윈이 그랬다는 건 아니다(넬 그윈은 찰스 2세의 정부였다 ─ 옮긴이).

떨어진다. 윌크스는 그런 되강오리 가운데 하나였다. 여러분이 만일 그를 홀랑 벗겨먹고 웨스트민스터 다리로 내던진다 해도, 다음 날이면 머리에 가발을 쓰고 허리에 칼을 차고 수 놓은 코트를 입고 주머니에 돈을 채운 그 사람을 만나게 될 것이었다.

그런데 여러분이 뒤축, 순경, 어깨 치는 사람, 논병아리 등을 피해 다닌다고 애쓰는 동안, 다른 사람도 여러분을 피하느라 똑같은 일을 할 터이다.

여러분의 친구, 동무, 동료, 동지, 동반자, 지인, 친지, 벨아미(프랑스어 벨 아미bel ami에서 왔다, 좋은 친구라는 뜻), 형제, 가족, 붕우와 **틸리쿰**tillicum 은? 여러분은 문자나 전화를 그들에게 보냈을지 모른다. 어디까지나 제안을 했을 뿐, 그들이 냉큼 받아들인다는 뜻은 아니다. 여러분의 이른바 친구라는 사람들은 더 나은 제안을 기다릴 수 있다. 치사한 틸리쿰 같으니(틸리쿰 또는 틸릭쿰tilikum은 치누크 말로 원래 '인간'을 뜻한다. 나중에는 같은 부족 사람을 의미했고, 영어로 넘어와 친구라는 뜻이 됐다).

까칠하게 생각하지 말자. 논병아리와 순경에게 돌아와 **진 깃발**gin pennant을 게양할 때다. 진 깃발은 영국 해군에서 음료를 마시러 오라고 초대하는 데 사용되는 실제 깃발이다. 이 국기는 1940년대에 처음으로 기록되었다(적어도 기억되었다). 중앙에 백포도주 잔이 있는 작은 녹색 삼각 깃발이라고 했다. 이 깃발을 올리면 동반하는 다른 배의 장교들을 술 마시자고 함선으로 초대한다는 뜻이다. 다만 이 깃발이 퍽 작다.

영국 해군 장교들은 옛말에 따라 '멘스mense(예의)와 미트meat(음식)를 함께 가지고' 싶었다. '멘스'는 환대를 뜻하고 '미트'는 식량을 뜻하는

바, '멘스와 미트를 함께 가진다'라는 것은 실제로 음식을 남 주지 않고
두 낯을 화대를 하더라는 평판을 얻으려는 일이다. 이 작은 진 깃발은
누구도 주목하지 않기를 희망하며 해 질 녘 아주 조용히 게양된다. 때
때로 깃발은 걸어야겠고, 생색은 내야겠으니 말이다. 깃발을 보셨는지?
안타까워라! 우리가 가진 럼을 전부 드리고 싶었는데.

진 깃발에 관해 전통이 몇 가지 있다. 요즘은 세 끝이 녹색이고 가운
데는 흰색이며 녹색 유리잔을 그린 깃발이다. 한편 여러분이 다른 사람
의 배에 탑승할 때 그들의 진 깃발을 게양해 여러분에게 무료 술을 내
도록 강제할 수 있다. 다만 이러다 발각되면 상대를 여러분의 배로 초
대해야 한다. 진 깃발을 심지어 바에 사적으로 걸고, 이미 있는 사람들
에게 술을 살 수도 있다. 우리 뭍사람landlubber이 영국 해군 영어를 빌
릴 수도 있겠다. "아무 할 일이 없어, 진 깃발을 걸고 전화로 모두를 불
러 저녁을 보냈어."

그런데 진 깃발을 걸기 전에 진이 있는지부터 확인하시라. 아마도 토
닉워터와 레몬, 어쩌면 먹을거리도 필요할 터이다. 이 모두를 얻으려면
마켓market으론 안된다. 슈퍼마켓supermarket에 가야 한다.

14장

오후 7시

쇼핑한다

방향 감각을 잃는다 ◦ 슈퍼마켓의 법열法悅

그루엔 전이

상점에 들를 시간이다. 사람은 빵만으로 살 수 없다. 하지만 빵이 있어야 산다. 애석하게도 요즘은 작은 가게에서 작은 가게로 돌아다니며 물건 사는 일이 사라졌다. 어슬렁거리는 걸 좋아하는 데다 아주 까다로운 사람만 그렇게 한다. 고깃집에서 고기를, 빵집에서 빵을, 식품점costermonger에서 코스터드costards(큰 사과)를 사는 사람은, 이제 없다. 마켓이란 슈퍼하고 하이퍼해야 제맛이다. 구름으로 덮인 상거래의 궁전이어야 한다. 문을 열고 들어서는 순간부터 여러분의 마음이 흔들리는 장소여야 한다. 이 과정을 **그루엔 전이**Gruen transfer라고 한다.

빅터 그루엔은 오스트리아에서 1903년에 태어났다. 옛날 이름은 빅토르 그린바움. 1938년에 그는 나치를 피해 미국에 도착했다. '건축학

학위와 달랑 8달러만 들고, 영어는 알지 못한 채'였다. 그가 처음으로 만든 작품 하나가 엄청났다. 현대적인 쇼핑몰이었다. 그루엔은 쇼핑몰 창시자이자 마스터다. 쉰 개가 넘는 쇼핑몰을 미국에 지었다. 쇼핑몰이 여러분께 미치는 이상한 정신적 효과에 그루엔의 이름이 붙었다.

쇼핑몰에는 바깥이 보이는 창문이 거의 없다. 이유가 있다. 창문 밖 세상을 볼 수 있다면 여러분은 방향을 잡고 길을 잃지 않을 것이기 때문이다. 쇼핑몰 지도는 아무리 숙련된 지도 제작자도 읽을 수 없다. 이유가 있다. 지도를 읽을 수 있다면 여러분은 가고 싶은 상점으로 바로 찾아갈 것이기 때문이다. 쇼핑몰은 어디를 가나 똑같아 보인다. 또 이유가 있다. 쇼핑몰은 여러분이 방향을 잃으라고 만들어졌다. 여러분이 빙빙 돌며 원래의 사소한 목적을 잊으라는 것이다. 여러분은 카인과 같이 방황하며 줄줄이 늘어선 상점 사이에서 '아, 저기 들어가 뭔가 사야 해, 여기까지 왔으니 그래야 해'라고 생각하게 된다. 이 이상한 정신적 과정, 이성과 목적의 감각에서 정신이 벗어나는 일, 리테일 분석가들은 이것을 그루엔 전이라고 부른다.

그루엔 전이라는 용어는 1980년 빅터 그루엔이 사망한 후 십 년이 지나서야 등장한 용어지만, 지금은 상점 계획의 필수 부분이 됐다. 그루엔 전이란 감각적 과부하와 공간적 놀라움의 조합이다. 뜻인즉, 원래 계획보다 여러분이 더 많은 물건을 사들이게 한다는 것이다. 그래서 전체 공간은 꾸준히 수익을 낸다. 매장을 지나쳐가는 사람을 끌어들여 매장에 방문하는 고객footfall으로 만들어버린다. 아, 그리고 이 안에는 아름다운 언어가 많다!

슈퍼마켓의 법열

비밀을 모르는 사람에게, 슈퍼마켓은 그저 물건을 사러 가는 지루한 장소다. 하지만 비의를 깨우친 사람에게는 시詩의 궁전이다.

시작해보자. 저기 줄 선 독립 매대 보이시는지? 통로 가운데 양면 선반 말이다. 이것은 매대도 양면 선반도 아니다. 슈퍼마켓을 관리하는 시인들은 그런 멋없는 이름은 쓰지 않는다. 이 물건의 이름은 **곤돌라**gondola다. 낭만 넘치는 소매점 매니저가 보기에 베네치아의 거룻배와 다를 바 없다.

바다의 모티프는 독립 매대와 잘 어울린다. 과자나 타이즈나 팔 물건 아무거나 올린 작은 평대는 **섬**island이라고 부른다. 고객의 파도에 휩싸인 모습이 소비의 바다라 할만하다. 또 위를 보시라! 천장에 매달린 줄과 막대가 통로에서 흔들린다aisle-leapers. 우리를 향해 주저 없이 뛰어내리는 낯선 작은 신들이다. 죽음을 면치 못하는 하계의 인간을 비웃는 것 같다. 이 위대한 신화에서 그들의 역할은 **댕글러**dangler 광고물을 붙잡아주는 일이다. 이십, 삼십, 사십 퍼센트 할인이라고 적어놓은 광고물 말이다. 에어컨 미풍에 팔랑팔랑 흔들리도록 만들어놓은 댕글러는 **와블러**wobbler라고 한다. 슈퍼마켓의 세계에서 케루빔 천사에 해당하는 물건이다(곤돌라 진열, 섬 진열, 댕글러 POP, 와블러 POP는 한국 소매 현장에서 사용하는 용어라 그대로 옮겼다 ─ 옮긴이).

소매 영업 매니저는 마술을 안다. 지나친 판타지란 없다. **빛 도둑**light thief이란 이름을 아시는지. 그림 형제도 상상하지 못했던 요물이다. 자체 조명은 없지만 형광으로 칠하고 반사 재질로 표면을 삼아 다른 곳

조명으로 반짝거리는 디스플레이를 가리키는 말. 슈퍼마켓 전래 동화에서 빛 도둑은 **매대 구두쇠**shelf miser의 천적이다. 통로 쪽으로 살짝 튀어나오게 곤돌라 끝에 달아놓은 작은 판을 일컫는 말이다. 관습이나 공정성이 허용하는 한도보다 더 많은 상품을 담는다.

매대 구두쇠 아래 가격표가 붙어 있다. 상품 원가와 오늘의 할인 가격이 적힌 가는 띠다. 매대 구두쇠는 그림자도 인색하다. 그림자가 진 곳은 **킥 밴드**kick band다. 킥 밴드는 곤돌라 바닥에서 몇 인치 높이에 둘러 있는 띠다. 신발 긁힌 자국이나 난폭한 걸레질의 물방울이 보이지 않도록 어두운 색깔이다.

낮은 곳도 있고 높은 곳도 있다. 병 꼭대기에 카드보드로 된 그걸 뭐라고 하나? **병 글로리파이어**bottle glorifier라고 한다. 플라스틱 포장인데 공간에 상품이 들어 있고 절대로 열 수 없게 만들어놓은 그건? **블리스터 포장**blister pack이라고 한다(글로리파이어와 블리스터 포장도 매장에서 쓰는 말이라, 우리말로 따로 옮기지 않았다 — 옮긴이).

답답한 군중은 슈퍼마켓의 찬란함을 알아보지 못한다. 그들은 한정 할인 표시를 그저 지나칠 뿐이다. 자신들이 폭발적인 제안 현장exploding offer에 서 있다는 사실도 깨우치지 못한 채 말이다. 매대 공간을 두고 제품 두 개가 경쟁하는 일은, 의인화해서 말하자면, 죽을 때까지 싸움하는 일이다. 두 제품이 같은 회사에서 나온 물건이라면 피에 굶주린 매장에서 사람이 사람 고기를 먹는 일이나 다름없다. 코카콜라와 스프라이트가, 코르네토와 매그넘이, 탐팩스와 올웨이즈 울트라가 경쟁할 때 소매점 영업 매니저는 형제가 형제의 몸을 먹는 모습을 본다. 나른하게 운하를 떠 가는 베네치아 곤돌라는 사람 고기 먹는anthrophagy 현장을 보여주지 않거니와, 아래에서 제안이 폭발하는 동안 형제는 형제의 살을 뜯는 것이다(쿠르네토와 매그넘은 한 회사인 유니레버에서 나온 아이스크림, 탐팩스와 올웨이즈는 같은 회사 피앤지P&G에서 나온 생리대다—옮긴이).

계산대에서 여러분은 갑작스레 사랑을 깨닫는다. 매장 카드를 받거나 포인트를 적립하는 일을 **고객 로맨스**romancing the customer라고 하니 그렇다. 로맨스라고는 하지만 단지 누군가 계산을 하고 여러분에게 줄 수 있는 만큼 제공하는 일일 뿐이다. 그런데 모든 로맨스가 그렇긴 하니, 그러려니 하고 넘어가자.

설레는 마음으로 충동구매에 여러분을 내맡겼지만 놀랄 일은 아니다. 인류는 슈퍼마켓을 버텨낼 수 없는 것이다. 이곳은 지나치게 위대하고 무섭고 유혹적이고 판타지로 가득하다. 다시 거리로 나와 공허한 세계를 둘러보며, 세계란 그루엔 전이 너머에 있는 꿈과 악몽에 비교할 수 없다는 사실을 여러분은 깨달으리라. 파우스트가 메피스토펠레스에게 물었다. 어떻게 지옥에서 탈출했는지. 이 타락한 천사는 대답했다.

그것참, 여기가 지옥이지. 나는 지옥에서 나온 게 아니야.
당신 생각은 어때? 나는 신의 얼굴을 보았어.
나는 천국의 영원한 기쁨을 맛보았어.
영원한 행복을 박탈당하는 것만으로도
나는 만 가지 지옥의 고통을 받는 셈 아니겠어?

슈퍼마켓도 다르지 않다. 두려워 마시길. 여러분은 로맨스 때문에라도 돌아올 터이다. 하지만 지금은 저녁밥을 드실 때다.

15장

오후 8시

저녁 식사

음식의 요건 · 좌석 배치 · 대화를 나눈다 ·
대화를 피한다 · 와인을 독차지한다 ·
저녁 식사를 마무리한다 · 계산서를 피한다

때는 드디어 **서퍼워드**supperward하러 갈 시간. 서퍼워드는 사전에 자체 항목이 있는 유쾌한 작은 단어다. 하지만 밥을 먹기 전에 먼저 서퍼supper와 디너dinner의 차이를 알아야겠다. 『옥스퍼드 영어 사전』에 따르면 서퍼란 하루의 마지막 식사다(사전에는 리어서퍼rere supper라는 항목이 있는데, 모순이다. 왜냐하면 이것은 서퍼를 먹은 후 먹는 두 번째 서퍼기 때문이다. 아무려나 일단 넘어가자). 디너란 하루 중 중요한 식사란 뜻. 그러므로 어떨 때는 서퍼가 디너가 되고, 어떨 때는 디너가 서퍼가 된다. 여러분이 점심 식사나 아침 식사를 얼마나 거나하게 먹느냐에 따라 달라질 문제다. 썩 까다로운 문제다 보니 『옥스퍼드 영어 사전』이 평소 안 하던 사회학적 모험을 할 정도다. 이 사전에 따르면 디너란 이런 뜻이다.

하루의 주요 식사. 원래, 사람들 대다수는 여전히, 이 식사를 한낮에 먹는다(독일어 미탁에쎈Mittagessen을 참조할 것). 그런데 지금은 전문직에 있는 사람이나 유행에 민감한 계급이 이 식사를 저녁에 먹는다.

그러니 여러분이 전문직에 있거나 유행에 민감하다고 치고, 어쩌면 둘 다라고 치고, 우리는 저녁 식사를 서퍼라고 하자. 아니면 말고.

유용한 낱말을 하나 더 소개하자면, **경종**tocsin이다. 정신 차리라고 울리는 종을 뜻한다. 저녁 식사에 관한 바이런 경의 시구절에 이렇게 나온다.

모두를 부드럽게 하는, 압도하는 종소리,
영혼의 경종이여, 디너의 종이여.

이것은 **세나큘러스**coenaculous, 즉 저녁밥을 사랑하는 시의 예다. 세나큘러스는 만찬실을 뜻하는 라틴어 케나쿨룸cenaculum에서 비롯했는데 어쩌다 보니 슬며시 o자가 끼어들었다. 이상하게도 이 말은 뜻이 모호하다. 인간은 누구나 세나큘러스하다는 사실을 생각하면 그렇다. 사실 하루의 나머지 시간은 종종 사람 놀리는 식전 시간 같다. 프랜시스 베이컨 경이 말했다. "희망은 아침 식사로 좋지만, 저녁 식사로 나쁘다."

디너의 종이 울리고 손님이 모이면, 식당에서건 집에서건 가장 먼저 해야 할 일이 있다. 이 식사가 **네덜란드식 잔치**Dutch feast인지 아닌지 알아내는 것이다. '주인이 손님보다 먼저 취하는 잔치'란 뜻이다. 주인이 거나하게 취했다bumpsy는 사실을 확인한 후에는 하던 대로 잡담을 하면 된다. 여러분이 누구인지 이미 아는 사람한테 여러분 자신을 소개해도 좋다.

　이럴 때 당황스러운 일이 일어나기도 한다. 한 사람은 채식주의자고, 또 한 사람은 코셔를 따르고, 다른 사람은 할랄을 따르고, 네 번째 사람은 모든 식자재가 인도적이고 지속 가능한 방식으로 마련된 것인가 확인하려 든다면 말이다. 이때 여러분이 **할랄코어**halalcor임을 정중하게 인정해보면 어떨까. 이 일로 논란거리를 만들 수도 있다. 아무도 『옥스퍼드 영어 사전』을 찾아보지 않는다면.

　할랄코어. 인도와 이란 등에서 가장 비천하고 멸시받는 계급 중 하나. (문자 그대로) 이 사람은 무얼 먹어도 율법에 어긋나지 않는다.

　이 사실을 들키면 작전을 바꿔 이렇게 주장하시라. 인도적이지 않고 지속 불가능한 음식만 먹겠다고 말이다. 그게 더 맛있으니까. 문제야 있지만.

　일단 모든 사람이 무엇을 먹는지 못 먹는지, 주인이 술에 취했는지 확인을 하고 나면, 모든 사람이 앉아서 밥 먹을 준비를 한다.

식탁에 배치한다

　사람들은 저녁 식탁 각자의 자리에 **마셜**marshal된다. '군대를 배치한다'라는 뜻보다 칠십 년 전에 이 뜻으로 먼저 쓰였다. 말을 돌본다는 의미로 쓰이기 전이었다. 15세기 사람들이 저녁 손님을 얼마나 존중했는지 알 수 있다.

　여러분이 마셜될 장소는 **세나클**^{cenacle}이다. 저녁 식사 장소를 뜻하는 단어다. 앞서 세나큘러스라는 말과 라틴어 어근이 같다. 세나클이라는 말은 사실 예수와 제자들이 최후의 만찬을 행한 신비로운 방을 뜻했다. 세나클에 들어서면 예수 역시 저녁밥 먹는 여느 사람들이 부딪치는 문제에 부딪혔다. 어느 사람을 어디에 앉혀야 하는지의 문제였다. 예수는 전에도 이런 문제를 겪은 바 있다. 「마태오의 복음서」 20장을 보면,

> 그때에 제베대오의 두 아들이 어머니와 함께 예수께 왔는데 그 어머니는 무엇인가를 청할 양으로 엎드려 절을 하였다. 예수께서 그 부인에게 "원하는 것이 무엇이냐?"하고 물으시자 그 부인은 "주님의 나라가 서면 저의 이 두 아들을 하나는 주님의 오른편에, 하나는 왼편에 앉게 해주십시오"하고 부탁하였다. 그래서 예수께서 그 형제들에게 물으셨다. "너희가 청하는 것이 무엇인지나 알고 있느냐?"(「마태오의 복음서」 20장 20~22절 — 옮긴이)

　이런 종류의 일은 사실 사람을 진 빠지게 한다. 최후의 만찬 때 한 제자가 예수의 무릎을 베고 누운 일도, 한 제자가 성가시게 동시에 빵을 찍어 먹으려 한 일도, 아마 그래서였을 터이다(각각 제자 요한과 유다를 가리킨다 — 옮긴이). 우리가 지체 높은 사람이 아니라고 해도 이 귀찮은 일에서 벗어날 수 있는 건 아니다. 누가 어디에 앉아야 하나? 중세 시대 표현을 빌자면, 누가 식사를 개시하고 식탁의 상석에 앉아야 할지?

　굳이 따지자면 식사를 주최한 사람이 높은 자리에 앉아야 할 터^{hold}

the dais, 하지만 그들이 술에 취한 것을 확인했으니, 각자 자기 자리에 앉을 시간이다 당신이 앉아야 할 자리보다 좋은 자리에 앉도록 하자.

로마 시대에는 편했다. 모두가 **누워 먹었으니**discumbed 말이다. 식탁의 세 면에 **트리클리눔**triclinum을 놓고 거기 누워 식사했다는 뜻이다. 두 사람이 같은 자리를 원했다고 해도 서로 포개져 누우면 되었다는 이야기다. 하지만 이런 자세로 먹다가는 소화불량이 되기 좋겠다. 그러니 그냥 자리에 앉거나 **고이고**lollop, 즉 '식탁에 팔꿈치로 기대' 먹는 편이 낫다.

대화를 나눈다

17세기 전에 나우크라티스의 아테나이오스라는 사람이 저녁 식사 때 나눌 완벽한 대화에 관해 책을 썼다. 아테나이오스는 피비린내 날 모든 것이 이상적인 대화 주제라고 했다. 특히 동성애와 사전 편찬에 관해 이야기하면 좋다고 했다.

이 두 가지 주제에 우리가 구애받을 필요는 없다('켈트족 여성은 몹시 아름답지만, 켈트족 남성은 소년을 좋아한다'라는 구절이 마음에 걸리지만 말이다). 우리 관심은 책의 내용이 아니라 제목이다. 아테나이오스는 자기 책 제목을 '데이프노소피스타에Deipnosophistae'로 지었다. 문자 그대로는 '부엌 철학자들'이라는 뜻이거니와, 저녁 먹으며 철학자처럼 이야기하는 사람들 정도로 옮기면 좋다. 여기서 영어 낱말 **데이프노소피스트**deipnosophist가 나왔다. 1581년에 최초로 기록되었으며, '저녁 식사 때

철학자처럼 이야기하는 사람' 또는 '만찬 기술의 대가'라는 뜻이다.

그리스어 낱말 데이프논deipnon에서 흥미로운 영어 단어가 몇 나왔다. **데이프노디플로매틱**deipno-diplomatic의 뜻은 '만찬 및 외교에 관한' 이란 뜻이다. **데이프노포비아**deipnophobia는 '만찬 연회 공포증'. 단어는 들은 적 없더라도 그런 감정은 겪어봤을 터이다. 이 두 낱말은 각각 한 번씩만 사용되었다. 반면 **데이프노소피즘**deipnosophism은 살아남았고, 까다롭되 필요한 기술을 의미하게 되었다. 데이프노소피즘의 진정한 대가라면 다음 두 낱말의 차이점을 설명할 수 있으리라. **콜로퀴스트**colloquist란 대화에 참여한 사람이라는 뜻이고, **콜로퀴얼리스트**colloquialist란 대화에서 남보다 뛰어난 사람이라는 뜻이다.

나로 말할 것 같으면, 철학자처럼 이야기할 자질을 갖추지 못했다. 그래서 그 대신 나는 **루바브**rhubarb하는 기술을 열심히 익혔다. 이것이야말로 실패한 데이프노소피스트의 마지막 도피처다. 루바브한다는 말은 '루바브'라는 낱말을 낮은 목소리로 쏭알쏭알한다라는 뜻이다. 이기이한 낱말이 사전에 오른 이유인즉, 배우들이 군중 장면에서 대화하는 척할 때 루바브라는 말을 웅얼대기 때문이다. 말하자면 마르쿠스 안토니우스가 무대에 올라올 때까지 배우들은 루바브 루바브라고 하고있다가, 그가 "친구들이여, 로마인들이여, 동포들이여, 내 말을 들어다오"라고 말할 때 루바브라고 하기를 멈추는 거다.

어쩌다가, 언제부터 루바브 풀이 이런 목적에 동원되었는지 아무도 모른다. 그렇지만 어원으로 보면 맞춤이다. 루바브는 옛 그리스어 라바르바론Rha Barbaron에서 온 말이다. 뜻은 '외국산 루바브.' 루바브가 티베트에서 러시아를 거쳐 고전기 세계로 수입된 풀이라서다. 바르바

론은 외국의 것을 뜻하는 그리스 말이다. 외국 사람은 모두 야만인(바바리안barbarian)이니까 아무려나 그들이 바바리안이라 불린 이유는 알아들을 수 없는 자기네 나라말을 사용했기 때문이다. 그리스 사람들 듣기에 외국 사람 말은 바르바르바르바르 bar-bar-bar-bar라고 하는 것 같았다. 우리가 웅얼웅얼blah-blah-blah이라거나 쫼라쫼라yadda-yadda-yadda라고 하는 것과 비슷하다. 이런 결과로, 알아들을 수 없는 중얼거림을 뜻하는 고대의 낱말이 수천 년의 여정을 빙 둘러 원래의 의미로 돌아온 셈이다.

루바브라고 말하기가 특별히 유용한 상황이 있다. 아무도 여러분과 이야기하고 싶어 하지 않는다는 사실을 숨기려 할 때다. 웨이터가 주문을 받으러 올 때도 그렇게 말하면 안 되겠지만(웨이터가 루바브, 즉 대황을 주문받아 갈 수도 있다는 지은이의 농담이다—옮긴이).

대화를 피한다

사회는 이제 하나의 세련된 무리,
두 강력한 부족이 있다. 답답이bores와 답답한 이bored.
–바이런 경

루바브라고 말하는 사람보다는 **브로마이드**bromide가 되는 편이 낫다. 브로마이드는 진정제로 사용되었다. 그래서 19세기 미국에서는 당신을 잠들게 할 수 있는 친구를 가리키는 말로 사용되었다. 그저 말을 거는 일만으로 좋은 바륨만큼이나 효과가 있다. 솜씨 좋은 브로마이드는 자기 주제를 입에 올릴 때까지 드릴이 화강암을 뚫는 것처럼 느릿느릿 거북이 속도로 나아간다. 보통 쓰던 말로는 **답답이**bore라는 말이 있다.[•]

그런데 이 문제에 대해 내 생각은 다르다. 나 스스로 열정이 넘치고 야심 많은 답답이라서 하는 말인데, 브로마이드는 적절한 낱말이 아니다. 답답이라는 건 그저 자극이 부족하다는 뜻이 아니다. 활동적인 속성이다. 누군가를 빈 벽 앞에 앉혀보라. 흔히들 말하는, 페인트 마르는 것을 보고 있다는 표현이 있다. 이 사람들은 이런저런 생각을 하며 한동안은 만족할 터이다. 열 살을 넘긴 사람이라면 시간이 제법 한참 지나서야 안절부절못하기 시작할 것이다. 그런데 A 등급의 답답이는 여러분을 불과 수 초 만에 열받게 만들 수 있다. 내가 이렇게만 말해도 된다. "그렇게 물으시다니 다행입니다." 이 말만 꺼내도, 나와 대화하던 피해자의 눈빛은 겁에 질린 사냥감처럼 된다. 나를 막을 유일한 방법은 즉시 **키틀 피처링**kittle pitchering을 하는 것이다. 뜻은 18세기 후반 사전에 나온다.

키틀 피처링. 이야기를 길게 하는 성가신 사람한테 딴죽을 걸거나 훼방을 놓는 방법. 이야기를 시작할 때 중요하지 않은 사항에 모순된 이야기를 하거나 이야기를 전개할 때 반대를 하거나 결론처럼 특정한 대목으로 껑충 뛰어 들어가거나 하는 방법이다. 이렇게 하여 이야기가 본론으

● 패딩을 뜻하는 프랑스어 부르bourre 역시 관련이 있을 수 있다. 나는 여기에 대해 할 말이 많지만(브로마이드는 화학에서 브롬화물을 말한다. 진정제로 쓰인다. 한편 브롬화은은 대형 사진을 인화하는 일에 쓰였다. 우리가 익숙한 브로마이드 사진이라는 말은 여기서 나왔다―옮긴이).

로 들어가는 일에 발목을 잡는다. 같은 편끼리도 종종 키틀 피처링을 한다. 이렇게 해서 한 사람이 다른 사람을 구해준다. 흉계를 분명치 않게 얼버무려주는 것이다.

어째서 키틀 피처링이라고 부르나? 그렇게 물으시다니 다행이다. 키틀은 간지럼을 뜻하는 옛날 말이다. 피처는 건초를 수레에 실어 나르는 사람이다. 마른 풀은 말 그대로 지루한 존재다(토머스 그레이는 옛날에 아리스토텔레스를 읽는 일이 마른 풀을 먹는 것과 같다고 말한 바 있다).

스스로 질문한 다음 스스로 대답하는 수사학적 행위를 무엇이라 부르나? 그렇게 물으시다니 다행이다. 이것은 **즉답법**anthypophora이라고 부른다. 고대 그리스 사람들이 즐겨하던 행위였다. 그러면 이 일을 거듭하고 거듭하는 것은 무엇이라 부르나? 그것은 **디아노이아**dianoea다. 그리고 나는 어째서 이 지루한 기술을 계속 사용하는가? 이유는 간단하다. 아무도 이 주제에 관심을 가지지 않는다는 사실을 위장하기 위해서다(수사학에 관심 있으신 독자님께 같은 저자의 책 『문장의 맛』을 추천한다―옮긴이).

사실 내가 디아노이아를 해서 일단 좋은 리듬을 탄다면 여러분이 할 수 있는 일은 내 말에 끼어들어 직접 들이받는 방법밖에 없다. 하지만 "내가 끼어들어도 될까요?"라고 물어봤자 소용이 없다. 그러한 점잖은 제안이 받아들여질 리 없다. 그러니 이 상황에서 제일 좋은 방법은 끼어든다interrupt라는 말의 모호하고 유치한 동의어를 써먹는 일이다. 몸을 앞으로 숙이고 말하는 사람의 눈을 지긋이 바라보며 깊고 굵은 목소리로 말해보라. "나는 **인터재큘레이트**interjaculate를 하고 싶어요."

이 말을 쓰고 나면, 누군가 소금 통 좀 집어달라는 말이 나올 때까지 긴 침묵이 이어질 것이다. 라틴어 **야쿨라리**jaculari는 그저 '던지다'라는 뜻이다. 그러니 인터재큘레이트는 '사이에 던진다'라는 뜻이다. 낱말 앞에 E자를 붙이면 '밖으로 던진다'라는 뜻이 된다(영어로 이재큘레이트ejaculate는 '정액을 내뿜다'라는 뜻이다. 옛말로 '외치는 소리를 내뱉다'라는 뜻도 있었다─옮긴이). 관계있는 단어로 **인터재큘레토리**interjaculatory라는 것이 있다. '삽입되어 내뱉는 외침parenthetical ejaculation으로 표현된'이라는 뜻이다. 예를 들어 1827년 『블랙우드 매거진』의 어떤 필자는 연회 주최자의 자녀가 도착할 때 '디너 파티의 침묵을 깨고 대를 이은 미모에 대해 인터재큘레토리하게 환영하는 방법'에 대해 기사를 쓴 적이 있다.

이렇게 하여 독백monologue은 두 사람의 말duologue로 바뀌고 테트라로그tetralogue(어떤 이유에서인지 여기에 해당하는 영어 단어가 없는데, 세 사람 사이의 대화라는 뜻이다)가 된다. 그리하여 모두가 자유롭게 이야기를 나눈다(그리스 말 '하나', '둘', '셋', '말' 따위가 어원이다─옮긴이).

술대접은 누가?

대화가 불편한 휴전 상태라면 진정으로 세나토리cenatory한(저녁 식사와 관련된) 질문, 먹고 마시는 문제에 관해 이야기할 수 있다. 먼저 물어볼 것은 **술대접할**skink 사람이 누구냐는 것인데 이것은 마실 거리 따르는 사람이 누구냐를 묻는 오래된 방법이다.

그런데 술대접할 사람이 정해져 있지 않다면 음료수 병이 테이블 주위를 그저 돌아다니고 있을 터이다. 그래서 끝자리에 움츠린 사람은 술 병이 손에 닿지 않는다. 여러분 가운데 누군가가 병을 전해주어야 한 다. 시계 방향이어야 한다.

우리가 사는 현대는 타락한 시대다. 식탁을 둘러 시계 방향으로 물건 을 전해주는 관습은 이제 그저 가장 멋 부리고 가장 완고한 사람들에게 만 전해 내려온다. 그나마도 포트와인과 코담배만 그렇게 한다. 하지만 한때는 누구나 이렇게 했다. 물건을 태양의 방향으로 전해주어야 했다.

종일 가만 서서 남쪽을 바라보면 여러분은 태양이 왼쪽에서 떠오른 다 음 눈앞에 하늘을 가로질러 오른쪽으로 지는 모습을 볼 수 있다. 북쪽을 바라보고 서 있다면 머리 그림자가 반대편에서 같은 일을 하고 있다는 것을 볼 수 있다. 여러분은 살아 있는 해시계 바늘gnomon이 될 터이다.

그런데 여러분이 북반구에 살고 있다면 남쪽을 바라봐야 한다. 태양 이 낮의 대부분 그쪽에 있을 테니까. 한편 보츠와나 사람이나 뉴질랜드 사람 또는 남반구 다른 지역 사람은 태양을 보려면 북쪽을 향해 서야 한다(적도 사람도 언급해야겠다. 앞에 말한 것에 평균을 취하면 된다). 시계는 북 반구의 해시계를 본떠서 만들었다. 그런 이유로 시계 방향이라는 것은 태양의 방향sunwise이다. 만약 시계가 오스트레일리아에서 발명되었 면 시계는 반대 방향으로 돌았겠지.

옛날 옛적에는 모든 일을 해가 움직이는 방향, 즉 시계 방향으로 하 는 것이 옳다고 생각했다. 여러분이 예를 들어 교회 둘레를 걷는다 면 태양의 방향으로 걸어야 한다. 농부들이 모여 점심시간에 빵을 나 눠 먹는데 빵 조각을 다른 방향으로 돌린다면 끔찍한 불운을 낳을 터 이다. 해가 도는 방향으로 해야 한다. 반대 방향으로 가는 것을 **위더신**

스withershins 방향이라고 했다. 마녀가 여러분을 저주하는 일반적인 방법은 집 둘레를 위더신스 방향으로 아홉 번 걷는 것이었다. 위더신스로 아홉 번 걸은 다음엔 동그라미를 그리며 춤을 추는데, 이때도 위더신스 방향으로 했다. 좋은 일은 무어든 시계 방향으로 이루어져야 했다.

대악마에 대한 이 현명한 예방책에는 단점이 몇 가지 있었다. 17세기 선술집에서, 빤히 보이지만 여러분 손이 닿지 않는 위치에 술병이 있다고 생각해보자. 죽을 고비를 넘기더라도 병을 움직여달라고, 병 가까운 사람에게 부탁하는 문구가 있었다. "말햄 목사를 기억하라Remember Parson Malham", "피터 러그가 누구요Who is Peter Lug?", "애플비에 땅 가진 사람이 누구요Who has any lands in Appleby?" 식탁에서 목마름을 끝내기 위해서 사용하던 말이었다. 누가 봐도 알 수 있듯이 이 모든 문구에는 의미랄 것은 없다.●

위더신스 방향이 불운하다고 믿는 사람은 오늘날 옥스브리지 대학의 주빈석에만 남아 있다. 이 모든 것이 사실이라는 점을 이 사람들은 알고 있다. 이 사람들 사이에서 술병을 움직이기 위해 쓰는 표준 문구는 다음과 같다. "노리치 주교를 아십니까Do you know the Bishop of Norwich?"

기억해두시길. 엄밀히 따지자면, 남반구에서 포트와인은 자리 오른쪽으로 전달되어야 한다.

● 그런데 내가 알아차린 이상한 점이 있다. 3장에 나왔던, 신비에 싸인 포스트후무스 호비 경을 여러분은 기억하시는지? 기억 못 한다고? 그렇군. 아무튼 그의 지역구가 바로 애플비였다. 하지만 청교도였으니 그는 술 마시는 일을 반대했을 터이다. 피터 러그는 술병을 독차지하는 사람의 이름이다.

마무리

포도주를 전달해줄 때는 머리를 전략적으로 써야 한다. 누가 **막잔** swank을 남길지 예측해야 하기 때문이다. 이 말은 18세기 초 사전에 기록된 방언이다.

막잔. (에섹스 지방 보킹에서) 탱커드(손잡이가 하나 달린 큰 술잔 ─ 옮긴이)나 냄비나 컵 바닥에 남은 마지막 술을 뜻한다. 한 잔 마시기 딱 적당한 양이다. 자리 왼쪽 사람과 나누는 것은 좋은 매너는 아니다. 양에 따라 큰 막잔, 작은 막잔으로 불린다.●

막잔을 받아올 경우, 먼저 마시고 나서 에섹스에 대해 설명하시라. 다른 사람이 막잔을 받았다면, 여러분은 빅토리아 시대의 점잖은 일을 하자고 제안할 수 있다. 그 말인즉 **노느매기** buz를 하자고 제안하는 것이다.

남은 와인이 참석자의 잔을 채우기에 충분하지 않을 경우, 와인 한 병의 마지막을 균등하게 나누는 일을 말한다.

● 백 년 후에도 이 낱말은 여전히 사용되었거니와 이번에는 카운티를 가로질러 브레인트리로 이동했다. 1813년의 인용문: '맥주 한 파인트는 세 모금으로 나뉜다. 첫 번째는 에쿰, 두 번째는 싱쿰, 세 번째는 막잔(스왕크 또는 스왕쿰)이라 불린다.'

하지만 음식의 경우는 어떨지? 저녁 식사가 끝날 때쯤 되면 중요한 문제다. 매너를 지키기 위해 여러분은 **양복사치레**tailor's mense를 기억해야 한다. 옛날에 양복사가 집에 와서 옷을 짓던 시절에는 가벼운 음식을 제공하는 게 관례였다. 그는 가볍게만 먹었다. 그런데 만약에 양복사가 식사를 모조리 먹어 치웠다면, 불쌍한 옷장이에게 충분한 음식을 대접했나 싶어 여러분은 당황하게 된다. 그런 걱정을 예방하기 위해 양복사는 식사를 거의 다 먹되 더는 먹을 수 없다는 것을 보여주기 위해 접시 옆에 조금은 남겼다. 배가 불러 한입도 더 먹을 수 없다는 것을 보여주기 위해서였다. 앞서 살펴보았듯 멘스mense는 재치 또는 예의의 다른 말이었다. 그래서 이 재치 있는 음식 한 입을 양복사치레라고 불렀다.

양복사치레. 지방의 양복사가 저녁 식사 때 남기는 고기 한 조각을 뜻한다. 식사를 마칠 때 점잖지 못하게 모조리 먹어 치웠다는 말을 듣지 않기 위해서다.

19세기 후반 사람들은 정확히 얼마나 남겨야 하는지 알고 있었다. 1872년에 나온 책에는 이렇게 되어 있다.

옛날 사람들 말하는 대로 '양복사치레'의 비율 즉 허용치란, 좋은 예의범절을 위해 남은 식사의 적은 부분을 남기는 일인 바 남성에게 필요한 양의 구분의 일이면 된다.

남성의 하루 권장 음식 섭취량은 2500칼로리다(칼로리가 아니라 킬로

칼로리가 맞다—옮긴이). 하루 세끼로 똑같이 나누면 우리는 양복사치례가 한 번에 936칼로리라는 결론을 내릴 수 있다. 큰 단간 프라이 하나와 맞먹는다.

달걀 프라이가 접시 옆에서 희미하게 빛을 뿜어도 벨트를 마지막 구멍에 맞춘다면 여러분은 편하게 앉을 수 있다. 이 마지막 구멍을 **성탄 구멍**yule hole이라고 한다. 크리스마스 저녁 식사 후에만 사용하게 되어 있다. 그런데 『영어 독자가 이해할 수 있도록 설명되고 만들어진 스코틀랜드 속담의 완전한 모음집』(1818)에는 이렇게 나온다. 잔치 주인을 향해 "가방을 오래된 스텐트(스트레치)에 놓고 허리띠를 성탄 구멍에 놓는다"라고 말하는 것은 매우 공손한 태도라는 것이다. "성탄절 때처럼 진심으로 먹었다"라는 의미라서다.

다만, 그저 예의상 성탄 구멍에 허리띠를 헐겁게 찼다면, 자리에서 일어나기 전에 그 사실을 잊지 마시길.

잔치 주인에게 고맙다고 인사한다

이제 남은 것은 양복사치례를 빼면 하나뿐이다. **상차림**bedinner해준, 즉 저녁상을 대접해준 사람에게 고맙다고 인사치례하는 일이다. 물론 저녁 식사가 정말 맛있었다고 생각할 때만 감사 인사를 해야 한다. 아닐 때는 "**군입거리**collation 고마워요"라고 말할 수 있을 텐데, 이 말은 훨씬 나중에 잔치 주인이 존슨 박사의 사전을 훑어보고서야 '잔치보다는 적은 간식거리'라는 뜻이었다는 사실을 알게 될 것이다.

이럴 때 나는 보통, **냠냠하게**golopshusly(맛있게) 대접받았습니다라고 말한다. 그런 다음에 청구서를 조용히 건네받는다. 이런 말을 하면 바라는 대로 효과가 나타날 텐데, 가장 염치없는 짓을 할 때는 예외다. 염치없는 짓이란 **앞 못 보는 사람의 디너**blind man's dinner를 말한다. 돈을 내지 않고 달아난다는 뜻이다. 아는 사람 집에 초대받아 간 경우라면 설거지할 때가 비슷한 상황이다. 너무너무 미안하지만, 한순간도 더 머물 수 없다고 설명하시라. 시계를 보라. **통음 시간**quafftide이다.

16장

오후 9시

음주

술 먹으러 가자고 설득한다 • 술집을 고른다 •
문을 연다 • 술집에 들어간다 • 주문한다 • 술 마신다 •
음주의 결과 • 공허함 • 술 취함의 형태

에일 기사ale-knight를 고른다

  여러분은 배를 채웠지만, 아직 충분히 마시지 않았다. 사람은 저녁 식사로만 살 수 없다. 사실 저녁 식사의 주요 목적은 여러분에게 **공복 음주**dry-drinking라는 불명예를 막아주려는 것이다. 공복 음주란 빈속에 술을 붓는 일을 말하는 17세기 말이다.

  아무튼 여러 과제를 수행한 다음에야 여러분은 자신 있게 통음 시간이라고 선언할 수 있다. 술 마시는 시간을 뜻하는 사랑스러운 옛말이다. 저녁 시간eventide이나 동틀 시간morningtide을 떠올리게 하는 말이거니와 간에는 훨씬 안 좋다. 함께 저녁 먹은 사람들에게 그들 역시 술을 마시고 싶어 한다는 사실을 우선 이해시켜야 한다. 이상하게도 많은 사람이 자기네 역시 밤을 새우며 일부러 정신 능력을 손상시키기를 열망

한다는 사실을 잘 모른다. 혼자 마시면 술자리 사람들한테 한 잔씩 돌리는 일을 피하기 어렵기에, 반드시 여럿이 마셔야 한다.

몇몇 사람들은 즉시 **스몰고**small go할 준비가 되었다고 하리라. 이 분구의 정의는 제2차세계대전 은어 사전에 나오는데, 그다지 설레는 뜻은 아니다.

스몰고. 술에 취한 사람 없이 모두가 행복한, 분별 있는 밤.

스몰고는 판이 커진다. 저녁 시간 즐길 거리의 트로이아 목마라 할수 있다. 약간의 **회음**會飮, compotation(함께 마시는 일)을 통해 **극음**劇飮, perpotation(존슨 박사에 따르면 '크게 마시는 일')을 개시할 수 있다. 스몰고를 고집하는 사람들에게는 한 잔만 마실 계획이라고 둘러대면 된다. 이런 작은 거짓말을 예전에는 **사시이비**似是以非, taradiddle라고 불렀는데, 사실이 아니지만 거의 사실이라는 뜻이다.

하지만 술을 원하지 않는다고 우기는 사람도 있다. 부드럽게 달래도 말 안 듣는 사람들이다. 이들에겐 모욕주는 일 말고 할 수 있는 일이 없다. "물을 마시다니!" 소리치시라. "**네팔리스트**Nephalist! **하이드로팟**Hydropot! **와우저**Wowser!" 절대금주주의자라는 뜻이다. 하이드로팟은 물 마시는 사람을 뜻하는 라틴어인데 그래도 사랑스러운 울림이 있다 (사실 라틴어가 아니라 그리스어다—옮긴이). 와우저를 생각한 사람은 호주 사람일 거다. 『옥스퍼드 영어 사전』에는 '취하는 액체를 마시는 일에 반대하는 광신적이거나 단호한 사람들'이라고 나온다.

이는 안티탈리아 진영antithalians과 아폴로스틱 진영apolaustics 사이의 오랜 전쟁이다. 자기가 지금 어느 편인지 택일해야 한다. **탈리아**Thalia는 희극을 맡은 무사 여신이자 풍요로움의 여신이고 유쾌함을 관장한다. 탈리아를 반대하는 쪽이 안티탈리아다. 이 단어는 1818년에 딱 한 번 사용된 것으로 기록되어 있다. 그 반대편에는 그리스어 **아폴라우스티코스**apolaustikos에서 유래한 아폴로스틱한 사람들이 있다. 아폴라우스티코스는 즐거움이라는 뜻이다. 두 군대 사이 전쟁은 인류의 영원한 갈등이다. 안티탈리아 진영이 더 조직적이다. 하지만 반면 아폴로스틱스들은 어디나 추종자가 있다.

상황이 이쯤 되면 고집스럽게 재미가 없는 사람들은 아마도 집으로 돌아갈 것이다. 잘 됐다. 이제 **올빼미족**owler만 남았다.

올빼미족. 올빼미처럼 밤만 되면 집 밖으로 나가는 사람.

술 취할 곳을 택한다

술집이 술집이니 술집이라고 생각한다면 사전을 덜 읽어서 그렇다. 독특한 미묘함이 무수히 많으니 살펴야 한다. 존슨 박사는 때때로 밤새 술 마시기 시합 때문에 자기 작업에 지장을 겪었다. 그의 사전에 따르면,

에일 하우스alehouse. 에일을 공공연하게 파는 집, 티플링 하우스tipling house. 와인을 파는 주막tavern과는 다르다.

음료마다 마시는 곳이 따로 있다. 위스키 하우스whisky-house, 럼 홀 rum-hole, 진 조인트gin-joint 또는 진 궁전gin-palace, 와인 오두막wine-lodge, 펀치 하우스punch-houses, 맥주 홀beer-hall, 맥주 가든beer-garden, 맥주 저장 실beer-cellar, 맥주 팔러beer-parlour, 맥주 벨리beer-belly 따위다.

모든 주포酒鋪, potation-shop(술집)가 똑같지는 않으므로 현명하게 골라야 한다. 예를 들어 여러분이 19세기 미국에 있다면 밀주 집 눈먼 호랑이를 방문할 수 있다. 1857년의 신문 기록을 보자.

건물 한편에 비둘기 집 같은 구멍이 뚫려 있는 걸 나는 보았다. '눈먼 호랑이, 한 번 보는데 10센트'라고 큼직하게 쓰여 있다. '눈먼 호랑이'란 법을 피하려고 마련한 장치다. 법에 따르면 갤런 단위로만 팔 수 있다.

문맥상 갤런이 양이 적다는 것이다(1갤런은 미국에서 약 3.8리터, 영국에서 4.5리터다—옮긴이). '눈먼 호랑이speakeasy blind tiger'(또는 눈먼 돼지blind pig라고도 한다)에서는 더 많이 마셨다는 이야기다. 음주 경험이 많지 않은 술꾼이라면 여기 대신 **퍼들링 학교**fuddling-school를 다녀야 한다. 솜씨 좋은 선생님이 예술과 퍼들링 기술을 가르쳐 주는 곳이다.

퍼들링은 '술 취한'이라는 뜻의 형용사 비퍼들드befuddled에 들어 있는 재귀 동사다. 술에 취하게 한다는 뜻이다. 이 단어가 어디에서 왔는지는 아무도 확실히 모른다. 아쉽지만 스파크spark와 스파클sparkle이라거나 곱gob과 고블gobble 같은 반복을 나타내는 말frequentative이 아니다. 퍼드fud라는 단어가 있지만, 명사이며 뜻이 다르다. 엉덩이 또는 여성의 거웃을 뜻한다. 아무튼 퍼들은 조상을 알 수 없는 수수께끼 같은 쓸

쓸한 단어거니와, 사랑스러운 단어 퍼들러^{fuddler}가 여기서 나왔다.

1756년의『젠틀맨스 매거진』에서는 '폭동과 불경한 짓거리로 하루를 허비하는^{fuddle away}' 사람들을 비난했다. 한편 퍼들링 학교라는 말은 1680년 이후로는 문서에 나온 적이 없다.

여러분이 답답한 사람이라면 다목적 **비버리**^{bibbery}(마실 자리)에 갈 것이다. 여러분이 야심찬 사람이라면 **드렁커리**^{drunkery}(취할 자리)를 고를 것이다. 그런데 중요한 것은 저녁 시간을 정확하게 시작하는 일이다. 다음은『서부 캐나다 사전 및 구문집: 신규 이민자가 알고 싶은 것들』(1912)에 나오는 무서운 대목이다.

> **뱀 방**^{snake-room}. 술집 지하실의 옆방이다. 술집 주인들은 마약이나 술에 취한 사람이 감각이 돌아올 때까지 이곳에 넣어두었다. 아마 이 장소에서 그들은 '뱀을 보았을' 거다.

뱀 방에 대해 알아보았으니 이제 문을 열고 **걸쇠 올림꾼**^{snecklifter}의 세계로 들어가자.

걸쇠를 올린다

란스 프레사도^{lanspresado}란, (1736년『도둑 은어 사전』에 따르면)

주머니에 2펜스만 가지고 모임에 끼는 사람.

여러분은 둘 중 하나다. 란스 프레사도를 알고 있거나 여러분 자신이 란스 프레사도다. 나는 후자다.

란스 프레사도는 어디에나 있다. 지갑을 잃어버렸다거나 현금 인출기를 찾을 수 없다고 한다(위스콘신에서는 현금 인출기를 타임머신이라고 부른다는 사실, 아시는지?). 아니면 집세와 관련하여 매우 복잡한 일이 발생해 목요일까지는 **무일푼하다**skint라고 한다.

란스 프레사도는 원래 란스페사토lancepesato 즉 부러진 창이라는 뜻이다. 병사 월급을 받지 않고 병사 일을 하는 사람을 뜻한다. 덜 외국어처럼 들리는 말을 원하신다면 걸쇠 올림꾼이란 말을 써보시라.

란스 프레사도는 어슬렁거린다. 그는 선술집을 들르지만, 친구를 만나야 들어갈 수 있다. 그래서 술집 문 걸쇠를 올리고 고개를 들이밀고 술을 사줄 사람이 있는지 확인한다. 그런 사람이 없다면 그는 침착하게 걸어 나간다.

걸쇠의 옛말이 **걸쇠**sneck다. 걸쇠 올림꾼이란 술집에 고개를 들이밀고 술 한 잔 사줄 사람이 있는지 확인하는 사람이다.

바를 향한 소명

술집 문에 들어서면 바를 향해 곧장 질주한다. 필요한 경우 휘플러를 부르시라(4장을 볼 것). 곤봉을 휘둘러 군중을 뚫고 거친 몸짓을 하며 서비스를 요청한다. 바텐더의 눈에 띄는 방법은 그를 별난 이름으로 부르는 거다. 남성 바텐더를 **바 지킴이**barkeep라고 부르면 기분 나빠할 수

도 있다. 그이를 **코르크 따개의 스콰이어**Squire of the Gimlet(1679년 표현)
나 **병마개의 기사**knight of the Spigot(1821년)라고 부르면 바로 대접해줄 거
다. 여성 바텐더는 **판도라트릭스**pandoratrix라 부를 수 있다(18세기에 그렇
게 불렸다). 신화 속 판도라처럼 세상 온갖 즐거움과 고통을 판다는 의미
다. 시적인 이름은 **헤베**Hebe다.『옥스퍼드 영어 사전』에 이렇게 나온다.

> 1. 젊음과 봄의 여신. 원래 올림포스에서 잔을 나르던 신이다. 다음과 같
>   이 쓰인다.
> a. 웨이트리스, 여성 바텐더.

헤베(앞 음절에 강세)에 해당하는 남성은 가니메데스Ganymede다. 뜻이
비슷하다.

> 1. 술잔을 나르는 젊은이. 냄비를 나르는 소년이라는 재치 있는 뜻도 있다.

하지만 이 말이 바텐더를 당황하게 할 수도 있다.

> 2. 소년애의 상대.
> [가니메데스는 트로이아의 미소년 왕자. 제우스신이 독수리로 변해 납치했다.
> 신들의 잔치 때 술잔 시중을 든다(1번 뜻). 그런데 술만 따르라고 제우스가 납치한
> 것은 아니다(2번 뜻) ─ 옮긴이]

그러니 신화를 이야기하지 않고 **통나무 굴리는 사람**birler이나 폭

격맨bombard man 같은 표현을 써도 좋다. 여러분을 챙기지 않는다면 30초 이내에 욕설을 퍼부어야 한다. **술 따르는 아랫것**under-skinker이라는 표현은 셰익스피어가 쓴 단어다. 잔인한 경멸이 담긴 **마개 핥는 사**lickspiggot라는 심한 표현도 있다.

주문한다

바텐더tapster의 주의를 끌었다면 이제 실제로 술을 주문할 차례다. 먼저 브랜디를 마시고 싶어 하는 여성이 있는지 확인하시라. 그 여성을 **빙고 모트**라고 말하면 된다. 바텐더가 18세기 도적의 은어를 유창하게 구사한다면 ─ 그때 빙고bingo는 브랜디고 모트mort는 여성이었던 바 ─ 여러분은 바로 서비스를 받으리라. 이러한 유창한 말솜씨로 **군인 병**soldier's bottle(큰 병)을 달랄 수 있다. **유곽 병**bawdy house bottle은 아주 작은 병이다. 삼백 년 전에도 그런 가게는 손님을 벗겨 먹으려 했다.

진을 **나를 벗겨줘요**strip me naked라고 부르기도 하는데, 바텐더가 여러분 말을 곧이곧대로 믿을 수 있으니 조심하자. **임금님의 가난**royal poverty이라는 말로도 진 한 잔을 주문할 수 있다. 위스키를 **스펑키**spunkie로, 독한 맥주를 **낮잠 맥주**nappy ale로 부를 때도 조심하셔야 한다(영국에서 스펑크spunk란 말은 정액이라는 뜻으로도 쓰인다 ─ 옮긴이).

가장 간단한 방법은 **휘청 음료**stagger-juice를 모조리 내놓으라고 해서 무슨 일이 일어나는지 보는 것이다. 진짜 절실한 음료는 기억을 무디게 하는 **네펜테**nepenthe다. 이걸 마시면 모든 걸 잊을 수 있다. 바텐더에게

『성경』의「잠언」31장을 인용하면 어떨까.

네펜테는 죽을 사람에게나 주어라. 포도주는 상심한 사람에게나 주어라. 그것을 마시면 가난을 잊고 괴로움을 생각지 아니하리라. (「잠언」31장 6~7절 — 옮긴이)

퍼들링

꼴깍꼴깍guggle 술 나오는 소리, 아, 달콤하다. 『옥스퍼드 영어 사전』의 주장으로는 꼴깍꼴깍하다guggle라고 동사로 써야 한다는데, 어차피 의성어니 어떻게 쓸지 알아서 고를 일이다. 힘들게 얻은 술을 마시며 술집 구석 자리 즉 **스너거리**snuggery에서 행복을 누리시라. 스너거리는 깡패 짓거리thuggery, 사기꾼 짓거리skulduggery, 협잡꾼 짓거리humbuggery 따위와 운이 같다. 하지만 영어에서 가장 유쾌한 낱말 중 하나다.

선술집마다 그 술집만의 스너거리가 있다. 초자연적인 장소다. 19세기 스코틀랜드 어느 작가가 관찰한즉,

스너거리는 수축하고 팽창합죠, 선생님, 달 아래 어떤 방도 그런 힘은 없어요. 세 명이든 서른 명이든 상관없어요. 방 크기가 달라져 다 들어갑니다.

스너거리에 들어오면, 달 아래 편안한 공간의 규칙뿐 아니라 인류가

싸워왔고 갈망하고 목숨을 바치던 모든 가치가 갑자기 이루어진다. 노력하지 않아도 말이다. 이 작은 행성의 다른 곳에서는 사람들이 평등을 위해 싸우고 시위하고 봉기하고 캠페인을 벌인다. 그런데 영주와 평민, 억만장자와 거지, 영업 담당 수석 부사장과 음료 담당 주니어 인턴이 맥주 매트에는 평등하게 둘러앉는다. 시름과 슬픔과 불의를 돈 궤짝 근처에 내버리고, 모두가 똑같이 즐겁다. 밖에 나가야 하는 요즘의 니코틴 중독자만 빼고.

술상은 아마도 **고임**pooning해줘야 할 터이다. 대개들 그런다. 고임이란 말인즉,

> 고임목poon으로 가구 다리를 받치는 일이다. 1856년부터 쓰였다. 영어의 푼poon은 원래 불안정하다는 의미였던 듯. 그래서 불안정한 다리를 받쳐준다는 뜻이 나왔다.

이 정의는 콜레기움 상크타 마리아 윙코룸 학교의 은어 사전에서 가져온 것이다. 보통은 윈체스터의 세인트 메리 대학이라고 부르는 학교다. 이토록 흔한 행동에 햄프셔 오지에 있는 기숙학교 한 곳에서만 이름을 지어줬다는 사실이 놀랍다. 언어란 그런 것이다. 여러분의 저녁 식탁 역시 고임목으로 받쳐야 할까? 술잔이 덜 찼을 때는 안 그래도 괜찮다. 그러니 잔을 계속 비워주자.

퍼들링 결과

일단 여러분이 **비노메이드파이드**vinomadefied하면 온갖 흥미로운 일을 겪게 된다. 비노메이드파이드는 포도주 먹고 미쳐버렸다made mad라는 뜻은 아니고, 그저 포도주로 축축해진다는 뜻이다. 축축해진다는 뜻의 **메이드파이드**madefied와 자매뻘 되는 단어다. 다른 가족은 **비놀런트**vinolent인데 폭력이라는 뜻의 바이올런스violence와 관련은 없다. 단지 포도주 마시는 일을 너무 좋아해 거나하게 취하곤 한다는 뜻이다.

이 낱말은 「배스의 여인 이야기」의 웅장하고 야한 서문에 나온다.

추우면 우박이 내리듯이 색을 밝히는 엉덩이는 음탕한 입과 맞게 마련이죠. 비놀런트한 여자는 제대로 몸을 추스를 수 없어요. 이것은 수많은 바람둥이가 경험으로 잘 알고 있는 일이죠. (「배스의 여인 이야기」는 『캔터베리 이야기』의 한 부분이다. 제프리 초서, 『캔터베리 이야기』, 송병선 옮김, 현대지성, 2017에 기초 — 옮긴이)

이 구절은 요즘같이 계몽된 페미니즘 이후 시대에 맞게 다시 써야 할 것 같다.

바람둥이 여성을 막을 길 없어요, 여러분이 비놀런트할 때는.

다시 주제로 돌아가자. 비노메이드파이드는 섬세하고 라틴어다운 표현이다. 뜻은 **맥주에 절거나**beer-sodden **에일에 젖었다**ale-washed는 말이지만.

포도주에 젖으면 손이 무뎌지고 흔들거린다wankle. 사실 손뿐 아니라 주변의 모든 것이 흔들거린다. 에르셸돈의 토머스는 15세기에 이미 '세계란 불안정하도다'라고 깨우쳤건만.

손이 흔들릴 때는 여러분이 손대는 것이 무엇이든, 그것이 들어갈 입과 묻으면 안 될 깨끗한 웃옷 두 군데로 향하곤 한다. 그렇게 생기는 얼룩을 18세기 술꾼들은 **술통의 눈물**the tears of the tankard이라 불렀다. 이들보다 지저분한, 제2차세계대전 때 장교들의 막사에서는 **술병의 훈장** canteen medals이라고 했다. 퍼레이드 날 은으로 만든 훈장이 달려야 할 자리에 얼룩이 생기곤 해서다.

그런데 술통의 눈물보다 더 지독한 얼룩도 있다.

뱃사람들이 쓰던 말로 **좁은 바다의 제독**admiral of the narrow seas. 술 취해 맞은편에 앉은 사람의 무릎에 토하는 사람이라는 뜻이다.

고약한 일이다. 스너거리의 분위기를 망칠 수도 있다. 그런데 더 나쁜 일이 있다. 술 마실 때 신발을 벗는다면 말이다. 내 생각에 뱃사람들은 신을 벗고 술을 마셨을 것 같다. 그래야 지독히도 비신사적인 다음 일에 앞뒤가 맞기 때문이다.

좁은 바다의 부제독vice admiral of the narrow seas. 술상 아래로 같이 마시는 사람의 신발에 오줌을 싸는 술 취한 남자.

내가 보기에 영 나쁜 짓이다. 여러분도 저녁 시간이 끝날 때 발가락을 꼼지락거려 인사를 나누긴 싫을 테니까. 그나저나 좁은 바다의 부제독이 되는 일은 쉽지 않아 보인다. 먼저 신발을 집어 들지 않고서야, 술상 아래 조준을 기가 막히게 해야 할 거다. 여성 술꾼에 해당하는 같은 표현은 없다(다만 『옥스퍼드 영어 사전』에는 여제독admiraless이라는 말은 있다. 여성 제독, 또는 남자 제독의 아내를 가리키는 말이다).

섬에 도착한다

섬island. 섬이 보일 때까지 병을 비우다. 섬이란 포도주병 바닥 불룩한 부분이다. 병이 완전히 비기 전에 병 가운데 섬이 솟아오른다.

나폴레옹이 세인트헬레나섬을 보았을 때보다, 드레퓌스가 악마의 섬을 마주했을 때보다, 애주가가 포도주 빛 바다에서 공포의 섬 덩어리가 나타나는 걸 보는 일이 더 속상할 거다(포도주 빛 바다는 호메로스 서사시에서 어두운 바다를 묘사하는 말이다—옮긴이). 이쯤 해서 술상에 둘러앉은 사람들끼리 반드시 결정할 일이 있다. 이 포도주가 평범한 음료인지 아니면 **수페르나쿨룸**supernaculum으로 마실 술인지 정해야 한다. 수페르super는 라틴어로 위를 뜻하고 나겔nagel은 독일어로 손톱이라는 뜻이다. 단어 조합도 이상하지만 수페르나쿨룸으로 마시는 일 또한 이상한 관습이다. 1592년 글에 이렇게 나온다.

수페르 나굴룸으로 마시다 Drinking super nagulum. 프랑스에서 온 술 마시는 방법. 술잔을 뒤집어 술 방울을 진주처럼 손톱 끝에 맺히게 한다. 술 방울이 흘러내린다면 너무 많이 남겼다는 뜻이다. 그 죄를 씻기 위해 벌주를 한 잔 더 해야 한다.

수페르나쿨룸은 이처럼 부사로도 명사로도 쓰일 수 있다. 한 방울도 남겨선 안 될 훌륭한 술을 뜻한다. 이삼백 년 지나 사전에 간단히 나온다.

수페르나쿨룸. 좋은 술, 손톱을 적실 한 방울도 남기기 아까운 술.

백 년이 더 지난 후 이 말은 술자리 건배사가 됐다. 소설가이자 총리였던 벤저민 디즈레일리는 1827년에 나온 그의 첫 번째 소설 『비비안 그레이 Vivian Gray』에 술 마시기 대회를 썼다.

잔은 이제 테이블을 가로질러 아스만하우젠 남작에게 전달되었다. 남작께서는 손쉽게 임무를 치렀다. 그가 입에서 뿔잔을 떼자 비비안을 뺀 참석자 전원은 큰 소리로 수페르나쿨룸을 외쳤다. 남작은 비웃듯 씩 웃고는, 뿔잔을 거칠게 뒤집었다. 그의 손톱에 진주알만 한 술 방울 하나 흐르지 않았다.

남작이 마신 술은 최고급 요하니스버거였다. 수페르나쿨룸할 만한 술이다. 만약 여러분이 그만 못한 술을 홀짝홀짝 마시고 있다면 굳이 마지막 방울까지 들이킬 필요는 없다. 대신 교구의 가난한 사람들이 마실 수 있도록 양동이에 섞어두시라. 이렇게 섞은 술heel-tap은 **자선 음료** alms drinks가 되어 자선 주택에 사는 사람들이 받아 마신다. 셰익스피어 작품에는 누군가를 죽도록 취하게 만드는 빠른 방법으로 나오긴 하지만 말이다. 남작의 길을 택했든 기독교인다운 길을 택했든 어느 쪽이든 여러분은 이제 식탁 위에 **해병 장교**marine officer가 서 있는 것을 볼 수 있다.

해병 장교. 빈 병을 뜻한다. 해병 장교는 수병들에게 쓸모없는 존재라서다.

이게 1811년 사전에 나온 설명이다. 1860년 은어 사전에는 다른 설명이 나온다.

해병marine 또는 **해병 신병**marine recruit. 빈 병이라는 뜻. 옛날에 어떤 해병 장교 앞에서 사용된 표현이다. 그 사람이 이 말을 모욕으로 받아들이자 누군가 능글능글 그의 화를 달래면서 기분 나쁜 표현이 아니라고 말했다. 뜻인즉 자신의 의무를 다했고 다시 할 준비가 된 사람이라는 거다.

다시 마실 준비가 되었다고? 훌륭하다. 하지만 여러분이 얼마나 취했는지 알아보자.

술꾼의 늠름한 단계

오늘날 표준 음주 측정법은 **무엇 많은**ose 시스템이다. 여러 해에 걸쳐 발전했다. 오늘날 의학에서 합의 본 바로는 보통 다음의 단계를 거친다고 한다. 흥 많은jocose, 말 많은verbose, 시름 많은morose, 화 많은bellicose, 눈물 많은lachrymose, 잠 많은comatose, 떠난다마는adios('무엇이 많다'라는 뜻의 라틴어 어미 '오수스osus'에서 영어 어미 '오즈ose'가 나왔다. 물론 adios는 지은이의 말장난이다―옮긴이).

쓸모 있지만 불완전한 시스템이다. 무용無用함 많은otise이 흥 많은 바로 뒤에 와야 하는데 놓쳤다. 또 화 많은 앞에 허세 많은grandiose도 빠졌다. 잠 많은 앞에 흐느적거림이 많은globose이 없는 까닭을 나는 모른다.

16세기로 돌아가 보자. 의학이 지금보다 덜 발달한 시대였다. 그런데도 1592년 토머스 내시라는 사람은 술 취하는 8단계라는 좋은 시스템을 만들었다.

술꾼이란 한두 종류가 아니다. 여덟 종류가 있다.

첫 번째 단계는 원숭이 술꾼ape drunk. 뛰고 노래하고 내용이 없고 하늘을 향해 춤을 춘다.

두 번째는 사자 술꾼lion drunk. 냄비를 집 여기저기에 던지고 여주인을 잡것이라 부르고 단검으로 유리창을 깨고 자기에게 말을 거는 사람과 싸운다.

세 번째는 돼지 술꾼swine drunk. 무겁고 뒤뚱거리고 졸려 한다. 술을 더 달라며 옷을 벗겠다고 울부짖는다.

네 번째는 양 술꾼sheep drunk. 올바른 단어를 말하지 못하면서도 자기 딴에는 현명하단다.

다섯 번째는 눈물 짜는 술꾼maudlin drunk. 에일을 마시던 중 인간애에 북받쳐 울음을 터뜨린다. 여러분에게 입 맞추며 말한다. "아이고 하느님, 대장님, 당신을 사랑합니다. 당신의 길을 가세요. 당신은 내가 당신 생각하는 것만큼 내 생각 자주 하지 않죠. 하느님이 허락하신다면 나도 당신을 내가 사랑하는 것만큼 사랑하고 싶지 않아요." 그리곤 손가락을 눈에 대고 운다.

여섯 번째는 마틴● 술꾼martin drunk. 일단 술에 취하면, 멀쩡해질 때까지 마시고 다시 혼란스러워한다.

일곱 번째는 염소 술꾼goat drunk. 술에 취했을 때 야한 생각만 한다.

여덟 번째는 여우 술꾼fox drunk이다. 네덜란드인들 중 많은 사람이 그렇듯, 술 취하면 약아진다. 술에 취할 때만 거래를 한다.

● 마틴은 여기서 소나무 단비pine martin일 수도 있고, 확인되지 않은 종류의 원숭이일 수도 있고, 또는 내시 자신이 연루된 마틴 마프를리트 논쟁에 대한 알쏭달쏭한 언급일 수도 있다.

여기 나온 모든 동물, 그리고 더 많은 동물이, 한자리에 앉아 있는 것을 나는 본 적 있다. 술꾼들 사이에서 내가 맨정신으로 남아 있을 때였다. 그래서 이 각각의 기질을 나는 볼 수 있었다.

술 취한 상태를 묘사할 때 동물을 끌어다 쓰는 버릇이 있는데, 생각해보면 이상하다. 동물은 선술집에 들어가 술 마실 일이 없으니 말이다. 부엉이가 특히 그렇다. 『체임버스 속어 사전』을 보면 술 취한 상태를 나타내기 위해 여러 종류의 부엉이가 등장한다. '갓 삶은 부엉이 fresh-boiled owl'가 도대체 어떻게 취할 수 있는지, 어쩌다 부엉이를 삶았는지 따위는 설명이 없다.

아즈텍 사람들은 (인신공희 하느라 바쁘지 않을 때면) 술 취한 정도를 측정하기 위해 끝내주게 기발한 시스템을 개발했다. 토끼를 이용한 것이다. **센촌 토토치틴**Centzon Totochtin은 사백 마리의 토끼를 뜻한다.

아즈텍 사람들은 용설란 수액을 발효시켜 우유처럼 보이는 **풀케**pulque라는 음료를 만들었다. 마시면 기분 좋고 얼큰했다. 아즈텍 신화에 따르면 용설란의 여신 마야우엘이 발효의 신 파테카틀과 결혼을 하고 토끼 사백 마리를 낳아, 신성한 사백의 젖가슴으로 토끼를 키웠다고 한다.

천상의 토끼 사백 마리는 정기적으로 잔치를 벌여 풀케를 퍼마셨고, 거의 영원히 곤드레했다. 이들의 이름 몇 가지가 기록으로 남았다. 오메토치틀('토끼 2번')과 마퀼토치틀('토끼 5번') 같은 식이다. 나머지는 짐작할 수 있으리라.

이 이야기의 요점은 아즈텍 사람들이 토끼를 이용해 얼마나 취했는지를 헤아렸다는 거다. 토끼 열다섯 마리 정도가 제일 좋은 상태였던 것 같다. 여러분 상태가 토끼 사백 마리라면, 완전히 뻗어버린 거다. 이 이야기에는 사랑스러운 작은 코다(종결부)가 있다. 에스파냐 정복자들이 토착 종교를 짓밟았지만, 그들은 이 소란스러운 토끼들을 끝장낼 수 없었다. 그래서 오늘날까지 멕시코에는 "토끼 사백 마리만큼 취하다As drunk as four hundred rabbits"라는 속담이 있다.

술에 취했다는 표현은 셀 수 없이 많다. 벤저민 프랭클린은 (2장에서 설명한 공기 목욕을 하지 않을 때, 또 「자랑스러운 방귀」 같은 흥미로운 에세이를 쓰지 않을 때) 대부분의 악행에 유쾌한 이름이 있음을 알아차렸다. 노랑이는 스스로 검소하다고, 낭비꾼은 활수滑手하다고, 바람둥이는 정열적이라고 주장할 수 있다. 그런데 '술에 취한다는 것은 매우 불운한 악덕이다. 이름을 빌려올 미덕이 없다. 그래서 어쩔 수 없이 에두른 문장으로 표현하게 된다. (……) 누구나 이런 상황에 써먹을 적어도 열두 가지 이상의 표현을 떠올리겠거니와, 선술집을 자주 다니지 않은 사람이라면 그런 표현이 진짜 얼마나 다양한지 상상도 못 할 거다.' 이런 사연으로 후세의 술꾼을 위해 프랭클린은 술 취한 상태를 가리키는 이백 가지가 넘는 비슷한 말 목록을 만들었다. 술에 절은 보석 같은 표현들이다.● 술꾼은 명정酩酊하고jambled, 도연陶然하고nimtopsical, 완전 맛이 갔고super nonsensical, 똘똘하다 말다 하고wise or otherwise, 외바퀴차만큼 취했다as drunk as a wheelbarrow. 그는 섬세하게 양파 냄새를 맡고smelt an onion, 사회 계층을 뛰어넘어 존 딸기 경과 함께 자유롭고made too free with Sir John Strawberry, 리처드 경이 생각 모자를 벗었다고Sir Richard has taken off his considering cap

---

● 전체 목록은 부록에서 확인할 수 있다.

말한다. 안타깝게도 프랭클린의 사전에는 설명이 없어서, 리처드 경이 어떤 사람인지는 알 길이 없다. 그래도 "데이비드의 돼지처럼 취했다As drunk as David's sow"라는 표현은 캡틴 그로스의 『상말 사전』에 좋은 설명이 나와 있다.

데이비드의 돼지처럼 술에 취하다. 이 속담은 다음과 같은 상황에서 비롯했다. 데이비드 로이드라는 사람이 있었다. 히어포드에 에일 하우스를 차린 웨일스 사람이었는데, 이 사람 집에 다리 여섯 달린 돼지가 살았다. 호사가들이 그 돼지를 보러오곤 했다. 한편 그 사람 아내가 술을 많이 마셨다. 때때로 술 때문에 남편에게 혼이 났다. 하루는 데이비드의 아내가 몹시 취해, 뒤탈을 염려해 돼지를 우리에서 꺼내고 자기가 거기 들어가 잤다. 이때 돼지를 보러 호사가 일행이 방문했다. 데이비드는 그들을 돼지우리에 몰아넣고 큰소리를 쳤다. "여기 돼지를 보시라! 이런 돼지를 여태껏 본 적이 있으신지?" 손님들은 술에 취한 아내를 봤다. 누군가 이렇게 대답했다. "이렇게 술에 취한 돼지는 본 적이 없습니다." 이일로 데이비드의 돼지라는 속담이 나왔다.

일행이 보기에 데이비드의 아내는 구중중했을 거다. 하지만 데이비드의 아내는 그 일행이 예뻐 보였을 것 같다. **맥주 고글** beer-goggles이 눈에 씌면 그렇다. 취한 사람은 안 취한 사람 보기에 별로더라도, 취한 사람이 보면 안 취한 사람이 예뻐 보인다. 술 취하면 좋은 점이다. 심리학에서 쓰는 말로 **칼롭시아** kalopsia라고 한다(그리스어로 '아름답다'+'눈 또는 얼굴'—옮긴이). 모든 것이 아름답게 보이는 신기한 광증이다.

사랑 생각에 머리가 가득하면 그것으로 됐다. 셰익스피어가 옳았다. 그는 알코올이 '욕망을 불러일으킨다'라고 했다. 이제 욕망에 따라 행동할 때다.

17장

오후 10시

구애

어슬렁거린다 • 타깃을 관찰한다 • 대화한다 •
춤춘다 • 입 맞춘다 • 성급하게 청혼한다 •
팬프렐러칭 • 퇴짜맞는다

거나하게 취했다면 짝짓기를 시도할 때다. 진정한 사랑이란 도취의 한 형태라는 사실이 잘 알려져 있다. 『한물간 사투리 사전』에 나오는 말마따나, 지금은 **남녀동반 시간**dragging time이다. '남자lad들이 여자wench들을 잡아당기는 저녁 시간'이다.

그런데 사전이란 대개 연인에게 쌀쌀맞다. 사전에 엽색광이니 색정광 같은 무례한 말이 실린 까닭은, 사람들이 자연스러운 욕정을 품는 일을 부끄러워하게 만들기 위해서다.

그나마 상냥한 용어는 **플레실링**fleshling이다. 『옥스퍼드 영어 사전』에는 '육체적 마음을 가진 사람'으로 나온다. 비교적 수줍게 들린다. 플레실링이라니 오리 새끼인 **더클링**duckling이나 거위 새끼 **고슬링**gosling 같다. 여러분을 갓난아기처럼 순진하게 보이게 만든다. 17세기 후반 상말 사전의 다음 정의보다 확실히 낫다.

양육광羊肉狂, Mutton-Monger. 호색한을 뜻한다. 양 도둑이라는 뜻도 있다.

같은 사전을 몇 쪽 더 뒤적이면 훨씬 문명화된 표현이 나온다.

본성에 작은 선물을 퉁기다 Give Nature a Fillip. 가끔 여인과 포도주로 약간의 방탕을 즐기다.

퉁기다라는 말은 손끝을 엄지로 막았다가 살짝 튕겨주는 일을 뜻한다. 동전을 건넬 때 좋은 방법이라, 퉁긴다는 말은 작은 선물이나 과자를 줄 때 쓰는 말이 됐다.
몇 쪽 더 가면 진정한 시골의 즐거움이 나온다.

초록 가운 Green-Gown. 젊은 아가씨를 잔디밭에 던지고 입을 맞춘다.

아, 사전이란 아름답구나! 하지만 이 풀밭의 쾌락herbaceous hedonism을 즐기기 전에, 여러분 스스로가 아가씨나 소년인지 짚어보시라. 또 편안한 잔디밭도 있어야 한다.

어슬렁어슬렁

그러니 여러분은 거대하고 알려지지 않은 육정肉情의fleshy 세계로 나가야 한다. 여러분에게 연락할 누군가를 찾거나, 적어도 여러분이 외로울 때 연락할 사람을 찾아야 한다. 유혹을 위해 떠돌아다녀야 한다. 이에 관한 멋진 용어들이 있다. 17세기 언어를 빌리면,

호색好色, proling, **엽색**獵色, hunting, **탐색**貪色, searching이다. '여자 친구 또는 다른 사냥감을 찾는 일'을 뜻한다.

18세기에는,

야옹야옹Caterwauling이라는 말을 썼다. 음모를 꾸미기 위해 밤에 나가는 일을 뜻한다. 배수로의 고양이처럼 말이다.

19세기에는,

양상군자梁上君子**하러 가다**out on the pickaroon라는 표현이 있었다. 도둑을 뜻하는 스페인어 피카로네Picarone에서 온 말인데, 꼭 나쁜 뜻은 아니고, 흥미로운 일을 준비하거나 이득을 보기 위해 행동한다는 의미였다.

스코틀랜드에는 **스프런트**sprunt라는 말이 있었다. 적당한 건초 더미가 있다면,

스프런트. 동사, 명사, 여성을 쫓아 밤에 짚가리 사이를 뛰어다니는 일.

아무려나 내 생각에 연인을 찾아 헤매는 가장 좋은 말은 **오고포고**

잉Ogo-Pogoing 같다. 설명이 필요하다.

오고포고Ogo-Pogo란 무엇인가 보통 사람에게 묻는다면, 대답을 듣지 못할 것이다. 브리티시 컬럼비아 사람한테 묻는다면, 오고포고는 소기 나간 호수에 살며 가끔 뭉개진 화질로 사진에 찍히는 괴물이라는 답이 나올 것이다. 네스호에 사는 괴물 네시의 캐나다 버전이랄까. 그러나 이들조차도 진짜가 아닌 이 괴물의 진짜 이름이 나이타카라는 사실과, 오고포고란 1920년대 인기 있던 영국 뮤직홀 노래 제목에서 따온 별명이라는 사실을 잘 모를 것이다.

귀에 붙는 노래였다. 1939년에도 사람들이 이 노래를 기억했다. 영국공군RAF 조종사들이 적 항공기를 찾으려고 영국 둘레를 날아다닐 때 이 노래를 불렀다. 비행사들은 이 일을 오고포고잉이라고 불렀는데, 아마 하늘을 훑어보며 날아다니는 일이 이 노래의 후렴과 닮았다고 생각해서였을 터이다. "나는 오고포고를 찾고 있어, 이상한 작은 오고포고."

이렇듯 오고포고는 뜻 없는 노랫말로 시작하여 캐나다의 신화 괴물 이름이 됐고, 영국 공군이 누군가를 만날지 몰라 하늘을 어슬렁거린다는 뜻으로 쓰였다. 풍부한 역사를 가진 낱말이 잊히는 것은 안타까운 일이다. 연인을 찾는 절망적인 탐색을 묘사할 더 좋은 단어가 있을까? 호색, 야옹야옹, 양상군자 짓 따위 말들이 매력적이긴 해도, 오고포고야말로 희망 없이 연인 찾아 배회한다는 뜻으로 쓰기 가장 좋은 낱말이다.

희생자 관찰하기

오고포고잉을 하면서 적절한 대상을 찾기란 쉽지 않다. 『옥스퍼드 영어 사전』에서 **스패넌드리**spanandry라는 말을 찾아본다면 여성은 한숨을 내뱉으리라. 이 말은 '사람들 가운데 남성이 극도로 부족하거나 숫제 없는 상태'를 뜻한다. 남자를 원한다면 어지간한 파티나 클럽이 스패넌드러스해 보일 거다. 여성의 **디오에스트러스**dioestrus(짧은 성적 휴지기)가 영원히 늘어난 것처럼 느낄지도 모른다.

그래도 시작은 퍽 조용하다. 작은 **프로패션**propassion이 찾아온다. 사랑passion의 첫 번째 떨림이다. 사랑이 다가오는 듯하지만, 고통이 멀지 않다는 걸 느낀다. 우리가 1장에서 살펴보았듯, 사랑을 뜻하는 패션 passion이라는 낱말은 라틴어 어원을 보면 고통 역시 뜻하거니와, 사랑과 고통은 같은 것이기 때문이다. 그리스도의 수난(십자가에서 겪는 고통)이나 우리의 천박한 로맨틱한 사랑이나, 어원으로 보면 마찬가지다.

처음에는 간단히 **곁눈질하면**smicker 된다. 괜찮은 시작이다. 곁눈질한다는 말에는 '사랑이나 음심淫心을 품고 어떤 사람을 바라보거나 훔쳐본다'라는 뜻이 있다. 물론 대개는 훔쳐보는 쪽이다. 중세 스코틀랜드 시어집詩語集(이런 것도 존재한다)에 따르면 곁눈질smikker이란 '유혹적으로 눈웃음을 친다'라는 뜻이라 한다. 아무려나, 곁눈질을 하다 보면 어떤 사람이 퍽 좋아질 거다. 곁눈질은 존 드라이든이 좋아하는 낱말이었다. 그는 아름다운 문장을 썼다.

그대들은 여인을 곁눈질하는가, 내가 이 고통을 겪는 동안에?

부위를 콕 집어 곁눈질을 하기도 한다. 예를 들어, 어두운 눈, 예쁜 코, 매력적인 발목에 끌릴 수 있다. 성적인 매력을 직업적으로 (또한 법에 어긋나지 않게) 연구하는 사람들은 이를 **아가스토피아**agastopia라고 부른다(그리스어 '감탄'+'부위' — 옮긴이). 엄청나게 쓸모 있는 낱말이다. 『성 과학 설명 사전과 지도책』에 이렇게 실렸다.

아가스토피아. 몸의 특정 부분에 대한 애정을 뜻한다. 드물게 쓰는 말.

어째서 드물게 쓰는 말인지 모르겠다. 아가스토피아는 옛날부터 성 과학자와 조각가들에게 알려져 있었는데 말이다. 엉덩이를 좋아하던 그리스 사람들로부터 현대의 낱말 **칼리피기안**callipygian이 나왔다. 아름다운 엉덩이라는 뜻이다(문자 그대로, 그리스어 '아름다운'+'엉덩이' — 옮긴이).

옛날 시라쿠사에는 아프로디테 칼리피고스Aphrodite Kallipygos 즉 엉덩이가 아름다우신 베누스 여신께 헌신하는 교단이 있었을 거다. 상상으로 편지를 쓰던 고대 그리스 사람 알키프론의 글에, 그 유일한 설명이 실렸다.

그리스 사람들은 엉덩이 아름다우신 베누스 여신의 다양한 조각 작품을 의뢰했다. 주요 목적은 여신을 가장 아름다운 엉덩이로 만드는 거였다. 사모사타의 루키아노스는 이런 이야기를 썼다. 고대의 가장 위대한 조각가 프락시텔레스가 베누스 여신상을 조각했다. 이 조각은 너무 훌륭했다. 아프로디테 여신의 뒤태가 어찌나 아찔했던지, 어떤 청년이 신성한 대리석 여신께 열정적인 신성모독을 저지르는 현장이 신전 안에서 목격되었다. 청년은 꽤나 민망했다. 여러분도 민망하실 것 같다.

아무려나 청년은 스스로 바다에 뛰어들었다. 이 사람은 죽었지만 칼리피기안이라는 낱말은 살아남았다. 남성과 여성, 인간과 신, 대리석과 육체 어디에나 쓰임 직한 말이다.

아무려나 엉덩이 모양natiform의 즐거움은 그렇다 치고, **바티콜피안**bathycolpian한 아가스토피아를 알아보자. 바티콜피안은 '가슴이 깊다'라는 뜻이다(그리스어로 '깊은'+'가슴' ─ 옮긴이). 어떤 여성이 풍만하고 화려한 가슴을 가졌다는 걸 장황하게 간접적이고 아름다운 방식으로 표현하는 말이다. 알아듣기 힘든 말로 묘사하는 일은 따귀를 맞아보거나 잡혀갔다가 가석방으로 풀려나 본 적 있는 사람에게 특히 요긴할 것 같다.

여러 신체 부위를 훔쳐보려면 사랑의 근육 즉 **아마토리 무스쿨리**amatorii musculi를 이용해 눈을 옆으로 움직여야 한다. 18세기 어떤 사전은 지나칠 정도로 자세히 풀어놓았다.

> **아마토리 무스쿨리.** (해부학에서) 눈의 근육으로, 눈을 옆으로 이동시킨다. 음시淫視하기ogling를 돕는 근육이다.

이것이 우리의 문제다. 여러분은 빠른 속도로 **음시자**ogler, **감시자**snilcher, **헤이커**haker로 변하고 있다. 헤이크hake(대구류의 생선)를 물고기의 한 종류라고만 생각했다면, 이런 뜻도 있다.

> **헤이크.** 밝히다, 쫓아다니다, 따라다니다, 어슬렁거리다.

다음 단계로 나아가야 한다. **눈 밝은 사냥개**gazehound나 **사랑에 빠진**

발록구니 amorous gongoozler에 머물지 않으려면 말이다. 원하는 사람이 눈에 띈다면 뭔가 행동에 나설 때다. 여러분이 여성이라면 수줍게 **눈웃음** arrision을 흘리거나 요염하게 **뇌쇄** minauderie를 실행하련 본다. 남싱이라면 **깔치** rumstrum(노상강도의 근사한 여자 친구)를 향해 **사내놀음할** pavonize 시간이다. 공작처럼 화려한 꼬리를 들이대 여러분의 위대한 남성성을 과시하라는 소리다.

그냥 화려한 행동으로 끝나면 아무 소용이 없다. 단지 **쫓음꾼** dangler(바라는 것 없이 여자를 쫓아만 다니는 사람)일 수도 있다. 이것이 위대한 사랑 passion인지 아니면 그저 **하릴없음** velleity인지 여러분이 결정해야 한다. 하릴없음이란 『옥스퍼드 영어 사전』에 따르면 '단순히 바라거나 원하거나 희망할 뿐, 행동하거나 실현하려는 노력이 없는 상태 또는 성격'이라고 한다.

행동하지 않는 데에는 이유가 있을 거다. 어쩌면 여러분이 끌리는 상대가 **단역** figurant일지도 모른다. 군무群舞만 하고 혼자서는 춤추지 않는 사람을 뜻하는 발레 용어거니와, 디스코장에서도 쓰일 만하다. 어깨로 튕겨내면서 등 돌린 채 춤추는 사람의 요새 안으로 조용히 다가가는 일은 매우 어렵다. 그래도 시도해보시라. 소심한 마음으로는 깔치와 맺어질 수 없다.

여러분은 옛날 말로 **마른땀** need-sweat이라 부르는 땀을 흘릴지 모른다. 긴장해서 나는 땀을 뜻한다. 그래도 이런 땀은 **아눕타포비아** anuptaphobia에 비하면 별것 아니다. 미혼으로 남아 있는 일에 대한 병적인 공포를 의미한다(말 그대로, 미未(아니다)+혼婚(결혼)+공포증―옮긴이). 아눕타포비아는 심리학 용어지만, 진짜 여신 이름 같기도 하다. 잔인하

고 무자비한 여신이자 인류에게 민망한 일을 시키는 여신이다. 아눕타
포비아 여신의 명령을 누가 거역할 수 있으랴? 여러분의 말 없는 사랑
을 향해 다가가야 할 때다. 그 사람을 향해 **플릭터**^{flichter}하라고 아눕타
포비아 여신께서 명하신다면, 여러분은 플릭터해야 한다.

궁금해하실까 봐 말씀드리자면,

플릭터. 동사. 팔 벌리고 달리다. 반쯤 나는 집 거위 같은 모습이다. 어린
이가 애착하는 사람에게 달려갈 때 자주 쓰는 말. (덤프리스 방언)

플릭터페인^{flichter-fain}. 형용사. 어떤 물건을 너무 애착하여 달려갈 만큼
좋아하는.

가장 간단한 방법이 가장 효과적일 수 있다.

수다 떨기

생물은 각각 고유한 짝 부르는 소리가 있다. 예를 들어 오소리는 짝을
찾아 오소리 울음을 운다^{shrike}. 여우는 여우 울음 울고^{clicket}, 염소는 염
소 울음 울고^{rattle}, 사슴은 사슴 울음을 운다^{croon}. 엄마 돼지는 새끼돼
지를 부르고^{breem}, 암소는 수소를 찾는다^{eassin}. 수달은 낑낑댄다^{whine}.
여러분은 해당이 없다. 오소리 울음을 듣는다면 양해를 구하고 그 자리
를 떠나시라. 오소리가 사람 변장을 하고 나타난 것이니.

다행히도 대화를 시작하는 올바른 방법이 이미 크리스토퍼 말로에 의해 발견되어 글로 기록되었다.

내게 와 함께 살고 나의 사랑이 되어주오
그리하면 우리는 모든 즐거움을 누리리다
언덕과 계곡, 계곡과 들판,
그리고 모든 바위 많은 산이 주는 즐거움을.

그런데 이 말이 먹히지 않거나, 상대가 바위 많은 산을 꺼린다면, 1950년대 표현을 써보시라. "우리 만나서 청어를 나눠 먹어요Suppese we get together and split a herring." 1950년대 사람들은 어찌나 힙했던지 청어를 나눠 먹는 이유를 모두가 잘 알았나 보다. 안타깝게도 따로 기록이 남지 않았다. 캡 캘러웨이가 남긴 표현은 그나마 설명할 수 있다. "나랑 같이 깜박이를 속이러 가볼까요Wouldst like to con a glimmer with me this early black?" 설명인즉 '젊은 여성에게 영화를 보러 가자는 올바른 방법'이라나. 주의할 점은, 상대가 "날 죽여줘요kill me"라고 답변하는 경우, 안락사를 요청한 것이 아니므로 진짜로 죽이면 안 된다는 거다. '날 죽여줘요'는 캡 캘러웨이에 따르면 그저 '즐겁게 보내게 해달라'는 뜻이다. 여러분이 바랄 최고의 대답이다. 자이브의 언어는 헷갈린다. 죽임murder은 『힙스터 사전』에 '훌륭하고 대단한 것'이라고 실려 있다. 양쪽 모두 이 특수한 은어에 익숙할 때는 문제가 되지 않지만, 그렇지 않으면 혼란을 초래할 수 있고, 재판정에서 변명 삼기에는 부실하다.

간단한 방법도 있다. 한두 마디를 칭찬하는 거다. 존슨 박사의 사전에 나오는 말보다는 점잖은 표현을 써야 한다. 특히 이 사전에는 드물게 여성 혐오스러운 표현이 나타난다. 이를테면,

벨리본bellibone. 명사. 아름다움과 선량함 양쪽 다 뛰어난 여성. 지금은 사용되지 않는 말.

『옥스퍼드 영어 사전』에 따르면 이 낱말이 마지막으로 쓰인 건 1586년이다. 1587년에 여성을 어느 한쪽으로 구분하게 만들고 벨리본이라는 말을 쓸모없게 만든 사건이라도 발생했는지 궁금하다.

아니면 여러분은 어떤 여성을 **놀라운 여인**wonder wench이라고 부를 수 있다. 애인을 부르는 옛날 요크셔 말이다. 여러분이 뒷감당하실 수 있다면, **코핀**cowfyne이라고 불러도 된다. 스코틀랜드 은어 사전에 실린즉, '우스꽝스럽게 부르는 애정 표현'이라는 뜻. 코핀이라는 말에 대한 답변으로 여성은 남성을 **스나우트페어**snoutfair라고 부르면 좋다. '잘 생겼다'라는 뜻이지만, 『옥스퍼드 영어 사전』에 따르면 이 단어는 보통 '얕잡아보는 맥락에서' 쓰인다고 한다.

그런데 여러분이 처음 상냥한 말과 애원을 했을 때, 수줍은 애정 표현 대신에, 상대가 무심하고 의심스럽고 경멸하는 웃음을 짓거나 갑자기 달아나버리면 어떻게 한담? 걱정하지 마시라. 이것은 그저 **겸양지덕**謙讓之德, accismus일 수 있다.

겸양지덕이란 수사학 용어다. 말로는 흥미 없는 척하지만 내심 열렬히 바라는 상황을 뜻한다.

어리석은 겸양지덕으로

겸손한 제안을 거절하는도다.

옛날에는 겸양지덕을 여성이 갖춰야 할 미덕이라고 여겼다. 예를 들어 빅토리아 시대의 여학교에 대한 기괴한 논고에 이렇게 나온다.

여성은 스스로 생각할 때만 빼고 말을 유창하게 할 필요가 없다. 겸양지덕이 좋다⋯⋯. 어머니, 아버지, 남자와 어린이가 그들의 좋은 동반자다. 반대로, 동갑내기 소녀끼리는, 학교에서 그러듯 미덕 대신 악덕을 주고받는다. 옷이나 사랑이나 가십에 푹 빠져, 겸양지덕을 잊는 것이다.

여기서 질문. (남성 또는 여성의) 겸양지덕이 진짜로 겸양지덕인지, 아니면 (감히 묻노니) 진짜 관심이 없는 것인지? 옛날부터 젊은 연인을 괴롭히던 질문이다. 그런데 이 문제가 풀린 지 오래다. 영국 국교회의 **놀로 에피스코파리**Nolo Episcopari 시스템 덕분이다(그리스어로 에피스코포스는 '위'+'지켜보는 사람'. 주교라는 뜻 ─ 옮긴이).

주교가 되는 일은 머리 복잡한 일이다. 주교가 되려면 겸양이라는 기독교적 미덕을 갖춰야 한다. 그런데 진짜로 겸손한 사람이라면 자기가 주교 자격이 없다며 주교 자리를 거절할 터이다. 자기가 진짜 괜찮은 주교가 될 것 같고 주교관mitre을 쓰면 끝내주게 보일 것 같다고 남몰래 생각하더라도 이를 공개적으로 밝히면 안 된다. 좋지 않을 터이다. 그래서 교회 사람들이 모여 있을 때 그 앞에서 여러분은 겸양지덕을 드러내며, 주교가 되고 싶지 않다고 말해야 한다. 라틴어로 "놀로 에피스코파리"라고 말하는 거다.

여러분이 엄숙하게 이 말을 하면, "아, 예, 끝났네요, 내가 보니까"라고 말하는 대신 교회 회의는 두 번째로 여러분께 물을 테고, 여러분은 두 번째로 겸손하게 "놀로 에피스코파리"라고 대답할 거다. 세 번째로 물을 때, 여러분은 "아, 그럼 뭐, 그럽시다" 즉 "볼로 에피스코파리"라고 동의를 표하면 된다. 이렇게 하면 겸양을 드러내면서도 주교 일자리를 얻을 수 있다(라틴어로 놀로nolo는 '나는 하기 싫다', 볼로volo는 '하고 싶다' — 옮긴이).

횟수를 잘 세는 것이 굉장히 중요하다. 세 번째에도 "놀로 에피스코파리"라고 말하면 여러분의 진짜 의도가 그렇다고 여겨져 승진 기회가 영영 날아갈 수도 있다. 루이스 캐럴이 『스나크 사냥』에 쓴 '벨만의 규칙'과 비슷하다. "내가 세 번 말하는 것은 진리이다."

그러니 여러분이 그 자리를 바랄지라도 겸양지덕을 세 번 내보이면 끝장이다. 그런 다음에는 뒤통수를 맞게slap 되리라.

연애의 이 단계에, 여성분께 **답답이 막이**parabore가 필요할 거다. 답답이를 막아주는 장치다. 답답이 막이가 어떻게 생겼을지 확실하지는 않으나, 『옥스퍼드 영어 사전』에 처음으로 (그리고 단 한 번만) 기록된 쪽글에 따르면,

……답답이 장bore-net, 답답이 막이, 나를 보호하는 것, 모기장 커튼과 비슷하다.

답답이 막이를 아마 챙 넓은 모자에 붙였을 거다. 잡아당기는 줄이

달렸을 거고, 이 줄을 당기면 벌 치는 사람의 얼굴 가리개처럼 두꺼운 베일이 머리를 감싸며 떨어졌으리라. 피로한 아가씨는 손목을 한번 털어 자신을 가릴 수 있다. 진지하고 확실한 메시지늘 구애사에게 보낼 수 있다. 적당한 가격에 맞춰 답답이 막이를 만들 수만 있다면, 무척 인기 있는 상품이 될 거다. 낯선 사람을 피하려고 줄을 당기는 소녀를 여럿 마주친 어떤 불쌍한 양반이 의기소침하겠지만 말이다.

이 불행한 운명이 여러분께 닥친다면, 『힙스터 은어 사전』을 다시 찾아 "당신은 V-8이야, 자기, V-8이야"라고 된다. 어째서인지는 몰라도, V-8은 '교제를 거부하는 여성'을 뜻한다고 한다. 아무려나 욕설을 주고받아 봤자 여러분만 손해다. 여성분이 (두꺼운 베일 뒤에서) 가시 돋친 매운 말을 던질 터이기 때문이다. 예를 들어,

트위들풉Twiddle-Poop. 남자처럼 안 보이는 남자.
스멜스목Smell-smock. 문란한 남자.

존슨 박사의 사전에 나오는 말이 제일 못 됐다.

아마토르쿨티스트amatorcultist. 통성명사(라틴어 아마토르쿨루스amator-culus), 조그만 사랑쟁이, 가짜 사랑꾼.

아마토르쿨티스트라고 불리면 돌이킬 수 없다. 차츰 작아져 눈물 속으로 사라질 수밖에.

아무려나 연애 단계에서 좀 더 성공한다고 해보자. 이제 어떻게 한

담? 오십 대 오십으로 여러분의 목표는 **텔리프토릭**thelyphtoric이다. 이 말은 그리스어 텔리thely(여성)와 프토릭phthoric(타락시키는)에서 왔다. 『옥스퍼드 영어 사전』에는 간단히 '여성을 타락시키는'이라고 실렸다.

텔리프토릭이란 말이 처음 쓰인 것은 1780년에 나온 논문의 충격적인 제목에서다.

> 「텔리프토라Thelyphthora; 여성 타락에 관한 논문, 그 원인, 영향, 결과, 예방, 및 치료; 신법神法에 기초하여: 결혼, 음탕, 간음, 간통, 중혼, 이혼, 기타 여러 부수 항목을 포함」

야심만만한 제목이다. 첫 단락은 한술 더 뜬다. "저자는 이 논문을 중요하고 흥미로운 출판물 중 하나로 부르기를 주저하지 않는다. 종교 개혁 이후 나타난 가장 중요하고 흥미로운 출판물 중 하나로 여기고 있다."

그러나 더 읽어보면(누군들 읽지 않으랴?), 이 책은 이렇게 하라는 쓸모 있는 설명서가 아니다. 지은이는 여성의 타락과 남녀 모두의 쾌락을 죽어라고 반대한다. 저자는 여성 타락을 막겠다는 고고한 도덕을 가졌다. 이를 위해 이혼을 금지하고 중혼을 다시 도입하려 한다.

텔리프토릭은 고고한 도덕의 맥락을 오래 유지하지 못했다. 저열한 수준의 언어로 빠르게 전락했다. 솔직히 말해, 이런 종류의 단어란 순수한 사람들이 전유할 수 없다. 세상 사람 대부분이 텔리프토릭이 되고 싶어 하거나 텔리프토릭한 누군가를 만나고 싶어 하는 상황이라면 말이다.

댄스플로어

텔리프토라를 시도하는 보통의 방법은 댄스다. 지그 춤을 추거나 몸을 흔들거나shake a hough 춤 대결을 벌이는 일tripudiate이다. 이 율동감 있는 동작의 텔리프토릭한 특질은 사전에 잘 나와 있다. 예를 들어 18세기의 사전에는,

발룸란쿰Balum-Rancum. 여성들이 모두 성매매 여성인 춤 또는 댄스. 참고로 그들 모두 태어날 때 입고 나온 대로 춤을 춘다.

반대로,

고대 그리스 체조 Gymnopaedic Ancient Greek Hist. 공공의 축제에서 벌거벗은 소년들이 행하는 춤이나 다른 운동 경기를 이르는 관용어.

남녀 모두,

함께 뛰는 모임 중 **버프 볼**buff-ball은 춤 파티다. 참석자들의 음란함이 그 특징인 바, 그들의 필수 의상은 우리 태초의 조상과 같다.

여기서 가장 인기 있는 오락은 버프 볼이다. 남녀 모두 벌거벗은 채 미치광이처럼, 물 섞지 않은 위스키를 마시고 깽깽이와 양철피리 소리에 맞춰 흔들어댄다.

아무려나 매혹적이고 학술적인 방법으로 이를 제안하려면 어떻게 한담? 1960년 영화 「비트 걸」에서 올리버 리드는 바에 앉아 있는 고혹적인 젊은 여성에게 다가가 이렇게 말한다. "있잖아, 자기, 테릅시코리컬terpsichorical을 느껴? 계단을 내려가 날개를 펴보자." **테릅시코레**Terpsichore는 고대 무사 여신 아홉 명 중 하나다. 춤을 관장했다. 그런즉 리드의 질문은, 영화 맥락에서, "춤의 무사 여신에게 영감을 받았어? 무대로 내려가 영감을 발휘해 봐"라는 의미다. 영화의 맥락에서 이 말은 먹힌다. 테릅시코레 여신이 20세기 중반에 이렇게 유명해진 사연은 미스터리다. 아무튼 『옥스퍼드 영어 사전』에는 테르프terp라는 준말도 실렸다.

그런데 만약 여러분이 무사 여신의 영감을 받지 않았다면? 여러분이 희생제물을 바치지 않았다면 여신은 여러분을 저주할 수 있다. 여신이 불멸의 발을 한번 구르면 여러분은 댄스플로어의 **몸치가 되리라**balter. 몸치가 된다는 것은 서툴게 춤춘다는 뜻의 오래된 말이다. 어떤 사전에는 엄숙하게도 '광대처럼 발놀림하다, 마치 황소가 풀을 밟듯이'라고 풀이되어 있다.

입 맞춰주오, 나를 불멸의 존재로 만들어주오

남미 대륙 최남단에 위치한 티에라 델 푸에고의 야간Yaghan 종족은 옷을 입지 않는 드문 사람들이다. 티에라 델 푸에고가 덥고 따뜻한 곳이라서가 아니었다. 반대다. 여름에도 온도가 섭씨 9도를 넘지 않는다.

그런데도 그들은 벌거벗었다. 찰스 다윈이 비글호를 타고 갔을 때도 옷을 입지 않았다. 다윈은 이 사람들을 퍽 무례하게도 '불쌍하고 수준 낮은 야만인'이라고 불렀다. 야간족이 옷을 발명하시 못했디고 얼핏 생가할 수도 있겠지만, 대신에 그들은 체온을 유지하는 천재적인 방법이 있었다. 머리부터 발끝까지 기름을 바르고 서로 꼭 안아주는 것이었다. 이 천재적이고 에너지를 절약하는 관습을 염두에 두고, 이들의 미친 듯이 유용한 단어 **마미흘라피나타파이**mamihlapinatapai를 살펴보자.

마미흘라피나타파이는 보통 '서로가 바라는 것을 상대가 해주길 바라지만 본인이 하기를 원하지는 않는 두 사람이 서로를 바라보기만 하는 행위'라는 뜻이다. 그래서 마미흘라피나타파이는 지구상에서 가장 유용한 낱말 중 하나다. 두 사람이 문 앞에서 서로 '먼저 지나가세요'라고 손사래 친다면, 이것이 바로 마미흘라피나타파이다. 두 사람이 지루한 대기실에서 앉아 상대가 먼저 말을 걸기 희망한다면, 이것이 마미흘라피나타파이다. 두 사람이 서로의 눈을 바라보며 입술이 말하는 것 말고 다른 용도로 사용될 수 있다는 사실을 갑자기 깨닫지만, 서로를 끌어안기를 두려워하는 경우, 이것이 '왕王 마미흘라피나타파이'다.

아무려나 마미흘라피타나파이라는 단어는 논란의 여지가 있다. 야간족 언어 전문가들이 있는데(나는 거기 속하지 않는다), 이 말이 이론적으로 가능은 하지만 실제로 쓰이지는 않았다고 본다. 이를테면 **안 좋아함하기**antifondlingness라는 단어가 가능은 하지만 실존하지 않는 것이나 매한가지다. 그들에 따르면, 마미흘라피나타파이는 어떤 알려지지 않은 언어학자의 기발한 발명품이라나.

이 설명은 언뜻 보면 그럴싸하다. 옷도 발명하지 않은 부족이 어떻게 이런 복잡한 낱말을 만들어냈을까? 하지만 나는 사실 이 두 가지가 연결되어 있다고 주장하고 싶다. 왜냐하면 만일 여러분이 하루 절반을 벌거벗고 기름을 두르고 껴안은 채 보낸다면, 마미흘라피나타파이는 무척 흔한 감정이 될 것이기 때문이다. 어쩌면 기름칠한 나체 생활에서 지배적인 감정이었을지도 모른다.

그러니 춤이 끝난 뒤 눈이 마주쳤다고 치고, 또 마미흘라피나타파이가 찾아왔다고 치자. 어떻게 해야 할까?

간단한 제안은 이거다. "**비스콧**biscot 좋아해요?"라고 물어보시라. 비스콧이란 '사랑을 담아 어루만지다'라는 뜻인데, 상대방은 이 뜻을 모를 수 있고, 비스킷을 싫어하는 사람은 없다.

속임수를 쓰는 대신 이렇게 물어도 된다. 당신께 **접문**接吻해도 되나요osculable? 접문할 수 있다는 말은 '입맞춤할 수 있다'라는 뜻이지만 더 아름답다. 『옥스퍼드 영어 사전』에 따르면 접문할 수 있다는 말은 1893년에 교황을 가리키는 맥락에서 딱 한 번만 쓰였다. 그러니 이 낱말은 거의 처음 사용되는 말이며 세상에 공개되어야 할 표현이다.

입 맞춘다는 뜻의 라틴어 단어는 **오스쿨라레**osculare였다. 여기서 나온 영어 낱말들이 퍽 좋다. 오스쿨라트릭스osculatrix는 입 맞추는 여성을, 오스큘래러티oscularity는 입맞춤을 뜻한다. 오스큘래리osculary는 입 맞출 수 있고 입 맞춰야 하는 것. 보통은 종교에서 성물聖物을 가리킨다.

그러니 이렇게 돌려 말할 수 있다. "그대는 오스큘래리일지니, 이는 내 종교적인 의무요." 이 비슷한 말을 해보자.

지금은 진리의 순간이 아니라 입맞춤의 순간이다(이 둘은 동떨어진 개념이다). 눈이 가까워진다. 연인의 입술끼리 만난다. **카타글로티즘**cataglottism을 한쪽 또는 양쪽이 시도한다. 이 말은 1656년 블런트의 『용어 해설집Glossographia』에 정의되어 있다.

카타글로티즘. 혀를 사용하는 키스(그리스어로 '온통'+'혀' — 옮긴이).

이 희귀한 낱말은 수 세기 동안 살아남았다. 위대한 생물학자 헨리 해브록 엘리스●는 1905년에 이렇게 관찰했다.

피부를 자극하면 원기가 돋는다. 이는 어루만짐의 심리학에 빛을 던진다……. 입맞춤은 감정의 표현일 뿐 아니라 감정을 불러일으키는 수단이기도 하다. 카타글로티즘은 비둘기에만 국한되지 않는다.

좋은 이야기다. 그런데 일이 계속된다면, 혀는 다른 문제가 시작되는 실마리가 되기도 한다. 입맞춤의 도덕적 위험을 가장 유려하게 설명한 글은 아마 1652년 토마스 어쿼트 경이 쓴 『보물』일 것이다.

그리하여 얼마간 그들은 유창한 언어를 멈추었다. 모든 말을 눈과 손으로 하였으나 뜻이 통하였다. 시각촉각적visotactil 감각을 한량없이 주고받은 덕분이었다. 두 사람의 모든 부분 부분을 서로 눈길과 손길로 아로새겼다. 양쪽의 보고픔visuriency이 서로의 만지고픔tacturiency에서 비롯했고, 양쪽의 끌어당김이 서로의 탐색으로 이어졌다(각각 라틴어 동사 '보

● 샤를 페레Charles Féré를 옮김.

다'와 '만지다'에서 나온 말이다 — 옮긴이).

보고픔은 '시각적인 욕망'을 뜻하고 **만지고픔**은 '애무하고 싶은 욕망'을 의미한다. 그런데 누군가를 애무하고 싶은 욕망을 가졌다고 너무 가혹하게 판단하는 것은 불공평하다. 『옥스퍼드 영어 사전』에 거창하고도 비극적인 단어가 실렸다.

폰들섬Fondlesome. 형용사. 애무에 중독된.

헤로인보다 심하다. 그러니 상습 애무자fondler는 처벌보다 치료가 필요하다. 동의하지 않으신다면, 그들에게 처음 성공했을 때의 흥분fleshment을 허용하지 마시라.

옛날에는 사냥을 위해 동물을 훈련할 때 살을 주어 길들였다. 말을 들으면 작은 살코기 조각을 주고, 말을 듣지 않으면 살을 내주지 않았다. 지금 하려는 행동도 이와 같다. 아무려나 『옥스퍼드 영어 사전』은 이 일을 '처음 성공했을 때의 흥분'으로 정의한다. 이 때문에 사람들이 너무 빨리, 너무 멀리 나아가는 운 나쁜 상황이 일어난다. 지금 상황에서 이 말이 의미하는 바는 두 가지다.

결혼을 제안한다

결혼하고픈mariturient이란 말은 '결혼을 갈망한다'라는 뜻이다. 방금 우리가 살펴본 보고픔과 만지고픔 같이 라틴어 희구 동사에서 나왔다. 결혼하고픔이란 그럭저럭 흔하고 온건한 상태다. 결혼과 상호 편안함의 축복받은 형태로 나타난다. 그런데 극단적이면, **가모마니아**gamomania('결혼에 대한 이상한 집착과 과도한 청혼으로 특징지어지는 정신병의 형태')다. 지금 우리가 관심 있는 주제다(그리스어로 '결혼'+'마니아' —옮긴이).

남자는 여자를 맞이하고 싶다, 17세기 말로는 **편안한 중요성**comfortable importance이라 부르고 18세기에는 **합법적인 이불**lawful blanket로 부르고 상상력 없는 이 시대에는 **아내**라고 부르는 존재로 말이다. 가모마니아는 이 모두를 뛰어넘는다.

첫 번째 증세는 이 남자가 여러분을 보고 **혼취**姊娶**함 직**fangast하다고 웅얼거리는 일이다. 혼취함 직하다는 말은 어원이 뚜렷하지 않은 옛날 노픽의 방언인데, '결혼할 만하다'라는 뜻이다. 지금은 이 낱말을 아는 사람이 거의 없으니, 제법 쓸 만한 말이다. 상상해보라. 여러분이 아는 모든 여성 지인의 이름을 표로 만들고 "결혼할 만하다"라거나 "결혼할 만하지 않다"라고 적어놓는 꼴을 보였다간 여러분이 만난 여성이 질색할 것이다. 그런데 "혼취함 직"과 "혼취함 직 않다"라고 적혀 있다면, 여성분이 옛날 노픽에서 온 시간 여행자가 아닌 바에야 여러분은 무사할 터이다.

만에 하나 친구 하나가 이 단어를 안다면, 두 사람은 누군가의 바로 앞에서 이 사람이 혼취함 직한지 아닌지 의견을 나누고도 무탈하리라. "내 새 여자 친구야. 엄청 예쁜데 혼취함 직하지는 않아." "뭐라 그랬어?" "아무것도 아니야, 자기야, 아무것도 아니야."

아무려나 가모마니악은 이런 식으로 생각하지 않는다. 남자건 여자건 그에게는 모든 이가 혼취함 직하다. 모든 사람에게 그는 **폐물**幣物, subarrhation(아내가 될 사람에게 주는 결혼 예물)을 건넨다. 주의하시라, 가모는 좋지만 마니아는 안된다, 아무리 접문함 직하더라도. 물론 그가 가모마니악이 아닐 수도 있다. 존슨 박사의 정의에 따라 조금 덜 거창한 이름을 붙이자면,

헛수고꾼fribbler. 어떤 여성을 사랑하지만, 그녀의 동의는 두려워하는 사람.

팬프렐러칭

폰들섬과 카타글로티즘의 가능한 결과 중 하나는 **팬프렐러칭**fanfreluching인 바, 이것은 또 다른 말로 스위빙swiving, 메들링meddling, 멜링melling, 몰로킹mollocking, 와핑wapping, 살 친구flesh-company, 쿼핑quaffing, 육적 관계carnal confederacy, 젤리롤jelly-roll, 재즈jazz, 직어직jig-a-jig, 조컴클로잉jockumcloying, 핫 코클스hot cockles, 서바지테이션subagitation, 상호연결interunion, 비너스 운동the Venus exercise, 마지막 호의the last favour, 옛날 모자old hat, 팜팜pom-pom, 푸프노디poop-noddy, 몰 피틀리Moll Peatley, 버클리 경Sir Berkeley, 그러니까 한 마디로, 섹스sex를 가리키는 표현이다.

그런데 여기서 우리는 어려운 문제에 봉착한다. 첫째, 이 책은 진지한 참고서적이다. 경솔한 내용을 추가하기가 꺼림칙하다. 둘째, 육체적 행위에 대한 육체적 단어가 진짜 많다. **베이커가의 변화**changing at Baker

Street가 정확히 무엇인지 설명하느라 얽매일 수 있는데, 출판사에서는 이 부분에 일러스트레이션 넣기를 거부했다. 셋째, 그리고 가장 중요한 점은, 이 참고서적이 현실과 관계가 있고 쓸모가 있어야 한다는 사실이다. 독자님이여, 여러분이 오늘 밤 무언가를 성취할 수 있을까? 독자님이여, 여러분은 『사어 사전』 같은 책을 읽는 사람인데 말이다. 이 질문에 대한 대답은, 안타깝게도 아니올시다겠다.

더 고약한 예도 있다. 여러분이 『사어 사전』을 쓰는 사람일 수도 있단 말이다.

아무려나 안타까운 일이지만 여러분의 뛰어난 능력이 그에 어울리는 반응을 얻지 못하리라imparlibidinous고 가정해보자(말인즉, 성행위하고 싶어서 구애 대상에게 들이대려고 여러분이 시도하더라도 여러분이 그 사람을 원하는 것만큼 그 사람이 여러분을 원하지 않기 때문에 거절당하는 상황이다). 진정한 사랑의 길이란 험난하다. **이퀴네서서리**equinecessary라는 단어를 들어본 적 없으시리라. 왜냐하면 그런 일은 좀처럼 일어나지 않기 때문이다(라틴어로 '똑같이'+'필요로 하는' ― 옮긴이).

침묵과 눈물

지금 단계는 손상된 품위를 상황이 허용하는 한 추슬러야 할 때다. 여러분은 멀쩡한 척할 수 있다. 양말을 다시 신으며, 그저 **쇄말**瑣末한 passiuncle, 즉 별것 아닌 감정이었다고 하면 된다. 이것은 사실이 아니다. 하지만 지금 할 수 있는 최선의 일이다. 여러분의 구애를 받던 사람이 접근 금지 명령을 받기 위해 서둘러 자리를 떠나는 동안, 여러분은 자신을 위로하면 된다. 적어도 **피스가**^{Pisgah} **산을 보지 않았냐**고 말이다.

모세가 이스라엘 자녀들을 사막을 통해 인도한 후, 자기도 요단강을 건너 약속된 땅에 들어가도록 해달라고 신께 기도했다. 그러나 신은 모세가 그 땅에 발을 들이게 허락하지 않으셨고, 단지 땅을 보여만 주셨다. 「신명기」에 따르면,

> 모세가 모압 평야에서 예리코 맞은쪽에 있는 느보산 피스가 꼭대기에 올라가자, 야훼께서 그에게 온 땅을 보여주셨다. 단에 이르는 길르앗 지방, 온 납달리와 에브라임과 므나쎄 지방, 서쪽 바다에 이르는 온 유다 지방, 네겝, 그리고 소알에 이르는 평야 지역, 곧 종려나무 성읍 예리코 골짜기를 보여주셨다. "이것이 내가 아브라함과 이사악과 야곱에게 맹세하여 그들의 후손에게 주겠다고 한 땅이다. 이렇게 너의 눈으로 보게는 해준다마는, 너는 저리로 건너가지 못한다."
> 야훼의 종 모세는 그곳 모압 땅에서 야훼의 말씀대로 죽어 모압 땅에 있는 벳브올 맞은편 골짜기에 묻혔는데 그의 무덤이 어디에 있는지는 오늘까지 아무도 모른다. (「신명기」 34장 1~6절 — 옮긴이)

이 슬픈 구절에서 '피스가를 본다'라는 영어 표현이 나왔다. 그저 보기만 할 뿐, 얻지 못하고 얻을 수도 없다는 뜻이다. 문헌이 스스로를 언급하는 놀라운 사례로, 『옥스퍼드 영어 사전』에서 '피스가를 보다'라는 항목을 찾으면 『옥스퍼드 영어 사전』 최초 편집자인 제임스 머레이 백작이 나온다. "제임스 머레이 백작은 존슨 박사의 작업을 넘어서는, 더

방대하고 과학적인 언어의 참고서적을, 피스가를 보는 상황까지 이끌어와다"라고 되어 있다. 하지만 그는 핌생의 작업이 인쇄되는 것을 보지 못하고 세상을 떠났다.

여러분이 할 수 있는 유일한 일은 이제 **님프 홀림**nympholepsy 밖에 없다. 얻을 수 없는 것을 갈망하는 일이다. 어떤 양치기가 일하러 가다가 숲에서 우연히 님프를 마주쳤다면, 이런 양치기는 앞으로 다시는 행복할 수 없다. 사위어가고 양 치는 일을 잊고 숲을 떠돌아다니며 님프를 찾지만 다시는 만나지 못한다.

집으로 돌아갈 때다. 늦은 시간이다. 내일 일어나야 하지 않겠나. 보통 우리가 그러니까. 옷을 여미고 아무 일도 없었던 것처럼 집에 가자. 모든 인간의 비참함을 담은 슬픈 노래를 자기 자신에게 불러주면 좋을 것이다.

나는 오고포고Ogo-Pogo를 찾고 있어요.
그 웃긴 작은 오고포고를 찾고 있어요.
그의 어머니는 귀뚜라미, 그의 아버지는 고래였어요.
나는 그의 꼬리에 약간의 소금을 뿌려보고 싶어요,
오고포고를 찾고 싶어요.

18장

오후 11시

비틀거리며 집으로

길 떠난다 · 길 잃는다 · 넘어진다 · 야영 시도

님프들은 떠났다. 주문은 마감됐고 집에 갈 시간이다. 깊은 밤 즐길 거리를 열심히 찾던 캡 캘러웨이조차 끝내는 집에 돌아갔다. 그가 쓴 『힙스터 사전』에는 밤늦게나 저녁이 끝날 때 쓰임 직한 유용한 표현이 두어 가지 있다.

쫑나다Final. 동사. 떠나다, 집에 가다.
예: '쫑나서 자러갔어.'(침대로 갔다); '우리 쫑나서 잡았어.'(집으로 돌아갔다)

그리고

트릴하다Trilly. 동사. 떠나다, 떠날 것이다.
예: '그래, 트릴할 것 같아.'

그런데 집에 어떻게 간담? 택시를 합승하면 된다.『옥스퍼드 영어 사전』은 합승 택시를 **돌무스**dolmus라고 부른다. 튀르키예 말로 '가득 찼다'라는 뜻. 아무려나 지금은 어디에 있는 걸까, 원탁의 에일 기사들은? 밤의 사투를 함께한 전우들은 어떻고? 모두 떠나고 피투성이가 되어 흩어졌다. 카멜롯성은 버려졌다. 여러분은 걸어서 집에 가야 할 거다.

몹시 운이 좋다면 **하얀 중사**white sergeant가 나타날 수도 있다.

> 어떤 남자가 주막이나 맥줏집에서 아내한테 끌려 나올 경우, 하얀 중사에게 체포됐다고 말한다.

그런데 바로 앞 장에서 여러분이 한 짓을 보면, 그럴 가능성은 작을 것 같다.

집으로 향하다

『캔터베리 이야기』에서 초서는 인간의 조건과 행복의 추구를 술 취한 사람이 집에 걸어가는 일에 빗댄다. 그가 하려는 말인즉, 우리는 모두 행복을 좇지만, 행복이 어디 있는지 모르고, 그래서 이리로 저리로 떠돈다는 것이다. 우리가 원한다고 생각하는 바를 좇아가며 말이다.

> 우리는 자기 집이 있다는 것은 알지만 그곳이 어디에 있는지 모르는 모주꾼처럼 행동해. 쥐처럼 술 취한 사람은 밎그러운slidder('미끄러운'의 옛

말) 길로 걷기 마련이야. 이것이 우리의 인생이야. 우리는 행복을 찾아 무작정 이 세상을 헤매지만, 일반적으로 그런 곳을 찾지 못하지. 이건 우리 모두에게 틀림없는 사실이야. (『캔터베리 이야기』「기사의 이야기」에 나오는 아르시테의 탄식. 송병선 옮김, 현대지성, 2017에 기초 — 옮긴이)

길이 특별히 믿그럽다면 누군가 **배행**暗行**하여**agatewards 가달라고 설득하면 좋다. 이 옛스럽고 매력적인 표현은 이제 『구식 영어 사전』에만 나온다.

배행하여. 부사. 누군가와 배행하여 간다는 것은 그 사람을 집에 가는 길까지 바래다준다는 뜻이다. 옛날에 손님을 배웅하는 마지막 예절이 었고, 아직도 어떤 지역에서는 길도 안내하고 손님도 보호하는 데 필요한 일이다. 링컨셔에서는 '아게이트하우스'로, 북부지역에서는 '아게이터즈'로 발음한다.

여기서 **게이트**Gate란 대로를 가리키는 옛날 말이다. 누군가를 배행한다는 것은(게이트 없는 쪽으로 간다는 것은 — 옮긴이) 도둑이 없는 어둡고 좁고 발길 드문 오솔길로 바래다준다는 의미였다. 그런 다음에 그들은 활짝 열린 대로로 나아갈 테고 그곳에는 노상강도가 있었다. 노상강도는 고급 도둑이었다. 심지어,

왕실 건달royal scamp도 있었다. 이 노상강도는 부자의 돈만 털었고, 그들을 함부로 대하지 않았다.

왕실 뚜벅이royal footpad도 있었는데, 왕실 건달과 비슷했고 말이 없다는 점만 달랐다. 오늘날 강도는 대개 공화주의자라서 아쉽다.

옛날에는 횃불을 들고 여러분에게 길을 비춰주는 아이, 즉 **달님 악담가**moon-curser를 고용할 수 있었다. 달빛과 돈벌이 경쟁을 했으므로 이런 이름을 얻었다. 왕실 건달만큼 지체 높은 사람은 아니었다.

달님 악담가란 달에 저주를 퍼붓는 링크보이link-boy(횃불 드는 소년)다. 달빛이 이 사람들 할 일을 빼앗기 때문이다. 이들은 때때로 도랑을 건너거나 어두운 길을 가는 행인들을 도와주며, 도둑질도 한다.

그러니 아마도 **솔리베이건트**solivagant하는 편이 좋을 것 같다. 머나먼 행복을 찾아 혼자 돌아다닌다는 뜻이다. **바가리**vagari는 라틴어로 '돌아다닌다'라는 낱말이다. 솔리베이건트는 영어의 근사한 베이건트vagant 낱말 가운데 하나다. 예산 한도 밖으로 나가 지나치게 돌아다니는 일을 **엑스트라베이건트**extravagant라고 한다. 사실 처음에 엑스트라베이건트에는 돈을 펑펑 쓴다는 뜻이 없었고, 그저 '너무 많이 돌아다닌다'라는 뜻만 있었다. 오셀로를 두고 '이곳과 모든 곳을 엑스트라베이건트하게 떠돌던 낯선 이'라고 했을 때, 이는 오셀로가 정착하지 않고 돌아다녔다는 의미였다. 여러분은 세계를 떠돌아다니고mundivagant, 많이 돌아다니고multivagant, 산 돌아다니고montivagant, 숲 돌아다니고nemorivagant, 구름 돌아다니고nubivagant 모든 곳 돌아다닐 수 있다omnivagant.

이 단어들은 보기보다 쓰임새가 많다. 비행기는 구름을 다니고 고릴라는 숲을 다닌다. 스노도니아에서 휴가를 보내면 산을 다니는 휴가라

하겠다. 레이크 디스트릭트에서 비싼 휴가를 보낸다면 산 다니고 구름 다니고 숲 다니고 또한 엑스트라베이건트하게 된다.

아무려나 우리에게 필요한 낱말은 **야행성**noctivagant이다. 밤에 나닌다는 뜻이다. 여러분은 **자이로베이그**gyrovague(방랑하는 수도사)처럼(그리스어 '둥글게'+라틴어 '가다'—옮긴이) 어두운 골목과 오솔길twitchels과 샛길diverticulums을 떠돌 것이다. **트랜스**trance 상태에 빠질 수 있다. 트랜스라는 말은 오래된 스코틀랜드 말로 두 건물 사이의 통로를 가리킨다. 여러분은 떠돌고 방황하고 방랑할 것이다. 끝내 **나이트파운더드 비캄뷸리스트**night-foundered vicambulist가 될지 모른다. 길을 잃고 어둠 속을 떠도는 보행자라는 뜻이다.

이쯤에서 고급 개념 **널리바이티**nullibiety를 검토하시면 어떨까. 어디에도 없는 상태라는 뜻이다. 신학에서 쓰이던 말인데, 너무 많이 마신 뒤에 집으로 가는 길을 잃었을 때도 쓸 만한 표현이다. 자매 단어인 **널리비쿼터스**nullibiquitous도 있다. 유비쿼터스ubiquitous의 반대말로 어디에도 존재하지 않는다는 뜻이다. 여러분은 집안에 널리비쿼터스한 자동차 키나 다른 무언가를 찾아볼 수 있다.

아니면, 어둡고 낯선 거리를 둘러보며 여러분이 **픽시에 홀렸다**pixilated라고 생각해도 된다. 훌륭한 표현이며 신문에 실리는 흥미로운 오타의 한 원인이다. 여러분이 그 오타를 알아차려야 하겠지만 말이다. 픽시에 홀렸다는 말은 픽셀화되었다pixelated라는 말과 뜻이 완전히 다르다. e자가 들어가는 픽셀화되었다는 말은, 사람 얼굴이 텔레비전에 나올 때 발생하는 현상이다. 한편 i가 있는 픽시에 홀렸다는 말은 픽시 요정이 길을 잃게 만들었다는 뜻이다. 신문을 주의 깊게 읽다 보면, 얼마나 많은 범죄자가 작은 요정 때문에 길 잃은 얼굴을 가지게 되었는지 놀랄 터이다.

픽시 요정pixie은 골칫거리다. 야외에서 방황하는 건 대개 요정 때문이다. 존슨 박사는 이런 방황을 **스킴블스캠블 오버레이션**skimbleskamble oberration이라고 했고, 여러분은 이 때문에 지친 개처럼 힘든 상태dog-weary로 **기나긴 마일**wheady mile에 접어들 것이다.

기나긴 마일은 퍽 쓸모 있는 개념이다. 1721년 네이선 베일리Nathan Bailey의 『보편적 어원 사전』에 '생각보다 긴 한 마일, 지루한 마일. 슈롭셔'라고 나온다. 여정의 마지막 부분인데 계획보다 훨씬 오랜 시간이 걸리는 구간을 말한다.

또 다른 사전에서는 이를 '특별히 긴 한 마일'로 정의하고 있다. 보통 1마일은 1마일이니 말이 안 되는 말 같다. 하지만 여러분의 현재 상태, 취하고 지치고 가슴 아픈 상태라면 충분히 말이 되는 생각이다. 여러분이 밤에 길 잃어 절망에 무릎 꿇어도 나는 비난하지 않으련다.

경건한 습관

298년 디오클레티아누스 황제가 알렉산드리아에 입성할 때, 그는 퍽 짜증이 났다. 이 도시는 반란을 일으켰고, 몇 달이나 포위 공격을 한 끝에야 황제에게 성문을 열었기 때문이다. 황제는 이 무렵 단단히 화가 나 있었다. 군단병한테 도시 주민을 죽이라고 명령했다. 알렉산드리아 주민의 피가 말의 무릎에 차오를 때까지 멈추지 말라고 했다. 당시

알렉산드리아 인구는 백만 명에 가까웠다. 사람은 보통 피를 1갤런쯤 품고 있다. 로마 병사들이 이용할 자원이 ─ 표준 언론 단위를 사용하면 ─ 올림픽 수영장 하나 반 정도 된다는 뜻이었다. 디오클레티아누스 계획은 완전히 실행 가능했던 거다.

그런데 디오클레티아누스의 말은 생각이 달랐다. 병사들이 칼을 갈며 재미 볼 채비를 할 때, 말은 무릎을 꿇고 일어서려 하지 않았다. 디오클레티아누스는 이를 신들이 내린 조짐으로 받아들이고 즉시 학살을 중단했다. 도시는 살아났다. 알렉산드리아 시민들은 말을 위해 동상을 세웠다.●

빅토리아 시대에 말이 자주 무릎을 꿇으면 **경건한 습관**devotional habits을 얻었다고 생각했다. 기도하려고 무릎 꿇는 것처럼 보여서다. 창조주에게 감사하려고 말이 20야드마다 무릎을 꿇는다는 상상은 즐겁긴 하다. 적어도 인간한테는 말이다. 그저 늙고 지쳐 푸줏간 갈 날을 기다리는 말한테는 즐거운 이야기가 아니지만. 여러분이 픽시에 홀린 귀갓길에 경건한 습관을 얻게 된대도 비난할 사람은 없을 거다.

얼굴로 납작 엎드리다

끼우뚱seel이란 배가 급작스럽고 격렬하게 비틀거리며 이리저리로 기우

● 재미라곤 모르는 많은 역사학자가 이 이야기가 너무 좋아보인 나머지 사실이 아닐 것이라고 주장한다.

는 상황이다. 파도가 배 아래 쪽을 빠르게 지나가지만, 배가 그만큼 빠르게 움직일 수 없는 경우에 일어나는 일이다.

–『보편적 어원 사전』(1721)

심야의 끼우뚱이란 사람이 급작스럽고 격렬하게 비틀거리며 이리저리로 기우는 상황이다. 길이 사람 아래쪽을 빠르게 지나가지만, 사람이 그만큼 빠르게 움직일 수 없는 경우에 일어나는 일이다. 사람은 너무 지치고 너무 오락가락하여 이 기나긴 길을 갈 힘이 없다.

여러분이 끼우뚱하자마자 짓궂은 현실 세계는 위와 아래를, 앞과 뒤를 뒤집어놓는다. 여러분은 비틀거린다. "나 **라바스케이트한다**I labascate"라고 소리칠 틈도 없다. '나 넘어진다'라는 뜻이다. 여러분은 **뉴턴식 급락**急落, Newtonian degringolade이라는 용어처럼 얼굴부터 바닥에 떨어진다.

오체투지humicubation의 시간이다. 회개하기 위해 바닥에 엎어진 상태를 뜻한다. 17세기 어느 주교는 엄숙하게 말했다.

"금식과 베옷과 재와 눈물과 오체투지는 일찍이 회개와 함께하는 일이었다. 기쁨은 회개의 결과일 수 있지만, 그 일부가 될 수는 없다."

이 무렵 쓰일 법한 낱말은 **허우적**spratle이다. 하릴없이 팔다리를 흔드는 일을 뜻한다. 허우적대기는 저녁에 오체투지와 함께 나타나니, 한밤중 괴물들은 호기심을 느끼고 가까이 다가온다.

달님 악담가와 **벌레 사냥꾼**이 모인다. 여러분은 흘끗 **베스필론**vespi

lone을 본다. '병마와 역병의 시기, 밤에 시신을 나르는 산역꾼'이라는 뜻이다. 그이는 **갈고리**uncuses며 **시체 바늘**corpse-hooks이며 **영원 상자**eternity box며 **다나드래그**danna-drag며 도시의 폐기물을 운반한다. 검은 소Black Ox가 여러분의 볼을 핥는다. **바귀스트**barguest는 깨진 벽의 유령이다. 올드 스플리트풋Old Split-Foot과 함께 지켜보고 있다. **히르코세르부스**hircocervus가 죽음mort을 부른다. **도너스트레스**donestres는 여러분을 부른다! **왕두들**whangdoodle이 이그드라실Yggdrasil에서 울부짖는다! 가죽 벗긴 **에코르셰**écorchés가 뛰어다닌다! 무저갱無底坑의 천사 아바돈Aboaddon이 시간을 물리친다. 술 취한 토끼 사백 마리가 주위에서 외설스러운 캉캉 춤을 춘다.

지금은 **제노도케이오놀로지**xenodocheionology에 골몰할 시간이다. 호텔처럼 하룻밤 보낼 수 있는 장소를 연구하는 학문이다(그리스어로 '낯선 이'+'받다'+'이성', 즉 여인숙에 대한 학문—옮긴이). **양 침대**sheep bed는 어떨까. 풀밭 말이다. 그러나 **수터킨**sooterkins(네덜란드 여성 몸 안에서 자란다는 낯선 어둠의 생물)이 걱정이다. 또 따뜻하지도 않다. 캘리포니아에 사는 사람이라면 캘리포니아 이불, 즉 신문지를 덮으면 된다. 추운 지역에 산다면 낯선 집의 문을 두드려 **제노도키얼**xenodochial한지 물어볼 수 있다. 제노도케이오놀로지라는 말의 짧은 친척으로, '낯선 사람을 밤에 묵어가게 한다'라는 뜻이다.

밤에도 집에서 집으로 다니는 사람을 **행객**行客, circumforaneous이라고 한다. 백과사전 판매원이건 강도건 전도하러 다니는 사람이건 말이다.

그런데 여기가 어디람? 여러분 현관mascaron? 여러분 집 문 앞인가?

19장

자정

노스토스

돌아오자마자 소음을 낸다 • 일해볼까 시도한다 •
옷을 벗는다 • 배우자와 티격태격 • 잠이 든다

『옥스퍼드 영어 사전』에 따르면 **꿀잠**beauty-sleep이란 '자정이 되기 전에 든 잠'이라고 한다. 여러분이 여태 깨어 있다면 이미 글렀다. 그런데 진짜로, 목장 근처에 가서 잠을 잘 상황이라면, 여러분은 당황한 채 침대에 앉아, 이 작지만 정확한 참고서적을 들여다보며 도대체 지금 들리는 소음을 무어라 하는지 찾아볼 수 있을 것이다. 다행이다. 나는 여러분께『앙글리아 동쪽의 어휘집-쌍둥이 자매 주 노퍽과 서퍽에서 18세기 말부터 최근까지 사용된 상말 기록』(1830)이라는 자료를 권하겠다. 이 사전은 야시시해서 페이지가 술술 넘어간다. 순무가 걸리는 여러 병의 환상적인 이름이 나오고, **꽁무니 장대**arseling pole나 **잠자리 비역쟁이**bed faggot 같은 표현들이 여러분이 짐작하는 그런 뜻이 아니라는 설명도 나온다.* 자정에 관해 이 사전은 다음과 같이 설명한다.

황소의 정오bull's-noon. 자정을 뜻한다.

목장 지역 주민들은 이 표현에 공감한다. 오밤중에 쉬지 못해서다. 저녁 되새김질을 하던 소 떼의 우두머리가 이때 큰 소리로 울부짖는다. 정오 무렵에 여행이라도 떠나듯 달려 나오다가, 부수고 나오지 못할 울타리 앞에 멈추어 분노와 실망으로 몸을 떤다.

그러니 잠을 깨더라도 여러분은 걱정할 필요 없다. 소 떼의 가장이 저녁 되새김질을 마쳤을 뿐이다. 그런데 여러분이 인간 가족의 가장이라면, 저녁 되새김질 뒤의 상황이 더욱 곤란하다. 집에 들어올 때 소음을 줄이시길.

나이팅게일 바닥

교토 니조성의 영주를 암살할 일이 있다면 — 살다 보면 별일이 다 생기니까 — 넘어야 할 어려움이 몇 가지 있다. 이 성은 성벽을 이중으로 둘렀고, 해자도 이중이고, 1939년 이후로는 영주가 실제로 살지 않는다. 이런 문제를 극복하더라도, 여러분은 **나이팅게일 바닥**nightngale floor과 맞닥뜨릴 것이다.

도쿠가와 막부는 요행수를 믿지 않았다. 그래서 잠자리에 있을 때조

● 아무려나 잠자리 비역쟁이는 '잠자리에서 같이 뒹구는 사람을 비하하는 표현'이긴 하다. 반면 꽁무니 장대는 이상한 뜻이 전혀 없다. 빵 굽는 일과 관계있다.

차, 밟을 때마다 찌걱찌걱하는 소리가 들리도록 특별한 마루판을 만들었다. 자는 사람한테 갑자기 들이닥칠 수 없도록 말이다. 이 찌걱대는 소리는 나이팅게일 우는 소리처럼 특별한 가락이 있다. 복도 아래에 못과 까치발로 미묘한 구조를 짜, 새소리와 아주 똑같은 건 아니지만, 성난 새들이 갇힌 새장이 발밑에 있는 듯한 소리가 난다. 영리한 옛날식 경보다. 원래 일본말로는 휘파람새 마루(우구이스바리, 鶯張り)지만, 『옥스퍼드 영어 사전』은 그대로 옮기지 않고 나이팅게일 바닥으로 실었다. 특이한 점 하나 더. 일본은 공들여 일부러 만들었지만, 서양은 오랜 세월 동안 실수로 이런 마루를 만들었다는 거다. 아주 새로 지은 집이 아니고서야, 마룻바닥이 성질난 카나리아처럼 울부짖지 않는 집은 드물다. 문의 경첩은 **스크릭한다**screak. 이 낱말은 고함친다는 스크림scream과 울부짖는다는 슈릭shriek을 합해놓은 것 같은 단어다.

기어든 쥐처럼 **긔여가는**surrepent(아래로 기어가다) 방법도 있겠다. 하지만 되새김질을 마친 황소처럼 요란한 소리가 날 터이다. 일단 나이팅게일 복도에 올라선 이상, 존슨 박사의 충고대로 하는 게 최선이다.

소스soss. 단번에 의자에 앉아버리다.

등불 살이

비틀거리다가 잠자리에 쓰러지기 전에, 여러분은 몇몇 일을 마무리하고 싶을지 모른다. 여러분은 **클리노포빅**clinophobic일지도 모른다. 침대에 눕기를 병적으로 두려워하는 증상을 뜻하는 말이다(그리스어로 '침대'+'공포'—옮긴이). 흔히 하는 말로, 다음 주에 마실 술을 미리 마실 수도 있겠지만, 두어 장 앞에서 무슨 일이 일어났는지 아는 사람으로서 나는 추천 못 하겠다. 아니면 여러분이 이참에 일할 만도 하다.

윈스턴 처칠은 하루 중 기묘한 시간에 일하는 것으로 그랜드 올드 마스터 급이었다. 그의 두뇌는 황소와 함께 잠을 깨는 셈이다. 우리 대부분이 잠자리에 들어 꿈을 꾸는 시간을 이용해 어떻게 그가 제2차세계대전에서 승리를 거뒀는지에 대한 이야기가 많다. 그는 이 시간쯤에 내각 회의를 개최했는데, 참석해야 했던 불쌍한 사람들은 처칠이 한밤중에 헛짓한다midnight follies고 말했다. 그는 새벽 시간에 내각 전쟁 상황실을 돌아다니며 사람들에게 전화를 걸어 명령을 내리곤 했는데, 때때로 너무 말이 안 돼 무시당해 싼 명령이었다. 윈스턴 처칠의 총참모 앨런 브룩이 회고하기로는 "윈스턴은 하루에 열 가지 아이디어를 던졌다. 그 가운데 하나는 좋았는데, 어떤 게 좋은 아이디어인지 그는 몰랐다."●

아침 내내 피로를 느끼고 오후엔 그저 그렇다가 저녁이 되면 깨어나 밤 깊은 다음에야 진정으로 깨어 있는 사람들, 이들을 **리크노비테스**lychnobites라고 부른다. 이 낱말은 그리스어 리크노-비오스lychno-bios에서 왔다. 굳이 옮기면 '등불 살이'라는 뜻('살아 있는 것의 연구'라는 생물학biology에 쓰이는 바이오bio와 같은 접두어다). 세네카가 만든 단어인데, 18세기 초에 영어로 왔다.

● 처칠의 수석 군사 보좌관인 헤이스팅스 이스메이가 셈하기로는, 사실 하루에 아이디어 스무 개를 내 다섯 개를 건졌다고 한다.

여러분은 처칠처럼 열심히 일하는 리크노비테스일 수도 있고, 아니면 나처럼 그저 낮에 일을 못 하는 리크노비테스일 수도 있다. 아무려나 지금은 **루큐브레이트**Lucubrate할 때다. 이 말은 등불을 켜놓고 일한다는 뜻이다. 가장 세련된 일하는 방식이다. 일을 어떻게 해야 하는지, 얼마나 서둘러야 하는지, 책상에 발을 올리고 위스키를 마시면 안 된다는 잔소리를 할 사람이 여러분 곁에 없으니 말이다. 여러분의 **루큐베이터리**lucubatory에 튼튼한 자물쇠가 걸려 있다면 더욱 그러하다('밤에 불 밝히고 일하다'라는 뜻의 라틴어 루쿠브라레lucubrare에서 온 말이다―옮긴이).

루큐베이터리는 '한밤의 서재', 세상이 모두 잠들 때 작업하는 방을 뜻한다. 구하기 어려운 곳이다. 공인중개사 설명에도 잘 나오지 않는다. 어떤 사람은 집에 게임 방, 체육관, 개인 영화관 같은 방을 덧붙이고 싶어 할 텐데, 나라면 돈이 생기면 루큐베이터리를 집에 붙일 것이다. 그런 곳에서 일하면 생산성이 높아질 터이다. 물론 자정의 종소리를 듣기 전에는 그 방에 들어가지 않을 것이다. 낮에는 **프론티스터리**phrontistery로 나는 만족하겠다. '생각하는 방' 말이다. 열정에 넘치는 프론티스트phrontist는 이 방에서 마음 깊이 숙고하며 생각하고, 생각하며 숙고할 것이다. 다용도실에서라면 불가능할 일이다(그리스어 프론티조phrontizo는 '생각한다'라는 뜻―옮긴이). 말이 났으니 말인데, 데카르트는 정말로 프론티스터리가 있었다. 화덕에 들어가 앉으면 생각이 잘 된다고 데카르트는 말했다. 물론 불이 켜진 상태는 아니었다. 그랬다면 편치 않았을 터. 하지만 어쩌면 이상적인 생각하는 방이었겠다. 낮에는 화덕인데 밤에 재를 치운 후에는 명상과 검댕투성이 고독에 적합한 장소였으니.

존슨 박사는 밤늦게는 일하지 않았다. 루큐브레이터를 **양초 낭비자**라고 불렀다. 잔인한 표현이다. 그런데 어쩌면 *그*가 맞을지도 모른다. 이제 **돼지머리**hog's head를 누이고 **짚 더미를 두드리고**hit the hay 피곤한 나무 언덕을 올라 **베드퍼드셔**Bedfordshire로 향할 시간이다.

옷을 벗는다

아포디소필리아Apodysophilia는 '홀렁홀렁 벗고 싶은 욕망'이라는 뜻이다. 보통은 범죄 심리학 용어로 쓰인다. 부적절한 장소에서 이를 행하고 문제를 일으키는 사람한테 적용되는 말이다(그리스어 '벗어'+'옷 입다'+'사랑' ─옮긴이). 아포디소필리아 발작을 일으켜도 좋은 적절한 장소란, 로마 목욕탕의 탈의실을 뜻하는 **아포디테리움**apodyterium과 여러분의 침대방뿐이다.

바라신다면 이곳에서는 **엑디지애스트**ecdysiast 역할을 해도 좋다. 엑디지애스트는 스트립티스 아티스트를 가리키는 배운 말이다. 미국의 풍자가 H. L. 멘켄이 만든 용어. 그는 조지아 서던에게 편지를 받았다. 서던은 1940년대 유명한 스트리퍼였는데 스트리퍼라고 불리기 싫었다. 그는 편지에 이렇게 썼다.

> 스트립티스는 공공장소에서 형식을 갖춘 채 리듬에 맞춰 옷을 벗는 행위입니다. 요 몇 해 동안 저의 직업에 대해 알지도 못하면서 비난하는 경우가 많습니다. 대부분은 근거 없는 비난인데, 스트립티스라는 불운

한 단어 탓입니다. 이 말 때문에 대중은 엉뚱한 상상을 합니다. 제 생각이지만 더 받아들이기 쉬운 새 용어를 만들어주신다면, 비난이 사라져 저와 제 동료들이 더 잘 활동할 수 있을 것입니다.

H. L. 멘켄은 완벽한 신사였다. 이 일에 착수했고 마침내 이렇게 답장했다.

당신의 고난에 공감한다는 말씀은 드릴 필요도 없겠죠. 도움을 드리고 싶었지만, 안타깝게도 설득력 있는 새로운 이름은 떠오르지 않았습니다. 그래도 스트립티스를 동물이 털갈이하는 일molting과 연결하면 좋을 것 같습니다. 털갈이사moltician라는 말이 떠오르지만 장례지도사 mortician와 닮았으니 곤란하네요. 털갈이를 과학적으로 부르는 엑더시스ecdysis라는 말에 의존하면 어떨까요. 엑디시스트와 엑디지애스트라는 말을 만들 수 있습니다.

엑디지애스트가 해답이었다. 홍보 담당자는 바로 이 용어를 가져다 썼다. 이 말은 『옥스퍼드 영어 사전』에 등재되었으며, 나아가 엑디지애 즘ecdysiasm, 즉 '스트립티스하는 활동과 직업'이라는 뜻의 낱말 역시 탄생했다.

침대에 뛰어들 준비가 거의 다 되었다. 먼저 신발을 벗어야 한다(전문 엑디지애스트가 때때로 생략하는 과정이다). **디스컬싱**discalcing이라는 용어로 부른다(라틴어로 '아니다'+'신발' — 옮긴이).

끝으로 **도선생**snudge이 없나 확인해야 한다.

도선생. 통성명사. 집을 털기 위해 기회를 엿보느라 침대 아래에 숨은 사람. (1699)

그러니 무릎을 꿇고 잘 들여다보시길. 그곳에는 **비렁뱅이 벨벳**beggar's velvet만 있어야 한다.

비렁뱅이 벨벳. 관용구. 깃털 침대가 흔들릴 때 떨어지는 가장 가벼운 티끌. 야무지지 못한 하녀가 쓸어 담지 않아 침대 밑바닥을 덮을 정도로 쌓이면 나중에 주인마님에게 꾸지람을 듣는다.

침대에 들 시간이다. 꾸지람이란 말이 나와서 말인데, 지금은 여러분이 꾸중 들을 시간일 수도 있다.

집안의 드래곤

'사전 답사'에서도 언급했지만, 여러분이 결혼했는지 아닌지 나는 정말 알 수가 없다. 두어 장 앞에서 최악을 두려워한다고 나는 말했는데, 편의상 달리 생각해보자. 내가 빗나간 추측을 했고, 대신 여러분이 최고top-of-the-line이며 최첨단state-of-the-art인 배우자에게 쥐여산다고 해보자. 그런데도 여러분은 왜 말도 안 되게 늦은 시간까지 잠들지 않았나? 나는 이해 못 하겠다. 여러분 배우자도 이해해주지 않을 것이다.

이와 관계있는 단어가 **드래고니즘**dragonism이다. 드래곤한테는 날개와 냄새 고약한 숨결halitosis도 있지만, 무엇보다 잠을 안 자는 특별한 능력이 있다. 드래곤은 쉬지 않고 경계를 한다. 자기 보물과 아름다운 아가씨를 지킨다. 드래고니즘은 영영 잠들지 않고 공격 태세를 유지하는 기량이다.

커튼 강연 Curtain Lecture이라는 말도 있다. 침대에 들었을 때 아내가 남편을 꾸짖는 일을 커튼 강연을 한다고 한다.

이를테면 이런 상황이다. 여러분이 기둥 네 개 달린 침대에서 자는데, 커튼이 드리우자마자 남편이건 아내이건 성별 불문하고 여러분 배우자가 여러분의 허물을 들추어내기 시작한다. 커튼 덕분에 소리가 멀리까지 나가지 않으며, **김놀로가이즈**gymnologising하는 모습도 보이지 않는다. '벌거벗은 상태로 논쟁을 벌이다'라는 말로, 고대 그리스 사람이 자주 하던 짓이다(그리스어 '벌거숭이'+'말言'—옮긴이).

고대 그리스 사람은 논쟁의 대가였다. 그들이 많은 시간을 쏟은 일은, 자기가 더 멋져 보이고 상대가 더 나빠 보이게 만드는 방법을 분류하는 것이었다. 이것이 바로 수사학rhetoric이다. 수사학에는 정확히 백만 한 가지 방법이 있는데(지은이의 책『문장의 맛』을 확인하시길—옮긴이) 놀랍게도 그 가운데 두 가지는 집에서 좋은 논쟁이 벌어질 때면 꽤, 흔하게, 거의 항상 사용된다.

파랄립시스Paralipsis는 여러분이 어떤 것을 언급하지 않고 있다고 언급해서, 여러분이 말하지 않는 것을 말하는 기술이다. 기괴하고 터무니없이 들리겠지만, 예를 들면 이런 거다.

당신이 늦게 들어왔다는 거는 말 꺼내지 않겠어. 한 시간 반이나 늦었지만 말이야. 또 퍼시 장례식에서 여보가 얼마나 품위 없어 보였는지도 말하지 않겠어. 당신이 젊은 여성들한테 집착한다는 이야기도 안 할 거야. 내가 말하려는 건 오로지 이것 하나인데…….

어떻게 하는 건지 이제 아시리라. 여러분이 말하지 않을 것을 강조하는 것이다. 말 꺼내지 않을 주제들을 모조리 나열하시라. 파랄립시스가 뭔지 여러분은 알게 되었다. 내 생각으로는 이 방법을 써먹어 보시거나 이 방법에 당해보셨을 것이다. 가족끼리 싸울 때 가장 자주 사용되는 수사학 기법의 하나다. '그 문제라면 언급하지 않겠다'라는 말이 들어가면 파랄립시스다. 말할 것도 없이 영리한 수법이다. 반론을 허용하지 않고도 계속 점수를 올릴 수 있어서다.

에피트로페Epitrope는 보통, 모든 단점을 늘어놓은 후 아이러니하게 허가해주는 방법이다. 이를테면 다음과 같다.

계속 그렇게 해봐. 나는 신경 안 써. 정말이야. 늦게까지 밖에 돌아다니셔. 간을 망치라고. 나랑 상관없다니까? 당신이 일찍 무덤에 가고 내가 열일곱 명의 아이와 나무다리를 짚고 빈털터리로 남더라도 내가 상관이나 하겠어? 하고 싶은 대로 하셔.

익숙하지 않은가? 에피트로페에도 좋은 점은 하나 있다. 커튼 강연이 거의 끝나간다는 뜻이다. 만일 끝날 것 같지 않다면 여러분은 **휘발할 수 있다**fugacious. 집에서 달아난다는 뜻이다.

운이 좋다면 커튼 강연은 **서브데리세러스**subderiserous일 터. 부드럽게 조롱받는다는 뜻이다(라틴어로 '아래'+'아래'+'웃음' —옮긴이). 여러분이 정말로 복이 넘치는 사람이라면, **레바멘트**levament를 받을 수도 있다. 존슨 박사의 정의에 따르면 '자신의 아내가 주는 위로'라는 뜻이다.

자려고 눕는다

밤 염불 Night-spell이란 악몽Night-mar을 막는 기도다. (1674)

드디어 **스카치 지짐판**Scotch warming pan의 꾸지람이 끝났다(주의하시라. 아내를 '스카치 지짐판'이라고 불러버린다면 꾸지람이 처음부터 다시 시작할 것이다)(warming pan은 '시골 소녀'라는 뜻이 있다—옮긴이). 불을 끌 시간이다. 노상강도의 표현에 따르면 **등불에 물을 뿌릴**dowse the glims 때다. 노상강도는 평범하게 말하지 못하는 사람들이다. 그들은 밤 인사를 할 때 '**베네, 어둑이들아**bene darkmans'라고 말했다. 베네란 말은 '베'에 강세가 있다. 라틴어로 '복 받는다'라는 뜻이다. 여러분 곁에 누군가가 있다면, 밤 인사로 좋을 말이다.

이불과 보panes and counterpanes로 몸을 둘둘 말자. 18세기 방언 사전에 따르면 **힐링**healing이란 '이불을 덮는 것'이다. 그럴싸하다. 백합처럼 하얀 이불로 자신을 치유하고 악몽을 막기 위해 밤 염불을 외우자. 원한다면 **야간 알현식**couchée을 즐기시라. 모든 궁정 신하가 와서 밤에 침대에 누운 여러분께 경의를 표할 것이다.

마지막 신하가 떠나고, **꿈을 꾸는 장소**dreamery에 여러분만 조용히 남은 다음, 여러분의 **수면 행위**consopiation가 시작될 것이다. 샌드맨 Sandman, 모르페우스Morpheus, 빌리 윙크스Billy Winks 같은 잠의 신들이 올 것이다. 곧 18세기 노퍽주의 농부가 나타나 여러분이 **꿈을 꾸물꾸물 꾼다**dream drumbles라고 말할 터이다. 그 시대 그 사람의 말투로 당신이 반쯤 잠들었다는 뜻이다.

반쯤 꿈을 꾸는 동안 여러분은 살짝 미소를 짓는다. 이 미소를 **미오 클로닉 저크**myoclonic jerk라고 부른다. 자메이카의 매콤한 양념처럼 들리는 이름이지만, 꿈에 따라 몸이 움직인다는 뜻일 뿐이다(미오클로닉의 어원은 '근육'+'떨림' ― 옮긴이). 그제야 여러분은 잠이 든다. 이제 움직이는 것은 낯선 '밤의 영nocturnal spirit'뿐이다. 존슨 박사의 사전에 단 한 번 나오는 그 이름은 **퐁크**Ponk다.

폐관 시간

자, 여기까지다. 내 생각에 이제 끝인가 보다. 쟁기꾼은 집에 간다. 서쪽 바다로 잠긴다. 이게 전부다. 나는 끝내고 싶지 않지만 finifugal, 사전들과 헤어져야 한다.

영국도서관 폐관 시간이다. 내 시계로 7분 남았다. '희귀본 서적과 음악' 서고에는 두 사람뿐이다. 다른 사람 하나는 죽었나 보다. 이십 분 넘게 움직임이 없다. 도서관 닫을 때 나는 모든 사전을 반납해야 한다. 사전들은 둥근 천장 아래 수납돼 다시 잠들 것이다.

사전 하나마다 세상 하나가 담겼다. 나는 앤 여왕 시절 도둑의 은어를 담은 책을 편다. 칼과 여인네와 교수형에 대한 표현이 백 개나 있다. 낱말은 죽지 않는다. 교수형 당해 대롱거리는 danced on nothing 처지가 되어도 말이다. 또 나는 빅토리아 시대의 시골말 사전을 본다. 어느 쓸쓸한 성직자가 모아놓은 재치 있는 낱말들이다. 작은 숲이며 덤불이며 길이며 말이 걸리는 병이며 장어의 종류를 가리키는 셀 수 없이 많은 표현이 있다. 그들은 삶의 물건에 이름을 주었고, 그네들 삶은 사전에 담겼다. 시시콜콜한 인생사며 농담이며 믿음이 말이다. 그네들 세계를 나는 탁자 위에 얹는다.

노상강도는 몽땅 교수형을 당했고 농부는 일하던 땅 아래 묻혔다. 북해는 주스, 대서양은 연못, 영국 해협은 술이라 부르던 영국 공군 비행사들은 세 바다 밑에 잠들었다.

이 모든 세계가 사라졌다departed. 사망했다dead. 사형당했다dancing on nothing(지은이는 d 소리로 두운을 맞추었다 — 옮긴이). 돌아오지 않을 것이다. 하지만 책 속에 있다. 바로 그 책을 나는 데스크의 여성분께 건네야 한다. 사전을 붙들고 너무 오랫동안 시간 끌지는 말자. 그러다 롯의 부인처럼 소금기둥이 돼버릴salsicolumnified 테니까. 나의 잃어버린 고모라를 바라보면서.

여기까지다. 사서가 불을 끈다dowsing the glims. 죽었던 친구마저 일어서서 떠났다. 나는 사전을 돌려줘야 한다. 베네 어둑이들, 잠자는 독자여, 베네 어둑이들.

옮긴이의 쓸모없는 말

질리도록 쓸모 있는 세상이다. 쓸모 있는 사람도, 쓸모 있는 책도 너무 많다. 공부할 때도 실용영단어 책을 본다. 많이 사용되는 순서에 따라 낱말을 실은 책이다. 바쁜 우리의 시간을 아껴주는 쓸모가 가득하다.

이 쓸모투성이 세상에서 열과 성을 다해 온몸을 불태워 쓸모없고자 하는 책이 있다. 입담 좋기로 소문난 작가 마크 포사이스의 『사어사전』이다.

이 책은 영어 단어집이다. 하지만 전혀 쓸모없다. 시험에 날 일 없는, 비즈니스 회화에도 관광 회화에도 쓰일 일 없는 낱말만 골라 정성껏 모아두었다. 많이 쓰이는 낱말을 모으기는커녕 그 반대다. 잘 안 쓰이는 단어만 모았다. 영어의 역사를 통틀어 단 한 번밖에 쓰이지 않은 낱말도 수두룩하다.

지은이 포사이스가 이 책을 특히 아낀다고 들었다. 이 책의 쓸모없음

이야말로 낱말 하나하나에 목숨을 거는 인문 취미를 갖춘 사람에게(인문 교양이라 쓰려다 말았거니와, 교양이란 말은 너무 쓸모가 있다) 안성맞춤이다. '인문 덕후'라면 페이지마다 즐거움이 넘칠 터이다.

영어권 괴짜들은 이 책을 읽으며 얼마나 신이 날까. 나는 부러웠다. 한국어로도 이런 책이 있다면 좋겠다 싶었다.

그래서 해봤다. 한국어 '사어사전'을 쓸 깜냥이 나는 없다. 대신 안 쓰는 우리말을 골라 안 쓰는 영어 낱말에 하나하나 맞추어 보았다. 힘도 들고 시간도 걸렸는데, 이 바쁘고 쓸모 있는 세상에서 이런 쓸모없는 일로 시간을 보내는 것이 나는 무척 즐거웠다. 독자님도 이 책을 읽으며 즐거우시길 바란다.

안 쓰는 우리말을 고르되, 되도록 한자말을 피했다. 안 쓰는 한자말을 만드는 일은 너무 쉬우니 반칙이다. 대신 『고려대 한국어대사전』에 등재된 낱말을 찾아 쓰려고 노력했다. 끼우뚱, 발록구니, 개름뱅이 같은 낱말이 표준어라는 사실을 독자님은 아셨는지? 나도 이번 작업을 하며 처음 알았다.

다만 예외가 있다. 소리가 재미있다고 지은이가 좋아한 영어 낱말은 영어 그대로 두었다. 우트키어러니 머그웜프니 웜블크롭트 따위 낱말이다. 한국어로 옮기면 소리의 맛이 사라질까 싶어 굳이 손대지 않았다.

그리스어와 라틴어에서 나온 표현도 그대로 두었다. 굳이 우리말로 옮기지 않았다. 우리도 어려운 한자말이 생경하듯, 영어 쓰는 사람도 그리스 말이나 라틴 말 어휘는 편하지 않다. 낯선 느낌 그대로 전달하고 싶었다. 크세노도키온이나 카타글로티즘 같은 말이 예다. 대신에 주석을 달아 원래 그리스어와 라틴어의 뜻풀이를 하였으니, 독자님은 어원을 추적하는 재미를 느낄 수 있으실 거다.

빼먹은 문장 없이 번역하려고 노력했다. 뜻이 통하도록 풀어쓴 부분은 많다. 지은이 생각의 순서를 따라가기 위해 문장을 짧게 끊어 순서대로 옮겼다. 지은이가 두운이나 각운으로 말장난을 한 부분은 우리말로도 되도록 운을 맞추려고 애썼다(잘 되진 않았다).

지은이 포사이스는 박식한 사람이다. 책 군데군데에 『성경』이니 셰익스피어니 고전을 인용했다. 이런 고전을 내가 옮기는 것보다는, 여러 해 동안 연구하신 선생님이 옮긴 원전 번역을 따르는 편이 좋다 싶었다. 전문가의 원전 번역을 골라 인용하고, 필요한 부분만 문맥에 맞춰 수정했다. 번역할 때 근간으로 삼은 원전을 옆에 밝힌다.

이 책의 유일한 쓸모인 지식의 즐거움이 모쪼록 독자님과 함께하기를 바란다.

책을 옮긴,

만화가 김태권

참고문헌

『공동번역 성서』, 대한성서공회, 1982년.

헨리 필딩 지음, 김성균 옮김, 『조지프 앤드루스 / 섀멀라』, 지식을만드는지식, 2014년.

프랑수아 라블레 지음, 유석호 옮김, 『가르강튀아 / 팡타그뤼엘』, 문학과지성사, 2004년.

앨런 알렉산더 밀른 지음, 박혜원 옮김, 『곰돌이 푸』, 더모던, 2018년.

노자 지음, 김원중 옮김, 『노자 도덕경』, 휴머니스트, 2018년.

니콜로 마키아벨리 지음, 김운찬 옮김, 『군주론』, 현대지성, 2021년.

윌리엄 셰익스피어 지음, 이미영 옮김, 『리어 왕·맥베스』, 을유문화사, 2008년.

샤를 보들레르 지음, 박기현 옮김, 『보들레르의 현대 생활의 화가』, 인문서재, 2013년.

제프리 초서 지음, 송병선 옮김, 『캔터베리 이야기』, 현대지성, 2017년.

호메로스 지음, 이준석 옮김, 『일리아스』, 아카넷, 2023년.

부록

파랄리포메논-취객의 사전

다음은 벤저민 프랭클린이 모은 술취함에 대한 단어 목록이다.

그 사람은 혼란스럽고addled, 우쭐대고in his airs, 병들고affected, 셈을 마치고casting up his accounts, 거물이며biggy, 마녀에 홀렸고bewitched, 깜빡이고 깜빡이며black and black, 술을 퍼마셨고bowzed, 너무 마셨고boozy, 바베이도스에 다녀왔으며been at Barbadoes, 개울에 물을 댔고been watering the brook, 외바퀴차만큼 취했고drunk as a wheelbarrow, 곤혹스럽고bothered, 우엉이 됐고burdocked, 숲이 우거졌고bosky, 나무 그늘이 졌고busky, 헛갈리고buzzy, 맥주 양조장으로 행차하고has sold a march in the brewer, 머릿속에 벌떼가 웅웅대고has a head full of bees, 불운한 음모에 걸려들었고has been in the bibing plot, 자기 피보다 많이 마셨고has drunk more than he has bled, 통통튀고is bungy, 비렁뱅이 이웃이며has been playing beggar-myneighbour,

거지처럼 취했고drunk as a beggar, 빛줄기를 보고sees the beams, 블랙 베티에게 입 맞추고has kissed black Betty, 삼손의 나귀 턱뼈로 머리를 쿵쿵 쳤더랬고has had a thump over the head with Samson's jaw-bone, 머릿속이 전쟁통이고has been at war with his brains, 교량 같고is bridgy, 고양이를 잡았고has been catching the cat, 알딸딸하며is cogniaid, 능란하고capable, 경련하고cramped, 천사답고cherubimical, 체리 메리하며cherry merry, 웜블크로프트하고wamble-croft, 금이 갔고cracked, 콩코드市로 반쯤 갔고half way to Concord, 성자의 반열에 올랐고canonized, 짹짹 우는 잔을 가졌고has taken a chirping glass, 머리에 티눈이 났고got corns in his head, 한 잔인데 너무 마셨으며got a cup too much, 거나하고coguay, 건하고cupsy, 목구멍이 뜨겁고has heated his copper, 크로커스에 들어갔고is in crocus, 사로잡혔으며catched, 케이퍼를 자르고cuts capers, 지하실에 갔고has been in the cellar, 태양에 다녀왔고been in the sun, 술잔에 빠졌고is in his cups, 구름에 올랐고above the clouds, 정신이 건전치 않고is non compos, 곧추섰고cocked, 굽었고curved, 잘렸고cut, 짹짹이고chippered, 닭 같고chickenny, 수레에 짐을 실었고has loaded his cart, 피조물과 함께 너무 자유롭다been too free with the creature. 리처드 경이 생각 모자를 벗었고Sir Richard has taken off his considering cap, 풀이 죽었고chopfallen, 솔직하고candid, 변장했고disguised, 한 접시 먹었고got a dish, 개를 죽였고has killed a dog, 술 방울을 가졌다has taken his drops. 어두운 날이다Tis a dark day with him.

죽은 사람이고a dead man, 청구서를 빚 졌고has dipped his bill, 둘씩 보이고sees double, 형해화되었으며is disfigured, 악마를 보았고has seen the devil, 유진 공公이고prince Eugene, 들어갔고has entered, 양 눈에 버터를 발랐고

buttered both eyes, 사팔눈이고is cock-eyed, 뒤통수에 병 났고has got the pole evil, 청동 눈을 가졌으며has got a brass eye, 본보기를 보였고has made an example, 두꺼비를 한 마리 반 아침으로 먹었고has ate a toad and a half for breakfast, 기본에 있고in his element, 물고기답고fishy, 여우가 되었고foxed, 퍼들되었고fuddled, 곧 퍼들되었고soon fuddled, 얼어붙었으며frozen, 저녁으로는 개구리를 먹을 참이며will have frogs for supper,

앞에서 잘 있고is well in front, 세계에 앞장서고is getting forward in the world, 누구에게도 빚지지 않았고owes no man money, 누구도 두려워하지 않고fears no man, 쿵하고 터져 놀림받았고is crump fooled, 프랑스에 다녀왔으며has been to France,

쏟아져 내렸고flushed, 입이 얼어붙었고has frozen his mouth, 족쇄를 찼고fettered, 장례식에 다녀왔고has been to a funeral, 자축하며 깃발을 내걸었고has his flag out, 정신 나갔고fuzzled, 친구와 말을 나누었고has spoken with his friend, 인디언 잔치에 다녀왔으며been at an Indian feast, 기쁘고glad, 거머쥘 만하고grabable, 머리가 크고great-headed, 빛나고glazed, 관대하고generous, 저당잡혀 술 취했고has boozed the gage, 거위처럼 어찔어찔하고as dizzy as a goose, 조지의 앞에 다녀왔고has been before George, 통풍을 얻었고got the gout, 배알을 걷어차였고got a kick in the guts, 제네바에 다녀왔고been at Geneva, 둥글둥글하고globular, 말馬 돌림병에 걸렸고has got the glanders, 분주하고on the go, 가버린 사람이고a gone man, 로빈 굿펠로를 만났고has been to see Robin Goodfellow, 반반이고is half and half, 바다의 반쯤 건넜고half seas over, 무모하고hardy, 위쪽이 무거워 아슬아슬하고top heavy,

머리를 얻어맞았고got by the head, 앞으로 나아갔고makes head way, 숨

었고hiddey, 작은 모자를 썼고has got on his little hat, 망치에 맞은 듯하고 hammerish, 칼자루를 놓쳤고loose in the hilt, 집에 가는 길을 모르며knows not the way home, 악령에 씌었고haunted by evil spirits, 히포크라테스의 위대 한 엘릭시르를 마셨고has taken Hippocrates' grand Elixir, 중독됐고intoxicated, 즐겁고jolly, 탐닉했고jagged, 명정酩酊하고jambled, 익살떨고jocular, 축축 하고juicy, 여리고에 가고going to Jericho, 간접적인 사람이고an indirect man, 자메이카에 가고going to Jamaica, 예루살렘에 가고going to Jerusalem, 임금 님이고a king, 영국식 영어를 꼬아 말하고clips the King's English, 프랑스 임 금을 보았더랬다has seen the French king. 임금님의 사촌이고The King is his cousin, 발뒤꿈치가 텄고has got kibed heels, 재잘재잘 지껄였고has got knapt, 주전자가 뜨겁다his kettle's hot. 곧 위쪽으로 뒤집어질 거고He'll soon keel upward, 술에 절었고he's in his liquor, 영주처럼 뻐기고lordly, 가볍고light, 자 글자글한 유리 같고lappy, 나긋나긋하고limber, 기우뚱하고lopsided, 자기 다리에 종살이하고makes indentures with his legs,

잘 살고well to live, 달을 두 개 보고sees two moons, 즐겁고merry, 몸 상태 가 수수하고middling, 뒤죽박죽이고muddled, 눈이 달 같고moon-eyed, 눈물 이 헤프고maudlin, 산 답고mountainous, 질퍽거리고muddy, 말랑말랑하고 mellow, 달 한 무리를 보았고has seen a flock of moons, 자기 기념비를 세웠고 has raised his monuments, 카카오빈을 먹었으며has eaten cacao nuts, 도연陶然 하고nimtopsical, 악몽을 꾸었고has got the night mare, 어울리지 않고has been nonsuited, 완전 맛이 갔고is super nonsensical, 자연의 상태고in a state of nature, 난감하고nonplussed, 기름에 절었고oiled, 아편 먹었고has ate opium, 양파 냄새를 맡았고has smelt an onion, 옥시크로쿰이고oxycrocum, 뒤집어졌고

overset, 압도당했고overcome, 기운이 없고out of sorts, 경리의 회계장부에 실렸고on the paymaster's books,

　마지막 반 페니를 마셨고drank his last halfpenny, 강아지만큼이나 길이 들었고as good conditioned as a puppy, 눈이 비둘기 같고pigeon eyed, 외돛배 같고pungy, 한량답고priddy, 닦달하고pushing on, 머리띠에 소금을 쳤고has salt in his headban, 블레셋 사람 사이에 다녀왔고has been among the Philistines, 잘 나가고in prosperity, 필립과 사귀었고friends with Philip, 파라오와 맞먹고contending with Pharaoh, 코를 칠했고has painted his nose, 펀치를 낭비했고wasted his punch, 겸손함을 배웠고learned politeness, 푸딩 주머니를 먹고eat the puddingbag,

　호박을 너무 먹었고eat too much pumpkin, 경건함으로 가득하고full of piety, 바위 같고rocky, 지칠 대로 지쳤고raddled, 부유하고rich, 경건하고 religious, 너덜너덜하고ragged, 자랐고raised, 배의 키를 잃었고has lost his rudder, 리처드 경과 너무 멀리 갔고has been too far with Sir Richard, 곤경에 처한 쥐 꼴이고like a rat in trouble, 바느질되었고stitched, 바닷길을 가고 seafaring, 맥주 거품에 잠겼고in the suds, 강하고strong, 데이비드의 돼지만큼 취했고as drunk as David's sow, 늪에 빠졌고swamped, 피부가 가득하고 his skin is full, 흔들리지 않고steady, 뻣뻣하며stiff, 어깨를 태웠고burnt his shoulder, 평돛을 올렸고has got out his topgallant sails, 천랑성을 봤고seen the dog-star, 고리 볼트처럼 뻣뻣하다stiff as a ringbolt. 신발이 꽉 낀다The shoe pinches him. 휘청거린다staggerish. 별빛과 함께한다star light with him. 배를 너무 탔고carries too much sail, 돛에 못을 박을 거고soon out studding sails, 푹 고아냈고stewed, 그루터기 같고stubbed, 흠뻑 젖었고soaked, 보들보들

하고soft, 존 딸기 경과 함께 너무 자유롭고has made too free with Sir John Strawberry, 바람을 탔고right before the wind, 돛을 모두 폈고all sails out, 제정신을 저당 잡혔고has pawned his senses, 앵무새 노릇을 하고plays parrot, 웃옷을 바꾸었고has made shift of his shirt, 담요처럼 빛나고shines like a blanket, 신호에 돈을 내고has been paying for a sign, 늘상 술판이고toped, 혀가 묶였고 tongue-tied, 거멓게 탔고tanned, 얼큰하고tipsicum grave,

혀가 둘이고double tongued, 위와 아래가 뒤바뀌었고tospey turvey, 갈지자로 걷고tipsy, 긴장이 풀렸고thawed, 옴짝달싹 못하고trammulled, 귀양 왔고transported, 주막집 동전을 삼켰고has swallowed a tavern token, 버지니아를 유명하게 만들었고makes Virginia fame, 인디언 김을 쐬었고has got the Indian vapours, 술김에 객기 부리고pot valiant, 바라니를 사랑하고in love with varany, 똘똘하고wise, 영혼이 축축하고has a wet soul, 소금물에 다녀왔고has been to the salt water, 눈의 물을 찾고in search of eye water, 젖을 떼는 중이고in the way to be weaned, 길에서 벗어났고out of the way, 물에 젖었고water soaked, 똘똘하거나 말거나 하고wise or otherwise, 라인을 따라 걸을 수 있다can walk the line. 바람이 서풍이다The wind is west with him. 그는 수레를 끈다carries the wagon.

찾아보기

옮긴이의 찾아보기

다음 어휘는 사전에 등재된 우리말이다. 안 쓰는 영어 낱말에 맞춰 낯선 우리말을 찾아두었다. 표준어가 아닌 비표준어는 (비), 방언은 (방), 옛말은 (옛), 은어는 (은), 『고려대 한국어대사전』에 없고 우리말샘에만 있는 단어는 (우)라고 표시하였다. 이런 표시가 없는 낱말은, 놀랍게도 『고려대 한국어대사전』에 실린 공인된 현대 표준어다.

310

사어
사전

마크 포사이스 지음
김태권 옮김

초판 1쇄 발행일 2024년 2월 16일

발행인 | 한상준
편집 | 김민정·강탁준·손지원·최정휴·김영범
교정교열 | 조세진
디자인 | 김경희·정미영
표지 그림 | 김태권
마케팅 | 이상민·주영상
관리 | 양은진

발행처 | 비아북(ViaBook Publisher)
출판등록 | 제313-2007-218호(2007년 11월 2일)
주소 | 서울시 마포구 월드컵북로 6길 97(연남동 567-40)
전화 | 02-334-6123 전자우편 | crm@viabook.kr
홈페이지 | viabook.kr

korean translation copyright ⓒ 2024 by ViaBook Publisher
ISBN 979-11-92904-63-4 03740